GRACIAS, VIEJA

GRACIAS, VIEJA

LAS MEMORIAS DEL MAYOR MITO DEL FÚTBOL

ALFREDO DI STÉFANO

CON LA COLABORACIÓN DE ENRIQUE ORTEGO Y ALFREDO RELAÑO

© 2000, Alfredo di Stéfano

© De esta edición:
   2000, Grupo Santillana de Ediciones, S. A.
   Ediciones El País, S. A.
   Torrelaguna, 60. 28043 Madrid
   Teléfono 91 744 90 60
   Telefax 91 744 90 93

- Aguilar, Altea, Taurus, Alfaguara, S. A.
  Beazley, 3860. 1437 Buenos Aires
- Aguilar, Altea, Taurus, Alfaguara, S. A. de C. V.
  Avda. Universidad, 767, Col. del Valle,
  México, D.F. C. P. 03100
- Ediciones Santillana, S. A.
  Calle 80 N° 10-23
  Bogotá, Colombia

Proyecto gráfico y diseño de cubierta: OMB

1ª edición: mayo de 2000

ISBN: 84-03-09200-8
Depósito legal: M-15.893-2000
Impreso en España-Printed in Spain
por Huertas, S. A. Fuenlabrada (Madrid)

Todos los derechos reservados. Esta publicación no puede ser reproducida, ni en todo ni en parte, ni registrada en o transmitida por, un sistema de recuperación de información, en ninguna forma ni por ningún medio, sea mecánico, fotoquímico, electrónico, magnético, electroóptico, por fotocopia, o cualquier otro, sin el permiso previo por escrito de la editorial.

Índice

PRIMERA PARTE: INFANCIA EN LA BOCA 11
Barracas, la boca de La Boca 13
Los primeros Di Stéfano 17
Los abuelos 19
Sangre irlandesa 23
La siembra por los libros.. 27
"Unidos y venceremos", el primer equipo.................... 31
El primer balón de cuero 35
La mafia extorsiona a la familia 39
El barrio de Flores 45

SEGUNDA PARTE: PRIMEROS PASOS EN EL FÚTBOL
   PROFESIONAL.. 51
Cuarta división en el River Plate 53
Las enseñanzas de Martín Fierro.................................. 57
La muerte de Roosevelt 61
"Nene, ¿quiere usted jugar en Huracán?" 65
El avión, ¡malditos aviones! 71
La COLIMBA.. 75
Debut en la Selección y campeón 79
Una huelga para proteger a los débiles........................ 85
Apoteósico recibimiento en Bogotá.............................. 91
Un escrito público ejemplar.. 97

Tercera parte: Llegada a España 105
Las bodas de oro del Real Madrid 107
La puja Barça-Real Madrid.. 111
El Real Madrid paga y se mueve más rápido 117
Presentación en Madrid: 23 de septiembre 121
El Real Madrid de los años cincuenta......................... 123
Chicote: elegancia sin alardes 127
Las carencias de la España de la posguerra................... 131
Los jugadores y las aficiones 135
Buenos, regulares y malos periodistas 139
Algunos hinchas 145
Cuidado con la ropa negra... 149
El Nene 155
El fútbol: una pasión 159

Cuarta parte: El Real Madrid............................ 161
Primeros contactos con el equipo y la afición 163
El inolvidable Héctor Rial 169
El príncipe Juan Carlos, testigo del debut
    en la Copa de Europa 173
El partido de la nieve 177
El entrenador manda, los jugadores disponen............... 181
El Madrid, el equipo que mejor jugaba al fútbol........... 187
La Selección española y el gol de taco de Bruselas........ 191
Ocho al Sevilla y la medalla de la final......................... 197
La llegada de Puskas y la cuarta Copa 203
Los celos de Didí y la final de Glasgow 211
La humanidad de don Santiago Bernabéu................... 217
Arbitrajes escandalosos y primera derrota en Europa ... 221
Primer fiasco del Real Madrid en la Copa de Europa... 227
Tres días secuestrado en Caracas: "Pensé
    que me liquidaban" 235
El fútbol cumple cien años... 241
La final de Viena cuesta muy cara 243
La salida del Madrid.. 249

QUINTA PARTE: EL FÚTBOL DESDE LA BARRERA	253
Dos años maravillosos en el Español	255
Debut en el Español contra el Real Madrid	259
Periodista en el Mundial del 66	263
El Elche: la primera experiencia como entrenador	269
Boca Juniors	273
Toma de contacto en el Valencia	279
Estrategias de entrenador	283
El Valencia, campeón de Liga	289
Keita y Cantoná	293
Rayo Vallecano y Castellón	299
La muerte de Samitier	305
La final de la Recopa y el premio del despido	307
La llamada de River y el regreso al Real Madrid	311
La Quinta del Buitre salió sola y se puso sola	315
Valencia por tercera vez	319
Última experiencia en el banquillo	323
Epílogo: ...*Que cincuenta años no es nada*	327
Apéndices	339

Primera parte
Infancia en La Boca

Barracas, la boca de La Boca

*Cómo recuerdo, barrio querido,
aquellos tiempos de mi niñez...
eres el sitio donde he nacido
y eres la cuna de mi honradez.
Barrio del alma, fue por tus calles
donde he gozado tu juventud.*

Nací en el barrio de Barracas, que recibe este nombre por las barracas, parecidas a las que hay en Valencia. Llegaban los barcos al puerto de Buenos Aires cargados de emigrantes que se construían casas humildes, de la misma manera que hacen las barracas valencianas.

Barracas es la boca de La Boca, un barrio mayor que se llama así, La Boca, porque es la boca del riachuelo donde amarraban los barcos que llegaban a la capital, como si fuera en Bilbao. Pero este era el puerto de Buenos Aires. Se construían casas de tipo marinero, como se hacían entonces en todas partes del mundo: sostenidas en el aire, como si fueran hórreos. Algunas se hacían de chapa de cinc —eran las que costaban más—, y hasta de cemento se hacían. Se ponían así, en el aire, porque si las hacían a ras de suelo se inundaban. Sobrevenía la Surestada y entonces se inundaba La Boca, y era un desastre. Todo el mundo nadando. La Surestada es el viento del sur, y si soplaba muy fuerte y largo hacía que se detuviese el río; entonces se desbordaba y La Boca se inundaba. Por eso el suelo de las casas está a la altura de los techos de los coches, y hay que subir unas escaleras para llegar hasta ellas. Salís de casa y la calle la tenés ahí abajo, y va por ahí, como si fuera un túnel, un túnel abierto, sin techo. Y están muchas calles así.

Era un verdadero desastre cuando venía la Surestada. Las cañerías y las tapas esas de las calles, que cubren las conducciones de los colectores, salían despedidas. Explotaba todo de tanta fuerza que hacían el aire y el agua. Y esto pasaba en Buenos Aires cada poco, hasta que pusieron las cañerías grandes, la buena canalización de todo ese agua, que costó mucho. De esa época vino la palabra "atorrante". Me lo contó mi padre.

Mi padre nació en La Boca. Hasta que hicieron los huecos para poner las cañerías, para hacer todas las conducciones de las aguas fecales, las aguas corrientes y todo lo que hacía falta, se iban trayendo del puerto de Barcelona unos grandes tubos, que luego servirían para conducir el agua. Llegaban los barcos, las dejaban ahí y, mientras las iban colocando, iban trayendo más. Había más cañerías en el puerto que pájaros en el cielo. Siempre tenía que haber un *stock* para ir colocándolas.

Y la gente que era humilde, que bajaba de los barcos, que venía de Europa, algunos sin nada, sin parientes, sin plata [dinero], ¿dónde se iban a meter, pobres tipos? Se metían en esos caños. Metían allí un colchón y lo que tuvieran.

Aquellos tubos los fabricaba un catalán que se llamaba A. Torrant. Sería Andrés, Aristóbulo o Antonio, qué sé yo, pero firmaba sus tubos como A. Torrant. Lo sé porque mi padre me lo explicó así. Cuando había uno que pedía por la calle o uno que pedía trabajo, mi padre me decía: "Este es un A. Torrant". ¡Pobre gente! Venían de Europa. El español tenía el habla más o menos, pero a los italianos o a los árabes, que eran numerosos, les costaba mucho interpretar el asunto, cómo iba la mano, cómo se podían buscar la vida en La Boca. Y la gente decía: "Ahí está A. Torrant, este es un A. Torrant"; y así quedó la palabra "atorrante".

Después eso se fue legislando poco a poco, y la gente que llegaba encontraba mejores condiciones. Pero la palabra quedó; porque Argentina es tan bohemia en todo, y más aún los porteños, que te ponen palabras nuevas, te las pronuncian al revés y te vuelven loco con el diccionario que tenemos. Y resulta que "te mandan a los caños" en vez de "mandarte a la mierda" o "mandarte a la puta que te parió". "¡Andá a los caños, andá!" Y los caños eran los de A. Torrant. Y todavía se emplea al cabo de tantos años.

Los primeros Di Stéfano

Yo he nacido en Buenos Aires
y mi techo ha sido el cielo.
Fue mi único consuelo
la madre que me dio el ser,
desde entonces mi destino
me arrastra en el padecer.

El primer Di Stéfano que llegó a La Boca fue mi abuelo Miguel. Me quería mi abuelo. Vino de Capri. Parece que él no se llevó bien con su padre, mi bisabuelo. A mi bisabuelo se le muere la mujer y se casa otra vez. Ya tenía unos hijos: un varón y cinco o seis mujeres. Al bisabuelo le llamaban Don Feliccione, de Félix. Creo que era de apellidos Di Stéfano-Di Stéfano, porque su madre también era Di Stéfano, pero de otra rama, de la rama siciliana.

Era uno de esos antiguos, que mandaban, ¿cómo le llamaban?, un patriarca o un caudillo, un cacique. Un capo. El capo de la familia, el que dominaba la situación. Fue general en el ejército de Garibaldi, y sus descendientes de Capri guardan aún un espadón que tenía. Una vez que los visité me ofrecieron el espadón, me lo querían regalar, porque decían que estaban orgullosos de lo que yo había hecho. Pero no quise. El espadón debe estar en Capri, que es de donde nace todo.

Don Feliccione era un hombre generoso y una muy buena persona, pero mi abuelo Miguel tenía problemas con la madrastra, y tenía bronca todos los días. Entonces Don Feliccione, que estaba bastante bien situado, con negocios de barcos para el traslado a Nápoles, y hasta con un barco frigorífico, embarcó a mi abuelo Miguel para Estados Unidos. Era fuerte Don Feliccione, andaba bien, sobre todo en cosas de la mar.

Otro de sus hijos, un tío abuelo mío, Agostino di Stéfano, fue capitán de una compañía italiana que hacía la travesía a Buenos Aires. Traía y contaba la historia de la familia en Capri o Nápoles. Muchos de sus descendientes han estado siempre relacionados con la mar. Otros tenían sastrerías, que entonces era un negocio muy importante; también hay médicos... Yo voy de cuando en cuando por Capri, me gusta, y los chicos más jóvenes de la familia son todos estudiosos, buena gente, muy puestos. A veces me cuesta entenderles, porque el italiano, si se habla despacio, lo entiendo bien, pero el napolitano ya es otra cosa. Les pregunté una vez si el tenor tiene que ver con nosotros, y dicen que quizá, pero de otra rama de Di Stéfano que procedía de Sicilia, y que es de la que venía mi bisabuela, la primera mujer de Don Feliccione.

Con diecisiete años llega a Estados Unidos el abuelo para formarse y mejorar el negocio, pero se *raja* y se *pira* hasta Buenos Aires. El Tanito, como llaman allí a los italianos, se las buscó. Consiguió la visa, hizo unas amistades con gente de dinero —pienso yo— o quién sabe si a última hora le ayudó su padre y le mandó un poco de plata... La cosa es que se compró una barcaza, después se compró otra, después tenía tres... Recuerdo que una se llamaba *El fiel destino*. Hacía travesías por el río Paraná. Se iba de La Boca, se iba para allá arriba, para Paraguay. Llevaría mercadería para allá, traería otra mercadería para acá... y era un valiente. Hizo mucho dinero el viejo y tuvo siete hijos con una genovesa que conoció allí, Teresa Ciozza, mi abuela. Eran: Félix, Aníbal, Héctor, Alfredo —que era mi padre—, Luisa, Juana y Osvaldo. Este se murió, el chico, cuando hubo la fiebre amarilla.

Los abuelos

¿Te acordás, hermano? ¡Qué tiempos aquellos!
Eran otros hombres más hombres los nuestros.
No se conocía cocó ni morfina.
Los muchachos de antes no usaban gomina.

[Su infancia está marcada por las escapadas diarias a la casa de sus abuelos. Era allí donde dormía la siesta con el viejo e intentaba que la abuela, tacaña como buena genovesa, no le quitara la mitad de los higos que se llevaba para casa. Allí, en casa del abuelo Miguel, escuchaba las historias que le contaba a su padre Alfredo y que siempre quedaron grabadas en su memoria.]

El abuelo hizo así la vida. Nunca más volvió a Capri. Transportaba mercadería y tocaba todos los puertos: Campanas, Zárate, San Nicolás, Rosario, Santa Fe... Y después iba más arriba, para el lado de Corrientes, Entrerríos; ascendía todo el litoral argentino que da al río Paraná, que es la gran avenida de Argentina. Es una cosa seria el Paraná. Tiene una corriente impresionante y viene todo revuelto y oscuro, porque trae tierra y todo lo que sea de allá arriba, de la unión del Paraguay y del Uruguay. Es grande y ancho, tanto que en la parte de Buenos Aires no se ve casi el Uruguay. Ahora, yéndote a Zárate, a setenta kilómetros, hay un puente ya, un túnel que han hecho de los más modernos. Hoy día está más cerca y se puede pasar por ahí. Entonces, cuando el abuelo, todo iba y venía por el río. También las noticias, los conocimientos, toda la vida.

Me contó un día que en las paradas que hacían, bajaban a tierra y los compradores y los vendedores hablaban y hacían comida para todos. Una de las noches hicieron unos espaguetis. Hacían espaguetis porque la mayoría de los de la barcaza eran italianos que estaban en La Boca... Cuando terminaron de comer, le dice uno de los criollos de allí, un gaucho de los que vendían y compraban: "Patroncito (por allí la palabra patroncito se usa mucho, sobre todo antiguamente), patroncito, cuando vuelva, por favor, a ver si nos puede traer la semilla de esto". Y dice mi abuelo: "¿De qué?" Y señala el gaucho: "De esto". Y eran los espaguetis. Pobre gente, creían que salían de un árbol, de una mata. Vida dura. Pero aun así toda esa gente supo buscarse la vida un siglo atrás. Ellos sí fueron semilla buena. "La semilla cuando es planta, planta quiere ser", como canta Mercedes Sosa.

Cuando tenía siete u ocho años, a la casa de mi abuelo iba muy seguido. Vivía enfrente de la cancha de Boca, justo a treinta metros. Yo nací y viví en la calle Universidad, que ahora no se llama así, entre Brandsen y Suárez. Mi calle se llama ahora Salomón Feijóo. Me da mucha rabia, porque me gustaba "Universidad". Para mí fue la universidad de la calle.

Mi abuelo vivía en la calle Moussy, entre Brandsen y Suárez también. Así que estábamos en línea recta, a catorce o quince cuadras. Yo iba corriendo, siempre iba corriendo a los sitios. Tardaba un momento. Tenía una casa fenomenal, de tres pisos, grande, bonita. Todo de categoría, con unos cristales de *vitró*, unas lámparas de cristales de colores fenomenales. Todo caro, de buen gusto. Tenía un jardín con frutales, con higos, manzanas, perales... Era una delicia. Tenía hasta gallinas, porque entonces aún era frecuente tener animales en casa, y hasta mi padre tenía un palomar en casa, porque era *colombófilo*.

Entonces tenía colegio sólo por la mañana, de ocho a doce y media. Al colegio aquel le llamábamos "el Pisahuevos", porque había un conserje muy mayor que tenía un defecto en los pies y caminaba muy raro, como si fuera pisando huevos. Así que los pibes decíamos: "Vamos al Pisahuevos". A la una llegaba a casa, comía y me iba corriendo a casa del abuelo. Y el abuelo me decía, "Stopita, vamos a dormir la siesta", y yo dormía la siesta con el abuelo. Me decía Stopita porque era rubio y tenía el pelo rizado, como la estopa que usaban en los barcos para limpiar las cañerías y todo eso.

Yo siempre estaba jugando al fútbol o con él, porque mi padre trabajaba mucho, y no le veía más que por las noches. Me divertía mucho en su casa. En la época de higos yo preparaba una lata de esas grandes de aceite Ybarra de cinco litros, que ya existía como es ahora, con la "Y" grande dibujada, y le hacía dos agujeritos en la parte de arriba para pasarle un alambre que servía de asa. Entonces iba donde mi abuelo y cogía higos hasta llenar tres cuartas partes, porque si cogés más los de abajo se escorchan, y yo ya estaba avispado entonces para algunas cosas. Pero cuando me iba para casa salía la abuela a la ventana y me gritaba: "¡Fito, Fito!, ¿dónde vas?" Y yo le contestaba: "Para casa, abuela". Y me volvía a preguntar: "¿Y qué llevás en la lata, Fito?" Y yo decía: "Higos". Y me decía: "Esperá". Y entonces bajaba y me quitaba la tercera parte y me dejaba la lata mediada. Me daba rabia y le iba con el cuento al abuelo, pero él se reía y me decía: "Dejalá, Stopita, es una genovesa tacaña". Porque entre los "tanos" los genoveses tienen fama de tacaños. Mi abuelo decía que eran fenicios: "Todos son iguales, los fenicios, Stopita. Unos hablan francés, otros español, otros italiano, pero todos son fenicios, gente que cuida lo suyo. No te preocupés". Y así aprendía yo cosas con el abuelo. Entonces había un respeto formidable por los mayores.

Pero no era mala la abuela. Era estricta y tenía una gran planta. Era Ciozza de primero y Pertini de segundo; y tenía que ver con la familia de Sandro Pertini, aquel presidente de Italia que tanto celebraba los goles en el Bernabéu el día que los "tanos" les ganaron el Mundial a los alemanes en 1982. Tenía también parientes en Buenos Aires, sobre todo familia de Tita Merello, una artista famosa de teatro y cine en Argentina, que estaba casada con Luis Sandrini, que también era artista... Había otros Merello, parientes también, que venían cada día a cocer las *pizzas* y las *focaccias* al jardín del abuelo, que al fondo tenía un horno. Luego las vendían por la calle. No sé si el abuelo se lo dejaba porque eran parientes, si se lo alquilaba por algo o si era un negocio conjunto.

Sangre irlandesa

Hace muchos años Buenos Aires crecía y la gente vivía así. Había que buscarse la vida con todo, porque no era fácil. Continuamente llegaban emigrantes, muchos eran familiares, y había que ayudarles, porque el que llega emigrante no tiene nada, y si no hay alguien que le tira una mano no puede salir adelante. Toda la vida se hacía en La Boca. Estaba la vía del tren y jugábamos ahí al fútbol los chicos. Y estaba el Mercado Nacional de Patata, donde trabajaban mi padre y mis tíos. Eran asentadores de patata, de papa en realidad. En Argentina se dice "papa", pero en el cartel ponías "Mercado Nacional de Patata". "¿Qué es eso de patata, papá?", le preguntábamos a mi padre. Y él decía muy serio: "Es la papa".

La Boca era el centro neurálgico de todo. Y allí llegaban los marinos ingleses, que fueron quienes trajeron el fútbol. De manera que el fútbol entró en Argentina por La Boca. Y llegaban los marinos suecos, y por eso la bandera del equipo de Boca Juniors es una bandera sueca. Cuentan que estaban pensando "¿qué color le ponemos al Boca Juniors?" y se fueron a mirar las banderas de los barcos... "A ver, vamos al puerto a ver qué bandera hay." Y la primera que vieron era la sueca, y le encajaron la amarilla y azul. La del River era más humilde, los del River tenían una camisa blanca y con alfileres le metieron una cinta roja por el medio, para que no fuera simplemente blanca. Boca y River convivían en el mismo barrio en el origen.

Cuando los abuelos venían a casa era un rito. Era en Navidades y recorrían las quince cuadras en el tranvía 43. El abuelo llamaba por teléfono y avisaba de que ya salían, y entonces íbamos todos a la parada a recibirles, como si vinieran de muy lejos. Y llegaban y les festejábamos. La abuela se bajaba del tranvía, y venía a la visita, bien empaquetada, porque estaban en muy buena posición. Traía siempre caramelos y regalos. Cuando se iban, nos daban veinte guitas [céntimos] a mis hermanos y a mí, y otra vez íbamos al tranvía a despedirles, con gritos, pañuelos y todo, como si se fueran a Oceanía. Y eso que yo luego iba a visitarlos todos los días. Mis hermanos iban menos, pero yo iba seguido. Entonces se vivía así, había un respeto grande y era divertido.

Una vez me tragué la moneda de veinte guitas. La escondí en la boca y me la tragué. Mi madre siempre la quería guardar para mis ahorros y yo me la metí en la boca para que no la vieran, y sin querer me la tragué. Me decían mis padres: "¿Alfredito, dónde guardaste el dinero?" Y yo decía que no sabía. Pero me veían preocupado, sospecharon algo y me hicieron cantar. "¡Te la tragaste!" Y luego tuve que andar días y días con un palo andando en la mierda cada vez que iba al baño, hasta que salieron las dichosas veinte guitas.

La familia estaba toda en buena posición. Tenía un tío que era dentista, otro que estaba casado con la hermana de uno de los grandes jugadores de la época, Isola. Era arquero [portero] del River y de la Selección, el primero que atajó un penalti en la Selección. Se lo atajó a Uruguay, a Héctor Scarone, y le hicieron héroe.

El abuelo tenía como ocho o diez pipas de distinto tamaño. Le gustaba fumar en pipa. Se sentaba y hacía de gran patrón, como en las películas. Yo por eso a veces me entusiasmo al ver las películas americanas de los italianos de esa época, de los años treinta, porque parece que son las copias unos de otros, todo el mundo igual. Y cuando caminaban por la calle, igual: cuando iba el jefe delante, la tribu iba detrás; porque cuando mi abuelo iba delante, la abuela con los hijos iba detrás. Eso lo he visto yo porque era así entonces.

Mi padre se pasaba trabajando todo el día y venía a la tarde. Se bajaba del colectivo [autobús] más o menos a las cinco y cuarto o cinco y media. Yo lo veía venir y me lanzaba corriendo hacia él y ¡zas! daba un salto y me abrazaba a él y le agarraba. Eso al viejo le gustaba, porque era un atleta. Pero la bronca venía cuando nos poníamos a comer. Yo no comía nada, era flaco como nadie y tenía cada lío que no quería ni ver a mi viejo, porque me quería meter la comida con calzador. A mí no me gustaba casi nada. Además como estaba todo el día corriendo, estaba flaquito como un espárrago, y eso a mi padre no le gustaba. Me obligaba a comer y había lío. Así que yo le tenía medio resabio. Me sentaba a dos metros de él por lo menos. Recuerdo que era muy estricto, cuando yo hablaba como se habla en el barrio, él se enfadaba y a la menor me soltaba un sopapo. Y mi vieja le decía: "No le pegués". Y él le decía a mi madre: "¿Dónde anda este niño todo el día, que está saliéndonos un arrabalero?"

Éramos tres hermanos: Alfredo, Tulio y Norma. Yo era el mayor y mi padre tenía que ser estricto conmigo, porque era el ejemplo para los otros. No vivíamos en barrio pituco [cursi] y era lógico que yo saliera como todos los chicos del barrio. El barrio era barrio puro y yo andaba siempre en la calle. ¿Dónde iba a estar? Nuestra casa estaba bien. Era una casita simple, de tres habitaciones, con un altillo, cocina, un patio, como tantas.

Mi padre había jugado en el River de delantero, pero se lesionó una rodilla y lo tuvo que dejar pronto. Lo que de verdad le gustaba era la ópera. Tenía una vitrola de esas de entonces, que se le daba a una manivela para la cuerda, y muchos discos. Tenía la habitación llena de fotos de Caruso, Tita Rufo y todos aquellos. El tango no le gustaba. Decía que era para arrabaleros. Sólo le gustaba Gardel, Carlitos

Gardel, porque decía que tenía voz de barítono, y si se hubiera dedicado a cantar ópera hubiera sido un fenómeno. Le parecía un desperdicio que le hubiera dado al tango.

Por la parte de mi madre venimos de Francia y de Irlanda. Mi madre es Laulhé Gilmont. Los Laulhé son del sur de Francia, de Olorot Sainte Marie, cerca de España, al lado de Pau. El primero que fue a América era el abuelo de mi madre. Fueron con ganado, de los que llevaron la oveja merina. Cuando lo pienso, me digo: "¡Hay que tener valor! ¿En qué año se habrán ido estos a América? Hay que tener coraje para irse en barco, para llevar ganado, llegar a tierra y después meterse a quinientos kilómetros hacia el interior de la provincia de Buenos Aires".

Se instalaron en Balcarce, la ciudad de Fangio, y en San Ignacio. Mi abuelo Laulhé se casó con una descendiente de irlandeses que eran de Ayacucho, provincia de Buenos Aires. Inés Dick-Guilmont, se llamaba, y era rubia. Todos los Dick están en Ayacucho, y eran todos rubios, un rubio exagerado. Yo creo que de ahí me viene el rubio a mí.

La siembra por los libros

[A los quince años dejó de estudiar. No es que le desagradara la escuela, le gustaba dibujar y pintar sobre todo, pero ante la pregunta del millón, no dudó. "Alfredito, ¿qué preferís, estudiar o trabajar en el campo?" Colgó los libros. Su padre, además de trabajar como asentador en el Mercado, había comprado unas propiedades; y cuantas más manos ayudaran, mejor. Alfredo recuerda con especial énfasis sus historias en el campo.]

En Ayacucho levanté una cosecha de quinientas hectáreas de papas. Tenía que hacer los albaranes y tenía que hacer todo. Tenía que estar despierto con toda la gente, había ochenta cosechadores a mi cargo; si querían me daban una patada en el culo y me echaban volando. La gente era buena. Ganaba bastante dinero en esa época, pero era un trabajo infame. De sol a sol. Cuando eran las cuatro y media de la mañana, estaba la gente tomándose el desayuno. El desayuno era lo que había sobrado de la noche anterior. La comida era arroz, el puchero que había, oveja con arroz y papas o algo así. Se comía en el rastrojo, al mediodía se paraba y un cocinero hacía la comida. Y siempre te hacía el cocido con patatas y un poco de maíz o mazorca y, si la había, echaba una zanahoria o algo más, y después carne de oveja. ¡No vean cómo le espumaba el cocido! Porque con la oveja se te pega la grasa en el paladar y no hay quién te la arranque. Ni con una tenaza la arrancabas, vamos. Era impresionante el cocido ese. Y valiente el caso, porque cuando había calma estaba bien, pero cuando había viento con polvo tenías que cubrir la jugada, porque si no, el polvo se te metía arriba en la chorba y tenías que comer sopa con tierra.

Mi padre era un enamorado de los animales y de las plantas, sabía de todo. Era un fenómeno. Te decía cómo se llamaba este árbol, cómo se llamaban las rosas. Tenía siete, diez clases de rosas. Era una cosa especial. Y que no le dijeras el nombre exacto, que se enojaba.

El campo me hizo también de unión con la otra parte de la familia, la parte materna, que eran de vivir del campo todos. Aprendí a montar a caballo en San Ignacio, en una estancia de ellos que se llamaba San Gregorio y que debe de existir todavía. Ahí solía ir de veraneo. Recuerdo que eran doce hijos, creo que eran nueve varones y tres mujeres. Mis primos. Todos tenían nombres raros, sacados de la Biblia: Abdón, Abel... Porque el abuelo Laulhé era católico.

El menor me llevaba a mí cinco años. Yo tenía nueve y él catorce. Tenían unos ponis y mi primo me decía: "¿Tú sabes andar a caballo?" Yo contestaba que no porque tenía miedo. Los ponis son bravos, son peligrosos. Hay algunos mansitos, pero otros que no veas... Los hay que te montás y empiezan a correr y no te paran nunca, tienen la boca dura. En uno que me subí le metí el freno en la rienda, corta la tenía, y ¡pumba!, al suelo. Me pasaba de lado, vamos. Me montaba y pasaba al otro lado. Parecía Charlot. Y al final, empecé a montar y aprendí.

En el campo se hacía de todo: desde ordeñar hasta sembrar. El viejo tenía vacas y había que ordeñar, pero cuando él ya veía que estaba la cosecha... ¡pumba! Alfredo a sembrar o a cosechar. El sembrador de papas número uno era yo. Mi viejo decía que el hijo del patrón tenía que ser el mejor de todos, tenía que demostrar que era el más humilde. Y para levantarse lo mismo.

Lo que tenía mi padre no era grande. Era una pequeña extensión, una especie de lujo que tenía para estar en el campo. Tenía pavos reales, gansos y chajás, que es un ave un poquito más grande que un pavo que tiene unas púas en las alas. Le rompes un ala y no se mueve ni se escapa. Cuando se muere uno de ellos, se muere el otro. Sí, se muere de viejo uno y se muere el otro. Es una historia muy bonita. También tenía unos perros tremendos, porque en aquellos tiempos en el campo te venían diez o quince tipos bravos de repente, venían armados, y te podían llevar todo el ganado. Se llevaban los caballos y todo, como en las películas de cuatreros.

'Unidos y venceremos', el primer equipo

Tanto cuando estudiaba como después, en medio de todo siempre estaba el fútbol. Desde el principio. Ya cuando iba al Pisahuevos jugaba. Enfrente teníamos un baldío fenómeno, entre la fábrica El Águila de chocolatines y la fábrica Picaluga de textiles, que hacía negocio con distintas fábricas de Europa, entre ellas algunas catalanas, una de las cuales, en cierto modo, iba a estar implicada en mi salto a España más adelante.

Ahí, jugábamos a la pelota, y también en la calle. Usábamos los árboles y la pared como portería. Teníamos una pelota de goma que costaba veinte guitas. No había dinero para comprar una de cuarenta, que era un poquito más grande. Jugábamos hasta que venía el carrito [coche] de la policía y salíamos huyendo, porque si nos alcanzaba nos robaba la pelota y se la llevaba. No nos dejaban jugar en la calle. No pasaban nada más que carros con caballos, no pasaba ningún coche, pero podíamos romper un cristal. Los vecinos se quejaban, así que la policía si nos cogía nos quitaba la pelota y "chau".

En el asfalto, en el adoquinado, la pelota parecía un ratón. Picaba [botaba] de un lado para el otro, había que hacer un dibujo, había que tener un arte extraordinario para jugar al fútbol en la calle, vamos. Y en el cordón de la vereda, y en el zaguán, que le pegábamos al zaguán y volvía la pelota, hacíamos de pared. Por eso se llaman las paredes, lo de la pared viene de ahí.

No hay mejor diversión que el fútbol. ¡Cuánto se debe a la industria británica! Hay que hacerle un homenaje a los ingleses que fueron por todo el mundo con el ferrocarril, pero además llevaban el fútbol. Fueron a América, fueron a hacer el ferrocarril a Asia, fueron a hacerlo a África... En España, en Huelva, con Río Tinto, también fueron los primeros en traer el fútbol acá. Gracias a esto existen todos los *raúles* y los *kempes*, los *maradonas* y los *alfredos*. Gracias a esta industria hemos obtenido una familia.

Si no teníamos pelota, agarrábamos una latita de conserva, la abollábamos un poco, la dejábamos medio redonda y jugábamos entre mi hermano y yo si estábamos solos. ¡A ver!, uno contra uno. El primer equipo organizado lo tuve todavía en Barracas, antes de mudarme al barrio de Flores. Se llamaba "Unidos y venceremos". Tenía una camiseta blanca con un pico azul por arriba, parecida al Europa de Barcelona o al Vélez Sarsfield. Hasta himno teníamos:

Siento ruido de pelota
y no sé, no sé lo que será.
Son los pibes de Barracas
que han venido,
que han venido de ganar.

Después de ganar bajábamos por el barrio todos agrandados, cantando y provocando a los que sabíamos que eran del otro equipo, hasta que nos lanzaban alguna *puteada* o nos corrían de allí. No nos importaba la bronca. Éramos como el equipo de la sexta del Sportivo Barracas. Y cuando no jugábamos nosotros hacíamos de torcida [afición] de los que jugaban. Siempre estábamos de pelotera, en Argentina no hay partido que no acabe con pelea. Jugábamos en un campito que llamaban "la canchita del Plata", al lado de parque Patricio, por donde está la iglesia de los Sagrados Corazones. Había que alquilarla. Pagábamos quince, veinte céntimos cada uno. Jugábamos, por ejemplo, contra la barriada de tres calles más arriba. En Barracas había niños a montones. La gente pobre es la que tiene más niños, y había chicos que no vean. Había una gran rivalidad. Si cada dos esquinas no se saludaban... Los de aquí no se saludaban con los de dos esquinas más allá. Eran pandillas, vamos, ¡y que no se armara la guerrilla con piedras!, que eso era lo más peligroso.

A mi viejo el fútbol le gustaba. Era hincha del River y siempre me llevaba a la cancha. El Sportivo Barracas fue un buen equipo. En su cancha hubo un gol histórico: el gol olímpico. Ese gol dio la vuelta al mundo. Me gustaba ir al fútbol. El primer River-Boca lo vi con siete u ocho años. Y ganó el Boca con Varallo, Benítez Cáceres, Cherro, Onzari, Domingos, Bibí, Estrada... Y en el River estaban Rongo, Milazzo, Peucelle, Vaschetto, Malazzo, Minella, Sirne, Cuello... Yo vi con mi padre el debut de Lángara en Argentina, con San Lorenzo de Almagro contra el River. Metió cuatro goles el vasco y durante días no se habló de otra cosa. Hay una foto del partido, una panorámica de público, en la que aparezco yo con mi padre.

Las únicas broncas con él eran los domingos por la tarde, que no nos dejaba oír el partido en la radio porque él ponía a Caruso en la vitrola: "Papá, déjanos oír el partido". "¡Qué partido ni qué partido! ¡Ya os enteraréis del partido después!" Y nosotros queríamos oír a Lalo Pelliciari, que era el gran relator de la época. Sólo de vez en cuando, si la vieja llegaba e intercedía, él aflojaba un poquito y escuchábamos a Pelliciari, pero sólo a trocitos, para ver cómo iba el partido. Yo sufría mucho con el River. A veces me iba para no escucharlo.

El primer balón de cuero

Del arrabal la calle más inquieta,
el corazón de mi barrio porteño
la cuna es del pobre y del poeta...
Rincón cordial.

Es una cosa muy seria el fútbol. Un día fuimos todos los muchachos al cine y nos daban una entrada y una papeleta, cada uno con un número. Me acuerdo que la cambié con uno al que no le gustaba su número. Me dio el 14 y salió el 14, "el borracho" le llaman en Argentina. Allá todos los números tienen nombre: el 15, la niña bonita; el 46, el tomate; el 44, la cárcel; el 45, el vino; el 25, la gallina; el 35, los pajaritos; el 56, la caída; el 22, los dos patitos; el 12, el soldado... Daban una pelota de fútbol y una muñeca. Me tocó la pelota y a una chica del barrio, que se llamaba Dorita, la muñeca. Subimos al escenario. Tenía nueve o diez años y me moría de vergüenza. Y resulta que lo que me dieron fue una pelota de rugby, y nos fuimos jugando con la pelota de rugby por la calle. Saltaba de un lado para otro, parecía una gallina.

Y entonces llegamos al barrio y les dijimos a los más grandes, a los de diecisiete y dieciocho años lo que nos había pasado: "Que en vez de darnos una pelota nos han dado esta mierda". Porque, claro, acudimos a los grandes porque sabíamos que ellos querrían que cazáramos la pelota buena para después prestársela a ellos para que jugaran. Les fuimos con el cuento porque éramos vivos. Volvieron al cine con nosotros y le dijeron al gerente que como no nos dieran una pelota de fútbol le reventaban el cine. Y tuvieron que darles la pelota. Claro que se la dieron. "¡Sacá la pelota!", le decían. Y salió la pelota porque el tipo, el gerente del cine, tuvo miedo de que hicieran alguna cosa. "¡Acá está, tomala, Alfredito!"

Una pelota de verdad. La teníamos que engrasar con sebo. Era de cuero, de esas con un cordón para atarla cuando la hinchabas. Si cabeceabas y pegabas con eso te hacía una raja en la cabeza, de ahí que tantos jugadores llevaran un pañuelo, una boina o cualquier cosa. Fue una compensación porque dos años antes yo había pedido a los Reyes unas botas y una pelota de fútbol y me trajeron una pelota de goma y unas zapatillas. El disgusto más grande de mi vida.

En el ambiente de fútbol del barrio me llamaban *Minellita*, por Minella, que era el medio centro del River. Era rubio. Después fue técnico mío en Primera División. Salí campeón con él. ¡Lo que es la vida! Dicen que le pegaba muy fuerte a la pelota. Me lo dijo Machín, que era un masajista que tuvo el River y que me hablaba en italiano. Yo le entendía más o menos, y él me decía: "Alfredo, Minella sacaba astillas de los postes". Tenía yo siete u ocho años y, de vez en cuando, si faltaba uno, me metían a jugar con los grandes.

En la cancha de fútbol que había en el baldío no se paraba de jugar. Si no estábamos los pibes del barrio estaban los obreros de la fábrica. Algunos de ellos se sentaban, los que no jugaban. ¡Éramos más pícaros que en la gran siete! La gente que no jugaba comía y se sentaba a ver el partido el tiempo que duraba la pausa del trabajo. Y en eso ¡píííííí!, el pito de la fábrica. Tres pitos: primer aviso, segundo aviso, tercer aviso, para entrar a trabajar. Y cuando se levantaban,

EL PRIMER BALÓN DE CUERO

dábamos la vuelta por donde estaban sentados por si se les habían caído del bolsillo las moneditas, y nosotros las recogíamos. Lo siento ahora por la gente humilde a la que se les caían, pero nosotros no pensábamos eso. Nosotros enganchábamos para comprar una pelota.

Entonces jugaba en todos los lados. Corría como un loco y me gustaba estar en todos los sitios. Cuando jugaban los grandes, me ponía detrás de la portería, detrás de donde todos pateaban. Entonces, si iba fuera, ¡pum!, me estiraba y agarraba el balón. Y decían: "Mirá el pibe este cómo se esmera".

Ese gusto por ejercitarme como arquero me habrá venido de mi padre. Cuando se lastimó la rodilla, y no pudo jugar, se colocaba de arquero, pero al final lo dejó. Cuando iba a casa del abuelo, enfrente estaba la cancha del Boca. Me cruzaba para ver el entrenamiento y allí me juntaba con todos. Yo me conocía a todos los jugadores. Decía a Varallo: "Oiga, ¿qué tal?" Y él: "Hola, pibe, ¿qué tal?" No sabían que era hincha de River, si no me corren de allá.

Me ayudó mucho en esos años un galleguito que se llamaba Losada. Era una familia con cuatro hijos: Ramón, Eugenio, Antonio y Enrique. A este último mi padre lo tenía como botones. Si yo tenía entonces diez años, él tendría diecisiete. Le gustaba el fútbol y era hincha del Boca. Él era quien me enseñaba a jugar: "Pisá aquí, Alfredito, pisá la pelota aquí, pillala de esta manera". Era el instructor que tenía. Instructor de barrio, vamos. Y me enseñaba a pegarle. Me mandaba a la pared de la fábrica a pegarle con la izquierda, con la izquierda y con la derecha, con la izquierda y con la derecha, con la izquierda y con la derecha... Todo se aprende. El fútbol es aprendizaje y, gracias a eso, aunque yo era diestro, me defendía bien con la izquierda. Es más complicado para los zurdos porque les cuesta más trabajo darle con la derecha. En cambio son más habilidosos, tienen un don especial: Maradona, Puskas... Derecho... pero les cuesta más pegarle con la derecha.

La mafia extorsiona a la familia

La historia se nos complicó en casa. El viejo era secretario de la Cámara Gremial de Patatas y no tragaba con muchas cosas que querían hacer con la semilla. La semilla de patata para sembrar se traía de Dinamarca, Holanda y Alemania, porque a la tercera cosecha, la patata, que es el producto de América por excelencia, no da el rendimiento esperado. Hay que renovarla. Y había cajas de semillas que valían, por ejemplo, cien y otras noventa. Y entonces aparecía un tipo que quería comprar, por ejemplo, a ciento veinte para tener más comisión. Como siempre, es la historia de la vida. Ya lo dice el tango *Cambalache*:

Que el mundo fue y será una porquería,
ya lo sé:
en el quinientos seis
y en el dos mil también;
que siempre ha habido chorros,
maquiavelos y estafaos,
contentos y amargaos,
valores y dublés...

Ya lo ven si era verdad: llegamos al 2000 y sigue así. Pero el viejo no tragaba en ese asunto. No quería el dinero de nadie, pero tampoco que le quitaran el suyo. Pero, además, tuvimos otros problemas.

La mafia americana se había instalado en Rosario. Los que echaban de Chicago o Nueva York porque estaban marcados, porque ya habían matado allí en la época de la Ley seca, en los treinta, todos se iban para Rosario. Y allí se formó la famosa banda del "Chicho Grande", de apellido Galiffi, con la que mi padre tuvo algunos problemas.

Tenían una organización impresionante y controlaban a todos los hijos de italianos que tenían negocios o comercios. La situación era clara: había que pagar un canon en proporción a lo que ganabas al mes. Al viejo le exigían cinco o diez pesos por cada vagón de patatas que vendía. Él no quería pagar, así que siempre iba con la pistola en el bolsillo. Cuando iba al Mercado Nacional de Patatas, que estaba al lado del puerto, a veces los de la banda disparaban tiros entre las chapas de cinc de los vagones para hacer ruido y asustarlo. Pero él no se achicaba. Iba armado, tenía que ir armado siempre. Y dormía con la pistola en el cajón de la mesilla de noche, con el cajón abierto, el brazo estirado y la mano dentro del cajón con la pistola agarrada. Así dormía.

Un día mi hermano y yo estábamos sentados en el umbral de nuestra casa. Teníamos un perro *fox terrier* que nos vigilaba y nos cuidaba. No se acercaba nadie a tocarnos, era muy malo. Se llamaba Mignon. Aquel día, un coche, un Ford T, se paró ante la casa y uno de los que iba dentro nos llama: "Nene, vení, ¿querés un chocolatín? Te doy diez pesos". Nosotros ya teníamos instrucciones de que no nos acercáramos a nadie... porque mi viejo ya temía que un día fueran a casa. Cuando se sentaba alguien, por ejemplo los pordioseros con una bolsa por allí, mi viejo llamaba a la comisaría para averiguar quién era, por si acaso. Tenía miedo de que nos secuestraran.

Así que, cuando vimos a aquellos señores en el coche, rápido llamamos: "¡Mamá, mamá!" La vieja estaba cortando un pollo y algo temía, porque salió rápido: "¿Qué pasa?" Y venía con un cuchillo y ¡ssium...! los tipos salieron a toda velocidad.

La mafia extorsiona a la familia

Pasó un tiempo, algo más de un año, y mi viejo se compró una casa que le costó 40.000 pesos. A los tres meses, más o menos, se le aparecen dos compradores, con apellidos indudablemente falsos. Uno se apellidaba Di Carlo y era un hombre muy bajito. Tenían una pinta bárbara, era impresionante ver cómo iban vestidos, cómo iban de arreglados. Le ofrecieron el doble de lo que había pagado. Mi viejo empezó a dudar: "¿Cómo?, ¡me quieren dar 80.000 pesos por una cosa que costó 40.000 y fue a remate [subasta]! Si tienen tanto interés en comprar esto tenían que haber ido ellos al remate". Entonces, mi viejo le decía a mi madre Lala, porque mi madre se llamaba Eulalia Helena, y le decían *Lala*: "Lala, esto huele a cuerno quemado".

Teníamos un primo que se llamaba Umberto Sevastado, era notario, y mi viejo le contó lo que le estaba pasando. Él decidió acompañarlo a la firma de las escrituras. Cuando quedó con los dos hombres para firmar, ellos le decían: "Vamos a tomar un coche y le recogemos". Y mi viejo: "No, primero vamos a ir a buscar a un pariente que me asesora". "¡Ah!, usted va a traer un...", se miraban entre ellos con sorpresa. "Sí, tengo que traer al abogado mío, si no, no voy a firmar una transferencia". Ellos le insistían: "No, es que tiene usted que venir solo, porque nosotros queremos... Vamos a ir en taxi"; y mi viejo: "No, no, vamos en el autobús". Cuando llegaron a la dirección acordada, había que subir a firmar al quinto piso, y uno dijo: "Vamos a esperar abajo, no vaya a ser que hayamos llegado temprano y no estén". El otro subió para ver si estaban. Estaba claro que los otros se daban cuenta de que mi viejo y mi pariente eran dos y de que así ya era más complicado el asunto. Si mi viejo hubiera estado solo, habría sido otra cosa. Cuando el tipo baja, dice: "No, que no están, están en el juzgado y no vienen hasta mañana". Se despiden y el viejo lo tiene muy claro: "Esto se terminó aquí, no hay nada más que hablar. Les tengo miedo, no me trago nada de ellos. No vaya a ser que me metan la pistola allá y me hagan firmar la transferencia, me doy vuelta y adiós muy buenas". Así vivíamos nosotros, en guardia y medio asustados.

Un año después nos pasó otra. Íbamos a San Nicolás a ver a nuestros primos y a mi tío. Tomamos el tren. San Nicolás queda a doscientos kilómetros, después viene Rosario. El tren rápido salía a las siete de la tarde y llegaba allá a las once y media o doce de la noche. ¡El rápido tardaba cuatro horas y media en doscientos kilómetros! Mi viejo me llevaba en el vagón restaurante. Yo iba sentado junto a la ventanilla y mi padre al lado del pasillo. En la mesa de enfrente no había nadie. Estábamos en la última mesa de la fila. Y en la otra fila, en la punta de allá, al otro extremo del vagón, había cuatro que estaban charlando, y yo le dije: "Papá, ¿no es ese el señor Di Carlo?" El viejo se puso blanco. "No mirés más, y así no se dan cuenta de que lo has visto. Tranquilo." Yo tranquilo sí estaba, pero el viejo tenía un susto en el cuerpo mayúsculo.

Entonces mi viejo se levanta, recoge la maleta y la pone detrás de la bajada del tren, de entrada al comedor, y nosotros nos quedamos en el comedor. Siempre controlando a los tipos. El viejo era muy rápido y peligroso, porque era valiente y fuerte, fortísimo, pero tenía miedo al pistoletazo. Nos quedamos allí, disimulando. Según llegábamos a San Nicolás, el tren fue aminorando la marcha y nosotros hicimos como que seguíamos hasta Rosario, que no nos bajábamos allí. Pero justo cuando el tren ya está a punto de pararse, nos levantamos, se da la media vuelta, me agarra de la cintura, agarra la maleta, se pone en el pescante y se tira. ¡Nos tiramos con el tren en marcha!

Había una ligustrina, un seto, y el viejo ¡ssium! y al suelo. Ahí nos quedamos escondidos hasta que salió el tren y aún un rato más. Tirados en el suelo. Yo me decía, "pero aquí ¿qué está pasando?", iba a divertirme a casa del tío y me veía escondido con mi viejo bajo un seto. No creo que tuviera yo más de once años entonces.

Mis tíos vivían en la calle Nación. De ahí es Sívori, el gran jugador. Vivían en una esquina, y su casa quedaba de la estación a tres o cuatro cuadras. Subimos y ya estaban comiendo. Lo único que escuché fue "Hola, Alfredito", y a mi tío que le decía a mi papá: "Oye, Alfredo, ¿cómo has demorado tanto de la estación hasta aquí? Ya creíamos que no venías y por eso nos pusimos a comer". Mi viejo le confesó entonces a mi tío lo que nos había pasado y el problema que tenía con la mafia. Mi tío le dijo: "Mirá, Alfredo, tratá de solucionar esto porque es peligroso".

El barrio de Flores

Me da pena verte hoy, barrio de Flores,
rincón de mis juegos de pibe andarín,
recuerdos cachuzos, novela de amores,
que evoca un romance de dicha sin fin.
Nací en este barrio, crecí en sus veredas;
un día alcé el vuelo soñando triunfar
y hoy pobre y vencido, cargado de penas,
he vuelto cansado de tanto ambular.

[Finalmente don Alfredo terminó pagando. Un mal día se reunió con el mismísimo Chicho Grande y terminó aceptando la extorsión porque ya no vivía tranquilo y, sobre todo, no quería poner en peligro a la familia. "Para protección de la familia, usted por el sistema de vida, por lo que gana, tiene que dar diez pesos por vagón de patatas que venda." Poco después la familia cambió de barrio, de Barracas a Flores, huyendo de las posibles inundaciones.]

Un día llega el viejo a casa: "Lala, he visto una casa como un *petit hotel*, no es una cosa del otro mundo, tiene dos plantas, pero lo principal es que está en un alto". Esa era la gran preocupación. El barrio de Flores estaba en un alto. ¡Como había sufrido tantas inundaciones en la Boca!

Tuve que cambiar de colegio. Del Pisahuevos al Montes de Oca. Ahí un día el director me pegó un sopapo y mi padre le quería correr por todo el colegio. Cuando sonaba el timbre para acabar las clases, todos salíamos corriendo a toda velocidad, y un día me pilló y me dio. Cuando llegué a casa, mi viejo me preguntó: "¿Qué te pasa en la cara?" "Nada, que el director me dio un bife [bofetón]", le expliqué.

Entonces consultó a mi vieja y dijo que lo iba a denunciar. "No, mejor que denunciarle, mañana me voy al colegio contigo y, aparte de decirle de todo, si me lo puedo comer me lo como." Había que ver al director corriendo alrededor del escritorio y a mi viejo detrás gritándole: "¡Le denuncio!"

Pero resulta que esa noche llamó una mujer, la maestra Juanita, la maestra que tenía yo cuando estaba en el Pisahuevos. La queríamos muchísimo y resulta que el director del nuevo colegio era su hermano. Dijo que lo sentía mucho, que se disculpaba. Mi vieja habló con mi padre: "Oye, Alfredo, no pongas la denuncia no vaya a ser que le suspendan o le expulsen de la carrera, y además hay que ser agradecido con Juanita, que ha sido la que ha educado hasta hace poco a nuestros hijos". Y entonces mi viejo quitó la denuncia.

Para hacerme amigos en el nuevo barrio, el método fue el fútbol. Me metí en un equipo: el Imán. El presidente y el vicepresidente eran dos peluqueros que habían formado el equipo. Vestíamos de blanco con ribetes verdes. Eran gente de bastante edad, hasta había uno que era un viudo.

Yo tenía doce años y jugaba con ellos de interior izquierdo. Íbamos en camiones a jugar. Se alquilaba la cancha y te cambiabas en el camión, así que había que tener dos vigilantes porque, si no, te robaban la ropa y te podían dejar en pelotas. Cuando estábamos necesitados de balones íbamos a la comisaría: "Queremos hablar con el comisario". "No está el comisario..." Nunca estaba. "Mire, como en el depósito tienen diez o quince pelotas, a ver si nos da dos o tres porque queremos jugar y no tenemos dinero para comprar una." A veces nos las daba.

"¡Pero en la calle no jueguen!"

Jugábamos en cualquier sitio: en campos, en baldíos, en asfaltados. ¡Buenos perdigonazos nos hemos llevado de un guarda porque se nos caía la pelota en su campo de limones! Más suerte teníamos cuando jugábamos al lado de un convento de monjas. Las monjitas ya nos conocían a todos, de tanto vernos por allí, y una de ellas sabía que yo no había hecho la comunión y que ya tenía trece años. Me decía: "Alfredo, como desde mañana no vengas aquí, te anotes a la catequista y vengas para hacer la comunión... no te devuelvo la pelota". Y nada, me tuve que inscribir. Cuando le dije a mi vieja que me había inscrito, me dijo: "¿Tú solo te has inscrito? ¡Si te he dicho cuarenta veces que hagas la comunión y no quieres hacer la comunión!" "Es que si no, no nos dan la pelota, mamá". Y efectivamente, hice la comunión el 26 de noviembre y me hice amigo de la monja y todo. La comunión siempre se hacía el 8 de julio, pero los retrasados mentales, que éramos nosotros, el 26, para que no haya confusión. El 8 de julio es el día de la Inmaculada, el día de la comunión en Argentina para los pitucos [pijos]. Los reos, los que sabíamos cuatro cosas y no sabíamos nada de comunión, el 26 de noviembre.

Ese día dieron un chocolate con churros a los padres. Yo fui a la iglesia, me tomé medio chocolate, porque comía poco. Me vine a casa, me saqué la ropa y me fui a jugar un partido de fútbol a la calle. Ni me fui con la bolsa que nos daban en busca de parientes que nos dieran algo de dinero. Yo ya había terminado, había cumplido con lo que tenía que cumplir.

Años más tarde, cuando vino la época de la política, mi viejo dijo: "Yo no trabajo más para los impuestos, no ganamos nada". Fue cuando nos fuimos a vivir a Los Cardales. Dejamos de estudiar. Para nosotros el futuro estaba en el campo con él. Mantuvimos la casa de Flores aunque casi siempre estábamos allá. Yo hacía de todo: de jardinero, de frutero, de papero, de lechero. La de Los Cardales era una finca muy bonita y estaba muy cerca, a 65 kilómetros de Buenos Aires. El viejo quería hacer de eso un vergel, tenía de todo: pavos reales, gallinas de Guinea, conejos, palomas mensajeras, palomas cazarines, palomas volterinas, buchones, chajá... Yo vivía feliz trabajando en el campo y jugando al fútbol en Los Cardales, en un equipo interprovincial de ahí de la zona norte, y jugaba bien, pero no soñaba con nada.

Una vez mi madre estaba en Buenos Aires, porque había que hacer una reparación de electricidad en la casa de Flores, y se tropezó con un amigo de mi padre, Alejandro Luraschi. Habían jugado juntos en el River y él había sido el portero del ascenso de Segunda a Primera, en el año veinte. Mi madre le comentó que yo jugaba bien al fútbol. Él mantenía relación con la gente del River y, a los pocos días, me mandaron un telegrama para una prueba. Fui, probé y me quedé. Era un miércoles de febrero o marzo, cuando empezaba el calor en Buenos Aires. Seríamos setenta u ochenta chavales. Nos quedamos dos, Salvucci y yo. Los dos tomamos el mismo tranvía, los dos nos sentamos juntos, allí en la cancha. Yo salí de mi casa de Flores, en Carabobo 467. Cogí el tranvía 88, que pasaba por el cementerio, y ahí se subió Salvucci, con las botas envueltas en papel de diario, como yo, y se sentó al lado mío. Y me viene y me dice:

—¿Dónde vas?
—A probar al River.
—Yo también.
—¿Y de qué juegas?
—De interior derecho.
—Y yo también.
—¿Cómo te llamas?
—Salvucci.
—Yo me llamo Di Stéfano.

—¿Cuántos años tienes?
—Diecisiete.
—Yo también.

Cuando acabó el entrenamiento fuimos a salir y había un conducto estrecho para salir, como en una ganadería. En la salida estaba Peucelle, el técnico. Yo esperé a Salvucci y Salvucci me esperó a mí. Para volver a casa desde la cancha del River teníamos que ir caminando quince calles para tomar el 88 de vuelta. Al salir, Peucelle nos dice: "¿Ustedes dos ¿para dónde van?" Y nosotros: "Vamos para el mismo lado, para el lado de Flores". Y Peucelle: "A ver, ustedes dos, a ver, ¿han traído los documentos?" Los dos respondimos al tiempo: "Sí". Y Peucelle: "A ver, déjenmelos". Tuvimos que dejar la cédula de identidad y nos dijo: "El viernes vuelven otra vez aquí".

Y así firmamos. Firmabas una vez y firmabas de por vida. Cuando ya empezamos los entrenamientos me traje del campo un perrito chiquitito y me quedé en Flores a vivir yo solo en el caserón de Carabobo. Mis viejos venían de vez en cuando y yo iba al campo cuando terminaban los partidos y no había entrenamientos hasta el martes. Seguía jugando partidos informales en el barrio, porque si no te decían: "Estos están agrandados, están jugando en el club y no vienen a jugar..." No había que decepcionarles. El barrio era como una nación, como un país.

Segunda parte
Primeros pasos en el fútbol profesional

Cuarta división en el River Plate

River Plate significa Río Llano. Pasé la prueba y me quedé. Entré en la Cuarta división, que va desde los dieciséis a los dieciocho años. Entonces en la Primera del River jugaban Soriano, Plato, Vaghi, Ferreira, Yácono, Minela, Ramos, Muñoz, Moreno, Labruna, Pedernera y Lostau. Ese equipo pasó a la historia como "La máquina", pero también les llamaban "Los caballeros de la angustia", porque jugaban muy bien, dominaban los partidos, pero en los cinco últimos minutos siempre se complicaban la vida y la gente al final tenía las pelotas en el cuello... Era un equipo de toque y toque.

Nosotros, en la Cuarta, jugábamos por la mañana. Empezábamos a las nueve y los de Quinta a las once. Así que jugábamos siempre con rocío, con la pelota húmeda. En Argentina hay campeonatos de Séptima, Sexta, Quinta, Cuarta, Tercera y Primera. La Segunda es la reserva, lo que en España llamamos los suplentes. Juegan los mismos partidos que el equipo de Primera, es decir, que si en Primera juega River contra Boca, en Segunda, como aperitivo, juega River contra Boca.

Nos entrenábamos dos veces por semana. Cuando ya pasabas a la Tercera, ya era más complicado, se entrenaba martes, miércoles y viernes. Ya entonces teníamos preparador físico, y era el año 1944. Pero había sistemas. En el River quien marcaba las directrices era Carlos Peucelle, a quien en su época de jugador —fue internacional— le llamaban Barullo, porque estaba en todos los lados y no paraba de moverse. Era un tipo que embarullaba los panoramas. Como no había números, estaba jugando de extremo derecho, y por ahí te aparecía de interior, de delantero centro, te aparecía de medio volante... Era un hombre que se movía por toda la cancha. Después de terminar de jugar se hizo técnico del River y manejaba las divisiones inferiores del club. Ahí fue donde se gestó el semillero que siempre ha sido el River. Y este hombre fue uno de los responsables.

Después vino Renato Cesarini, que estuvo jugando en Italia, en la Juventus. Al venir de Europa traía unas ideas muy claras: no jugar a boleo sino jugar con unos sistemas. Cuando yo llegué, Peucelle era el que entrenaba a todas las divisiones inferiores, pero no se sentaba en el banquillo los días de partido. Él mandaba a un delegado con cada equipo y, cuando jugábamos en casa, se pasaba por todos los campos y desde el otro lado de la alambrada vigilaba todo y te pegaba unos gritos tremendos.

Cesarini estaba entonces en el primer equipo. Era un tío muy genial. En Italia llaman "zona Cesarini" a marcar goles en el último minuto. Debió de meter varios así y, desde entonces, en Italia, ganar en el descuento se conoce como "zona Cesarini".

[Carlos Peucelle, el técnico que más influyó en Alfredo cuando llegó al River, siempre recordaba una anécdota de sus comienzos como jugador. En un partido del Tercera, el equipo ganó 9-0. Alfredo era el delantero centro, pero no marcó ningún tanto. Al finalizar el partido, Peucelle se acercó al chaval: "Muy bien, Alfredo, has jugado un partido magnífico. No marcaste, pero fuiste el conductor del equipo". Alfredo bajó la cabeza y susurró: "Ha sido el peor elogio que he recibido en mi vida".]

Yo jugaba de todo, pero en el equipo comencé a jugar de extremo derecho. El delantero centro era Ameal y, cuando se lastimaba, me encajaban en el medio. Me gustaba bajar, y bajaba y no me dejaban. Querían siempre gente arriba. Yo le daba una mano al lateral y entonces me organizaba más. Me gustaba estar siempre cerca de la pelota, siempre. De extremo es un aburrimiento. Estás ahí esperando y van por el otro lado. Antes jugaban los medios, el interior y el delantero centro más o menos, pero el puesto de extremo es un recurso de los compañeros: cuando estás *jodido* te la mandan para ti. Tienes una salida sola, tienes que meterte unos metros dentro del campo para después salir por la derecha; porque si estás cerca de la raya, te vas del campo. El puesto de extremo es para los que saben jugar de extremo. Yo prefería jugar en el medio, más bien de interior. Interior medio.

Era el año 1944 y fuimos subcampeones. Perdimos la final. Nos pasó una anécdota grande. Jugábamos en la cancha de San Lorenzo contra Platense. Platense tenía unos grandes jugadores, que después llegaron a Primera.

River tenía un camión para repartir las equipaciones por las canchas donde jugaba. Los jugadores íbamos en colectivo [autobús] o en tranvía. Íbamos solos. Nos citaban a doce. No porque hubiera cambios, sino por si uno llegaba tarde o, como era domingo por la mañana, sus padres no le dejaban ir a última hora. El camión salía, por ejemplo, a las seis de la mañana e iba dejando la ropa de cada equipo en su cancha. En los camiones iban también los documentos, las fichas. Iban atadas y colgadas del canasto correspondiente.

Llegamos a la cancha y no están las fichas. Y se suspende el partido. Había como 15.000 personas. ¿Y qué fue lo que pasó? Que había un pícaro —como siempre hay en todos los clubes— que, como Platense tenía lesionado a uno que se llamaba Pedachi, que jugaba de maravilla, y después jugó en el Independiente, pues nos quitó las fichas para que se suspendiera el partido. Nosotros pensamos siempre que fue uno de Platense, no iba a ser uno cualquiera. Y los del Platense decían que nos las habíamos llevado nosotros. Siempre quedó la duda. Se suspendió el partido y se hizo una reclamación. Después se encontraron en un buzón de correos. Antiguamente la gente todavía era correcta, te robaba pero te robaba humildemente. Ahora te las hubieran quemado.

Al otro domingo se hizo el partido por la mañana. Había como 20.000 personas en la cancha. Nos ganaron 2-1 y se quedaron campeones. Ya habían recuperado a los lesionados.

Entonces se jugaba por diversión. Se conocía a los profesionales que jugaban en River o en Boca, pero no es como ahora. Era un deporte popular. ¿Quién se iba a preocupar, como actualmente se preocupan, de hacer del fútbol una profesión? Ahora tienen diecisiete años y ya los padres dicen: "A ver si se hace millonario este". En aquella época no. Lo peor de todo es que a la mayoría de los muchachos no les dejaban jugar, porque se gastaban las zapatillas y se rompían los zapatos, y no veas los líos que había en la casa. Quien tenía suerte iba a la cancha de chico a ver los partidos de la Primera, porque en cada barrio había un equipo profesional. Estaba el Racing, Independiente, San Lorenzo, Huracán, River, Boca, Platense, Atlanta, Chacarita... Diez o doce equipos. Yo, además, era socio del River desde los ocho años.

Las enseñanzas de Martín Fierro

[Martín Fierro-Carlos Gardel. La línea media preferida de Alfredo di Stéfano. Uno de los recuerdos más impactantes de su infancia fue la muerte del eterno actor-tanguista en 1935. Tiene recuerdos nítidos de las fotografías que publicaron los periódicos, de las viñetas del accidente de avión.

José Samitier, el hombre que le trajo a España años más tarde, era amigo del cantante y, cuando llegó a Barcelona, le habló mucho de sus visitas a España, de cuando se reunían en San Sebastián o Vitoria con la presencia también de Ricardo Zamora. Alfredo guarda una gran colección de tangos.]

Uno de mis personajes favoritos es Martín Fierro. Todo lo que cuento sobre la Argentina de mi infancia tiene algo que ver con Martín Fierro. Me lo leí cuarenta veces ya. No tengo memoria. Lo miro y lo releo, y lo releo, me viene bien porque así me acuerdo de algo. Martín Fierro tiene verdades como un templo.

Cuentan que era hijo de un español, que es hijo de José Hernández. Dicen que lo dejaron en el campo. Lo dejarían con un profesor o un maestro, porque sabía de todo. El tipo tenía todas las ocurrencias del mundo. Decía, por ejemplo, "cada lechón en su teta hace el modo de mamar". ¿Quién sabe eso? No siendo uno que tenga crianza de cerdos, no lo sabe nadie. El cerdo es el animal más bonito que hay. Cuando nace, se da la vuelta, se mueve un poquito, abre los ojos y agarra una teta, y no la suelta hasta que lo destetan. Cada uno tiene su teta. Aunque tenga diez o doce crías, cada uno va a su teta, no cambia. Y eso Martín Fierro lo explica así: "que hace su modo de mamar".

Empecé a leerle cuando tenía catorce o quince años. Al principio a Martín Fierro le costó entrar en Argentina. Ahora resulta que es un libro que verdaderamente refleja lo que es la vida cotidiana de la gente del campo. Él da un consejo que pone en boca de un personaje que llama "el viejo Bizcacha", un personaje parecido a Sancho Panza, que dice: "Un padre más que dar consejo tiene que ser un amigo, es un amigo". Y si tienes un problema judicial, escribe: "Hazte amigo del juez y no le des de qué quejarse, porque es bueno tener palenque donde rascarse".

"Palenque donde rascarse" es el palo que se pone en el medio del rodeo, del cercado donde se pone un poste grande y se amansa a los caballos, porque hay que amansarlos. Se ata corto y el caballo tira hasta que empieza a parar. Después se le ponen las riendas para la boca.

Es difícil amansar un caballo. Y cuando los animales van al palenque, por las moscas y todo eso, se rascan contra él. De ahí la picardía de "qué bueno tener palenque donde rascarse". Él tiene una visión más romántica, más atrevida, más valiente...

Estando en Cuarta debuté con el equipo de Primera contra Huracán en la cancha de San Lorenzo. Fue el 7 de agosto de ese año de 1944. Es curioso, porque cinco años después, también un 7 de agosto, me escapé para Colombia. No puedo olvidar que me doblé el tobillo en la cancha de Chacarita. Estaba predestinado. Me dijo Moreno: "Nene, ¿no te vendás el tobillo?" Yo en mi vida ni sabía lo que era una venda. Y él me dijo: "Ven acá. Los campos están pozeados" —que quería decir que estaban lleno de pozos pequeños—. Pero yo me negué y, efectivamente, cuando quedaban unos quince o veinte minutos del segundo tiempo, me doblé el tobillo. Me tuvieron que sacar, no podía ni caminar. A partir de entonces comencé a vendarme.

Te daban una venda para todo el año y te ponían el nombre y el número: A.D. y, por ejemplo, el número 27. Todo marcado con pintura rosa. A veces te la tenías que llevar tú y lavarla en casa. La venda me la saqué después, cuando estuve en Colombia, y ya no volví a jugar ni con vendas ni con canilleras, "espinilleras", que llaman en España.

Después de ese partido, que creo que era benéfico, me mandaron otra vez a la Cuarta. También jugaba en la Reserva de vez en cuando. Allí sí había unos premios buenos. En esa época te daban 75 pesos. ¡La de Dios! Así que si jugabas un partido y ganabas —si perdías no te daban nada—, te daban un dinerito.

Alternaba ya entre la Cuarta, la Tercera y la Reserva. Si uno del equipo de Tercera se había ido con el primer equipo, nos llamaban a uno de nosotros. River tenía la virtud de que el número 9 del primer equipo y el 9 del segundo equipo siempre tenían que jugar igual. El del tercero lo mismo, el del cuarto lo mismo, el del quinto lo mismo. Y así en todas las posiciones. Todos jugaban igual. A un *wing* derecho no lo ponían de medio, ni un *wing* izquierdo lo ponían de interior.

En Argentina se usan mucho los términos ingleses. *Goal kipper* era el arquero, el que cuidaba el arco. Aquí en España también se dice guardameta, guardavallas... El defensa era el *back*. *Half* es el medio. *Centro half* es el medio centro, por ejemplo Rossi o Redondo. Además mezclábamos una palabra en inglés y otra en español. No decíamos el *wing right*, decíamos el *wing derecho*, que es el extremo. El delantero centro era el *centro forward*. La palabra "ariete" la conocí en España. La primera vez que me lo llamaron pensé: "¿Qué me están llamando?" Luego ya me enteré de su significado.

La muerte de Roosevelt

[Nunca sabrán los norteamericanos las veces que Alfredo se acordó de su presidente Franklin Delano Roosevelt, que murió en 1945. A él, que en vida le habían apodado "El campeón de las democracias" por su inclinación contraria a los regímenes totalitarios... Por culpa de su muerte Di Stéfano tuvo que retrasar su debut oficial en Primera división. Nunca lo olvidará.]

El primer partido oficial lo jugué contra Huracán. Perdimos 2-1. La delantera fue Di Stéfano-Gallo-Pedernera-Labruna y Lostau. Tenía que haber debutado antes, contra Newll's, pero el día que iba a jugar con el equipo de Primera se murió Roosevelt y suspendieron la jornada. ¡Me quería morir! Yo veía las banderas argentina y americana a media asta y me preguntaba: "¿Y qué tengo que ver yo con todo esto? ¿Será posible que no pueda debutar porque se ha muerto ese señor a tantos kilómetros de distancia?"

Cuando se jugó el partido ya se había recuperado el delantero centro, porque ese día iba a jugar yo en el medio, y se jorobó todo. Después debuté de *wing* derecho. A ese puesto le tenía pánico. A mí no me iba el puesto ese, no me gustaba. Antes de salir al campo me dijeron: "Cuando veas una camisa blanca con una raya colorada, le das la pelota". Eso es lo que me exigieron. Y casi hago un gol de chilena y todo. Hice todo lo posible, pero perdimos.

Vivía solo en Buenos Aires en la casa de mis padres. Mi viejo se molestó conmigo porque necesitaba gente en el campo para trabajar y quería que fuera a la casa que allí teníamos, pero yo le decía que no podía ir y venir dos veces por semana. Para colmo no te iban a buscar, tenías que ir caminando cinco kilómetros y encima era la noche después del entrenamiento. Cuando había necesidad y había que hacer algún trabajo urgente, iba y echaba una mano.

Me apañaba bien solo. Me hacía la comida: ensalada y un filete de carne o lo que fuera. Tuvimos una educación bastante severa, de los de estar a las nueve y media o diez en casa. Estábamos bien acostumbrados. El viejo en ese sentido era muy serio, no dictatorial, pero severo. Los vecinos me echaban un ojo: "Alfredo, ¿qué vas a comer hoy?" Y yo les decía: "Voy a comer dos costillas de cerdo", y entonces me venían del coche y me traían un poquito de vino, "porque el cerdo hay que tomarlo con vino". Y aunque yo les dijera "pero si yo no he tomado vino en mi vida", me lo traían y me lo ponían ahí. Los vecinos se portaban conmigo fenómeno. Tenía unos vecinos a la izquierda extraordinarios.

Después del debut oficial me fui otra vez a Cuarta. Entonces no había problemas. No es lo mismo que ahora, que se ofenden. De la Cuarta iba a la Tercera, donde te daban por partido ganado veinte pesos. Un domingo jugué el primer tiempo con el equipo de Cuarta, a las nueve de la mañana, contra Ferrocarril Oeste, y me dijeron que no corriera mucho en la segunda parte porque a la una y media tenía que jugar con el equipo de Tercera en la cancha de Chacarita.

En la Cuarta te daban dos pesos para el viaje, una bebida sin alcohol y un bocadillo. Después de ahí te ibas a ver el partido del River o te ibas a ver el partido del que fuera o volvías a casa. Me gustaba ir a ver a los profesionales. Me fijaba en sus regates, en su forma de moverse. La jugada que más me gustaba era la "Marianela".

La muerte de Roosevelt

Hace unos meses en un partido de veteranos se la vi hacer a Magdaleno, aquel que fue delantero centro del Madrid. Le pregunté dónde había visto él esa jugada. También la hacía Pedernera. Consiste en tocar la pelota hacia delante, la pasas con el cuerpo, y entonces cruzas las piernas y, con la derecha, lo enganchás aquí, por ejemplo, y tiras ¡zas!, tiras para atrás y haces el centro. No pega en el taco ni nada. La hacía un lateral de Boca Juniors, Mario Evaristo, y por eso se le puso el nombre de la "Marianela".

También aprendíamos mucho en los entrenamientos. A veces hacíamos de *sparring* de ellos. Siempre tiraban a portería, tiraban centros. Yo siempre estaba en la retaguardia, les dejaba a ellos. Carrizo, un mes mayor que yo y con una carrera prácticamente paralela a la mía, era el que más se integraba con las estrellas. No tenía miedo. Se ponía de rodillas en el suelo en medio de la portería y decían: "¿Y este? ¿Este fanfarrón?" Fue siempre así. No era un fantasma. Le sobraba calidad. Era sobrado, era alto y tenía una gran capacidad. Aparte jugaba muy bien al fútbol adelante.

Algunos de los jóvenes íbamos entrando en el primer equipo. No puedo olvidar el día que le dijeron a Rossi, que era un año y unos meses mayor que yo, que iba a jugar con el equipo de Primera. Fue el primero en debutar. Lo hizo contra el Racing y ganaron 2-1. Hizo un partidazo. Estábamos en la cancha del Racing jugando con el Tercera y el técnico le dijo que se quedara, que pudiera ser que jugara en la Primera porque tenía una medio gripe Giudicce. Todos lo aplaudimos y lo felicitamos porque debutaba. Se hizo el dueño de la cancha. Nosotros nos quedamos a ver el partido. Estábamos cerca del vestuario y de pronto pasa Salomón, un tipo educadísimo que era el capitán de la Selección argentina, y dice: "Buenas tardes, muchachos, ¿cómo están?" Y entonces Rossi, que era muy descarado, le contesta: "¿Qué tal gran capitán? ¿Qué tal San Martín?" Y él le dice: "¿Y usted quién es? Usted es un chico muy maleducado". Su broma consistía en equiparar a Salomón, que era el gran capitán, con San Martín, que era el gran capitán por ser el patriota argentino. Figúrense lo sobrado que iba Rossi, que iba a debutar, para decirle aquello al capitán de la Selección argentina. Lo estaba medrando ya.

Por aquellos meses me ocurrió una anécdota con Carlos Peucelle que nunca he podido olvidar. Un día que me llamaron para jugar con el Tercera, él me llamó. Yo acudí medio asustado. Me hace esperar sentado en un tresillo y al rato viene con una pelota en la mano y me pregunta:

— ¿Qué es esto?

—Una pelota, don Carlos —le contesto muerto de miedo.

—¿Crees que es el sol, que la devolvés como si te quemara...?

—No, don Carlos...

—En el fútbol hay que hacer pausas y vos la sueltas muy rápido...

—Don Carlos, a mí me dijeron que en River siempre hay que jugar de primera...

—Sí, pero con un poco más de aguante, de pausa, de tiempo...

Nunca se me olvidó el consejo.

'Nene, ¿quiere usted jugar en Huracán?'

Ese segundo año fue muy bueno. River fue campeón en Primera y en Tercera. Recuerdo que en diciembre se disputó el Suramericano y nosotros jugábamos de preliminar. Jugamos, en la cancha de San Lorenzo, contra la Tercera de Peñarol, en la que jugaba Brito, Schiaffino, Miguez... Después jugaba Brasil, el gran Brasil, contra Paraguay. Cuando terminó el primer tiempo de este partido, se me acercó un señor que era amigo de mi padre, de la época de cuando jugaban ellos, era un ojeador del Huracán.

—Nene, ¿quiere usted jugar en Huracán?
—Sí, pero yo cómo me voy a ir de River, si de aquí no me puedo mover.
—Sí, bueno, pero nosotros lo vamos a negociar. ¿Dónde vivís?
—Yo vivo en Carabobo, allí hay teléfono...
—Cualquier cosa, te llamo.

Y efectivamente, me llamó. Yo medio me asusté. El presidente del Huracán, que era el teniente coronel Ducó, se fue a la oficina del River, habló con los directivos, y les dijo con cierta prepotencia que se lo tenían que prestar. Se comentó incluso que llegó a sacar la pistola para convencer a los del River, pero yo nunca me lo terminé de creer. Me venía bien en esa época, porque tenía dos delanteros centro por delante para poder ser titular en el primer equipo del River. Se tenían que lesionar los dos para que jugara y había pocas perspectivas, aunque la verdad es que tampoco pensaba demasiado en ello.

¡Lo que es la vida! Cuanto menos interés tenés parece que las cosas salen bien, cuando tenés gran interés te salen mal. Entonces yo tenía un interés pasajero nada más, dije que sí. Sabía que Huracán tenía a Salvini, Tucho Méndez, Mellone (que era paraguayo y se había lastimado, y ahí tenían el problema ellos), Simes y a Unzué. La parte de atrás la componían jugadores que habían sido internacionales y eran muy veteranos. Estaban Gualco, Barrionuevo (los dos porteros), Marinelli y Alberti (entre los tres tenían ciento cinco años), después jugaban el Corzo, Videla y Titonel.

Entonces me arriesgué. River no se quedó atrás e hizo firmar al presidente del Huracán un papel de cesión a préstamo con la condición de que si se querían quedar conmigo tenían que pagar 80.000 pesos. El mayor traspaso de esa época había sido el de Rubén Bravo, un jugador de Rosario Central, al Racing, el año anterior, por 60.000 pesos. En el periódico salió un recuadro diciendo que cómo era posible que a un chico que no lo conocía ni su padre lo tasasen en 80.000 pesos, mientras un gran internacional lo habían comprado por 60.000. Lo hicieron, claro está, para que Huracán nunca ejecutase la opción de compra. Huracán andaba en esa época regular, por la mitad de la tabla. Yo me había lastimado, tenía una infección de rodilla. Estuve como un mes o mes y medio sin jugar. Era un equipo irregular. Entonces estaban haciendo la sede social y, como suele pasar cuando se hacen obras en un club, siempre decae la campaña del equipo. Les faltaba dinero y, al principio, los meses eran de cuarenta y cinco días, pero después eran de setenta y cinco. Y como no cobraban, mis compañeros no iban a jugar. Ni el Tucho, ni el otro, ni nadie. De vez en cuando iba a jugar alguno. El equipo se resintió porque había que poner muchachos de la Tercera.

Yo cobraba del River. Fue mi primer contrato. Me dieron 5.000 pesos por el año y un sueldo mensual de 600 pe-

'Nene, ¿quiere usted jugar en Huracán?'

sos. Estaba bastante bien para un soltero que casi ni comía. Yo tenía de sobra, no era un gastador. Era un tipo de campo. Ya se sabe cómo son los campesinos; son ahorrativos por todos los lados, porque tienen en la mente clavado que son siete años de derrotas y un año de bonanza, y que hay que guardar para esos siete años. Es el criterio que tienen todos los campesinos del mundo, y ya se te mete en la mente.

Vivíamos bien, pero sin lujos. Siempre pensando en la idiosincrasia del barrio y en no hacer delirios de grandeza de ninguna manera. Ese siempre fue el factor de la familia mía, de mi casa.

[Juvenal, una de las mejores firmas del periodismo argentino y amigo personal de Alfredo, definió en pocas palabras la magnitud de la operatividad de Di Stéfano: "La quinta de Di Stéfano mide 100x70". Paco Peña, otra pluma ilustre, descubrió pronto su gran virtud como jugador: "Alfredo no suda los campos de fútbol, los riega con su sangre".]

Yo iba a jugar siempre. No faltaba nunca. La lesión de la rodilla me asustó mucho. Con el taco de una bota me rozaron la rodilla y fue una infección interna. No sabía de qué era. En esa época no había penicilina ni nada, había la sulfamida, y la sulfamida en vez de hacerme bien, me hacía mal. Me encontraba con fiebre y más fiebre. Me revisaban los pulmones, el corazón... Resulta que un día sudaba y sudaba hasta el punto de que me tenían que cambiar de colchón. Sudaba como un loco. Estaba acurrucado, con las manos entre las rodillas, y entonces me di cuenta de que la rodilla izquierda quemaba. Llamé a mi madre y le dije: "Mamá, mira qué me está pasando aquí". Llamaron a un médico del club.

Cuando ya vieron lo de la rodilla, me dieron otro remedio y me arreglé.

Pero claro, ya debuté sin prácticamente entrenarme y no estaba en condiciones, no tenía que haber jugado, pero salí a jugar. Le hice un gol al River en menos de diez segundos. Yo era muy veloz. Sacamos de centro, corrí con el balón y, al borde del área, le pegué un zapatazo y entró. También recuerdo otro gol en el Huracán al Ferrocarril Oeste en la cancha de Vélez. Fue un centro al área. Yo que veo salir al portero, al defensa que hace una chilena para despejar el balón y meto el puño... ¡adentro! ¡Gol! No se enteró nadie. Bueno sí se enteró un sordomudo que todavía vive en la calle Directorio y que era hincha de Ferrocarril Oeste. ¡Pobrecito! Íntimo amigo mío. Me esperó en la parada del tranvía, porque yo tomaba dos tranvías. El primero, hasta llegar a la calle San Pedrito, de Floresta, el número 1; después tomaba el 88, que arrancaba de San Pedrito, venía por Directorio y me bajaba en la esquina. Él me estaba esperando en la esquina. Y entonces me hacía un ademán, llorando. Y yo le decía que sí, que tenía razón el pobre. Y me acompañó hasta casa. Y cuando me vio mi padre me decía: "Qué raro, ¿qué te dice el señor ese?" Pobrecillo...

Huracán era un club de barrio pero muy bien organizado. Tenía un trinquete. Aprendí a jugar muy bien al trinquete y me entrenaba bastante. Era muy bueno para la vista. El trinquete es muy difícil de jugar, la pelota sale y rebota por todos lados a una velocidad impresionante. Le agarré el tono y quería jugar todos los días, y no me dejaban. El técnico, que se llamaba "el Negro" Laguna y había jugado en el Huracán, me decía: "No, nene, no puedes jugar todos los días a esto porque esto es muy duro y las piernas te van a reventar..."

Pero cuando tienes dieciocho o diecinueve años, no hay ni duro, ni blando, ni nada: todo te da lo mismo. Además siempre he sido muy duro físicamente en el asunto de dolores, he sido aguantador, no me he quejado. Las molestias que tenía de una herida o lo que sea no me preocupaban, me desentendía. Tenía piel dura, piel fuerte.

'Nene, ¿quiere usted jugar en Huracán?'

En este club es donde me coloco en los verdaderos entresijos de lo que es todo el problema de un equipo. Aparte del compañerismo, comencé a viajar. En el intermedio del Campeonato, en el mes de julio, en la fiesta patria, que es el 9 de julio, se suspendía el Campeonato y se hacían dos partidos en el interior. La Asociación del Fútbol Argentino, por ejemplo, decía que Huracán tenía que ir a Bahía Blanca y Tres Arroyos; el River, a Tucumán y a Santiago del Estero; el Racing, a Salta y a Jujuy; el Boca Juniors, a San Juan y a Mendoza. Era para fomentar el fútbol. Había compañeros que no tenían nada, ni una muda. No llevaban nada. No tenían ni cepillos de dientes. ¡Si no cobraban! Fue algo que se me quedó grabado, como cuando les acompañaba al club para ver si podían cobrar algo de lo que les debían de la última taquilla y, antes de que comenzaran a subir la escalinata, ya desde arriba les decían que no había ni un peso, que no se esforzaran en subir. Ahí comencé a forjar mi carácter luchador por el prójimo. Yo tenía la suerte de cobrar, pero ellos no. El fútbol es el compañero. Y no te vas a llevar tú el dinero y los laureles, y los demás, nada.

El avión, ¡malditos aviones!

Mi primer viaje al interior fue con el River. Hubo un terremoto en el que murió mucha gente, en San Juan, y entonces nosotros fuimos a jugar a Mendoza a beneficio de las víctimas. Hicimos el viaje en tren. Recuerdo que había tanto polvo en el camino que íbamos como el Coyote, con un pañuelo en la boca, por el polvo que entraba dentro de los vagones. Allí fue donde vi una diferencia que había entre River y Boca que fue importantísima para mi criterio.

Boca había hecho un viaje por el interior del país y había llevado quinientas camisetas para regalar a los niños. Eran camisetas sencillas, nada de gran categoría, pero las regalaba. Y con la pobreza que había en Argentina, indudablemente había gente que esa camiseta se la ponía por la mañana, se la sacaba a la noche, se la lavaba y se la ponía al otro día. Podían durarle cinco o seis meses.

Los de River, en cambio, tuvieron una equivocación. Pasado un mes, yo se lo dije a los directivos del club: "Los de Boca son más inteligentes que nosotros. Ellos regalan camisetas y, como hace fresco, hay gente que se las ha tenido que poner. Pero nosotros vamos y les llevamos insignias. Se tienen que hacer una herida en el pecho para ponérsela, los pobres".

[El avión, ¡malditos aviones! Alfredo les tiene pánico. Desde la primera vez que se montó en uno, tuvo problemas.

En Colombia comenzó a aborrecerlos, hasta el punto de que fue una de las razones por las que decidió volver a Buenos Aires, antes de que le llegaran las ofertas desde España.]

Jugué toda la temporada en Huracán, pero cuando faltaban cuatro partidos, en noviembre, River me requiere y Huracán dice: "Muy bien, que se vaya, que regrese, porque no hay dinero para pagar los 80.000". Entonces River hizo una gira al terminar el Campeonato y me llevaron. Fuimos a Brasil, a São Paulo. Un homenaje que se le daba a Sastre, un gran jugador de Independiente, que jugaba en el São Paulo y se fue a jugar tres partidos.

Llegamos a Río, y en Río no había una combinación para ir a São Paulo, y nos metieron en un avión de estos de guerra, estos de paracaidistas. Hacía un calor adentro que te morías, para colmo en la época de verano. Llegamos a São Paulo, en un lindo hotel que estábamos, y comíamos ananás y nos poníamos como locos, nos parecía exótico todo aquello.

Al terminar el torneo, en el viaje de vuelta, viví otra aventura. Estaba sentado por la mitad del avión cuando siento un olor a quemado. Empiezo a olfatear y le digo al de al lado: "Aquí huele a quemado". Y él: "Yo no huelo nada". Entonces pensé: "Será en la cocina, que están calentando la comida y todo eso". Llamo al azafato, al auxiliar, y le digo: "Oiga, mire, yo que huelo a quemado". Me da la razón y se va para arriba a la cabina. De pronto, el avión pega la vuelta y aterriza. Y ahí nos quedamos como cinco o seis horas hasta que arreglaron el asunto. Dijeron que sí, que había unos cables que se estaban quemando. Después arrancamos, claro, arrancamos con un temor bárbaro, no fuera a ser que se incendiara aquello.

Con la Tercera de River, que salimos campeones, fuimos a una gira a Mar de Plata. Fue la primera vez que conocí el mar. En esos viajes siempre surgían mil anécdotas. Recuerdo una que pasó en Córdoba.

Nos pusieron camarones para comer, era un hotel bueno, de categoría, y nos pusieron un *bol* de esos para limpiarte las manos con el limón. Estábamos con los de Primera. Ellos nos miraban para ver si alguno de nosotros, que no supiera para qué era, se bebía el agua aquel.

Entonces uno de ellos hace un amago de beberse el *bol* y uno de los nuestros, Pippo Rossi, pregunta: "¿Y qué es esto?" Y el otro le contesta: "Esto es bajativo para el marisco. Y está rico, está medio calentito. Sí, pero así se toma". Lo prueba y los grandes se entran a reír todos de él y se queda cortado... Yo estaba a la expectativa, ni pregunté ni nada, porque tampoco sabía bien lo que era eso. Pero como yo era más introvertido, no preguntaba. En cambio Pippo era tan atrevido que fue de él de quien se rieron.

La COLIMBA

A finales de 1946, River decidió vender a Pedernera al Atlanta, fue uno de los traspasos más sonados de la historia. Pedernera tuvo problemas con la Directiva, así que lo venden y se va. En su despedida comentó que la titularidad quedaba para mí, que venía de Huracán, y para Martínez.

Entré a jugar la temporada del 47 y jugué todos los partidos menos uno, que me había lastimado. Jugué veintinueve de los treinta partidos. Creo que hice veintiocho goles. Máximo goleador salí. River fue campeón. Fue una campaña muy buena. Hubo momentos en que los once jugadores habíamos nacido en el club. Salíamos todos de las divisiones inferiores. Ese era uno de los éxitos que tenía el River, que tenía un semillero extraordinario, que se protegía muy bien. Peucelle, que era el director, lo llevaba de maravilla.

Minela era el entrenador aquel año. Le llegué a comentar que años atrás me habían llamado "Minelita", porque era rubio y me parecía a él. Entonces en el equipo ya me llamaban Alfredo. Lo de "Saeta" vino después, y la verdad es que no sé a quién darle la autoría del hecho. La gente en la cancha cantaba: "Socorro, socorro, que viene la Saeta... con su propulsión a chorro". En esa época en Argentina había unos aviones con ese nombre.

Cuando fui a probar al club, el masajista del River, Machín, me preguntó que si era hijo de Alfredo di Stéfano de la Boca. Y yo le contesté que sí. "¿Sabes cómo pegaba tu padre a la pelota, que las rompía...?" El tipo había ido al vestuario a preguntar quién era el rubito. Yo me presenté y me dijo: "¿Tú eres el hijo de Alfredo?" Siempre es agradable que te conozcan por medio de tu padre.

[Al servicio militar en Argentina le llaman la COLIMBA (Corre, Limpia y Barre). La *mili* pudo haberle jugado una mala pasada. Cuando llegó al reconocimiento médico, un doctor leyó su nombre en la libreta de alistamiento: "Alfredo di Stéfano, jugador de fútbol". Ni le revisaron. Él estaba como loco porque le encontraran algo para no cumplir con el servicio militar, pero antes de que se diera cuenta ya estaba subido en un camión.

De repente la voz salvadora de un sargento le ganó para el fútbol: "¿Quién es Alfredo di Stéfano? A ver, soldado, usted va a la provincia de Santiago del Estero... ¿Quiere jugar con nosotros en el equipo de fútbol que tenemos en el arsenal, que jugamos contra otras compañías?" Alfredo, con los ojos abiertos de par en par, sólo acertó a decir una palabra: "Encantado. ENCANTADO, con mayúsculas". Posiblemente, de haberse tenido que ir al interior, el fútbol hubiera perdido a un superdotado.]

En el equipo de la *mili* había una gran camaradería. Yo estaba haciendo el servicio militar, primero en el arsenal de guerra, donde estaban todos los explosivos, y después me mandaron al Ministerio de Guerra. He ido toda la vida sin recomendación a todos lados, y he ido por mi cuenta. Para colmo era introvertido en ese sentido, yo no preguntaba. No sabía que me embarcaban ya cuando fui a hacerme la revisión. Si aquel camión llega a arrancar, a lo peor no hubiera sido futbolista.

En el arsenal era todo muy complicado, porque había que hacer todas las operaciones de aprendizaje de ametralladora, fusiles, trincheras... Un día le pregunté a uno: "¿Y para qué sirve la trinchera esta?" "Por si acaso hacemos la guerra", me contestó. "Bueno, ¿y por qué no hacen los otros las trincheras en vez de nosotros?"

Me daban permiso para jugar los sábados a la mañana, pero el resto de la semana me la pasaba encerrado. Fueron tres meses. Después me sacaron de allí y estuve en el Ministerio de Guerra, donde había unos directivos del River que eran generales, uno de ellos estuvo aquí de embajador. Estaba de cabo a las órdenes del teniente general Anaya. Tenía un capitán que me mandaba, era muy buena gente y me decía: "Quédate hasta las doce y después te vas".

Prácticamente todo el año lo pasé en la COLIMBA. El 20 de noviembre me dieron la baja. Lo hicieron porque el día 26 de noviembre teníamos que partir para Guayaquil. Hacía un mes que la Asociación de Fútbol Argentino me había citado para la Selección. En la primera lista sólo había cuatro nombres, y yo estaba por primera vez entre los elegidos. Los otros tres eran Pontoni, Lostau y Boyé. Estaba más contento que unas castañuelas. Iba a ser suplente de Pontoni en la Selección, uno de los honores más grandes que podía tener, porque Pontoni fue uno de los mejores delanteros centro que ha tenido Argentina.

Siempre que recuerdo mi época del servicio militar, me acuerdo de mi hermano Tulio. ¡Qué mala suerte tuvo siempre! Él se libró porque tenía un problema de rodilla. Le pusieron el sello. Jugaba conmigo, estaba en la Quinta cuando yo estaba en la Cuarta. Jugaba bien. Tuvo un problema en un entrenamiento y no se quiso operar. Era dos años menor que yo. Los dos estuvimos en el equipo de los Cardales. Jugábamos de interior. Él jugaba más bien defensivo, era más fuerte que yo, era más chico pero más fuerte, más robusto. Y resulta que en un entrenamiento se lastimó. En esa época no se operaba de los ligamentos con facilidad. Empezó a bandearse [arreglarse por su cuenta] y se recuperó lo suficiente como para irse a Huracán, porque en las divisiones inferiores del River no le daban bola. Yo le dije que no se fuera. "No te vayas a Huracán, con la rodilla como la tienes, arréglate..." El doctor Covaro, que era una eminencia de la rodilla, un médico cirujano extraordinario, le quería operar. Pero él nada... Ya estaba por dejar el fútbol y poner un negocio de columnas de cemento. Después, con el tiempo, cojeaba muchísimo y las pasó negras. Al final no iba con bastón de milagro. Nunca llegamos a jugar juntos en River porque esos dos años era mucha distancia en categorías, pero en el barrio sí jugábamos juntos. Dicen que unos nacen con estrella... y otros estrellados.

Siempre estuvimos muy unidos, teníamos una muy buena relación. Tenía un comercio de textil después. Andaba bastante bien. Siempre estaba más o menos bien organizado, pero siempre uno quiere más. Se arreglaba, pero claro, en el interior de él, siempre viéndome a mí jugar, él pensaría, si me pongo en su pellejo, que podía haber sido una cosa similar jugando al fútbol.

El fútbol es pan para hoy y hambre para mañana, porque cuando tienes veinte o veintiún años, si no tienes una carrera de estudios o no tienes una carrera de profesión, te puede pasar lo que le pasó a mi hermano, que tiene una lesión y no tiene nada, ni estudios ni dinero para fomentarse un negocio. Ahí viene el problema después. Él nunca vino a Europa. Apoyó mucho a mis padres en asuntos del campo. Cuando mis padres eran mayores, él se ocupaba, llevaba las cosas de allí aunque tenía otros negocios. Fue una persona que estuvo muy cerca de ellos y les vino bien a mis padres el que siempre estuviera allí. Mi hermano se casó, tuvo un hijo que vive. Murió en 1995. Tuvo una caída en la fábrica de textiles. Mi hermana Norma vive en Buenos Aires, en la misma casa de Carabobo. Seguimos ahí. Es como la tradición.

Debut en la Selección y campeón

[Guillermo Stabile es entonces el seleccionador argentino. Mes de diciembre en Guayaquil. Alfredo tiene veintiún años. La camiseta albiceleste le sienta bien a su pelo rubio. Lejos estaba entonces de pensar que ese Suramericano que tan brillantemente ganó Argentina en Ecuador iba a ser su única aportación a la Selección argentina. Sólo seis partidos; los suficientes para ser reconocido como el mejor jugador del equipo en el Campeonato. El más determinante. Después, la huelga de jugadores y la emigración a Colombia de los mejores argentinos abriría un largo paréntesis en la Selección, hasta el punto de que no volvió a jugar otro partido hasta marzo de 1950, casi dos años y medio después. Alfredo ya triunfaba entonces en Millonarios. Nunca más volvió a vestir la camiseta albiceleste.]

El primer partido lo jugamos contra Paraguay. No salgo. Ganamos 6-0. Pontoni, como estaba previsto, es el delantero centro. Debuto dos días después contra Bolivia. Se lesiona Pontoni y entro mediada la primera parte. Es mi primer partido con la Selección.

No estaba nervioso, pero me veía un poco raro con aquella camiseta. Cuando entré, ya ganábamos 2-0. Terminamos goleando otra vez: 7-0. Yo marqué el séptimo. Nunca olvidaré aquel equipo. Cozzi era el portero. Atrás jugaban Colman, Palma y Yácono. En el medio, Perucca y Pescia.

Arriba, Boyé-Méndez-Pontoni-Moreno-Lostau. Los más jóvenes de la Selección éramos Cerviño, que era el suplente del extremo derecho, Boyé y yo.

Vivíamos en un hotel familiar. Guillermo Stabile era el seleccionador. Le llamaban "El filtrador", porque así era como le llamaban cuando era jugador porque se metía en el área como una luz. Jugó en Italia. Cuando llegamos a Ecuador me preguntó: "Nene, ¿tú cómo te entrenas en el River?" Y le dije: "Yo con muchos piques, piques cortos". Hacíamos un entrenamiento, después un partidito, y yo me iba por la banda y me metía quince o veinte piques cortos. Me entrenaba por la banda solo, como los atletas.

Los que manejaban el equipo eran Pontoni y Moreno, también Morante, que era el capitán de Boca Juniors, pero tuvo una lesión de nariz y después jugaron Colman y Sobrero. Amarante era un tipo que medía casi dos metros y le rompieron la nariz. En el equipo mandaba mucha gente. Era un grupo con gran personalidad y estaba rodeado de muchachos jóvenes, como Gutiérrez, Rossi, Cerviño, Campana o yo, que teníamos entre veinte y veintiún años. Íbamos a rastras de los grandes. Ellos iban a tomarse una cerveza por ahí y nosotros no podíamos ir, no nos dejaban. Ellos nos cuidaban a nosotros y nosotros no sabíamos si se cuidaban ellos. A veces se reunían y jugaban al póker.

Nos daban tres millones de pesos si ganábamos el campeonato y la mitad por jugarlo. Había uno que a los dos días ya había perdido el dinero en el póker. Los que ganaban lo invertían en compras. Se compraban camisas, alguna máquina de escribir, unas camperas... A los dos días, el que había ganado e iba perdiendo se ponía a vender las camisas, y las cambiaba por las camperas...

La habitación era grande. Dormíamos cuatro: Yácono, Rossi, Lostau y yo. Nos poníamos a hablar en una ventana, parecíamos los monos estos que se ponen en las jaulas de los zoológicos. Rossi de vez en cuando se enganchaba en algo, pero no jugábamos a nada, y nos aburríamos como locos. Alcohol no bebíamos, ni fumábamos. A veces querían venir a jugar a la habitación nuestra, porque era amplia y tenía una mesa grande. Nosotros decíamos que estaba terminantemente prohibido entrar, pero los grandes nos achuchaban y nos decían: "Tú eres un mocoso..." Un día vinieron y se instalaron allí. A Yácono era al que le gustaba jugar a las cartas. Los que intervenían en las partidas iban un día a una habitación y otro día a otra. Cuando tocaba en la nuestra se quedaban hasta las doce de la noche o doce y media, y teníamos que echarles. Nuestro temor eran los grillos. Las ventanas tenían unas mosquiteras grandes, pero los grillos eran como unas cucarachas enormes. Entraban y se metían entre la ropa, comiéndose la poquita de ropa que teníamos. Un trajecito guardado en el ropero y una camisa. Había que matarlos con lanzallamas. Por las calles era tremendo ver la cantidad de ellos que había. Eran tantos que, del peso que tenían, había balcones que se venían abajo. Era como una invasión, como la invasión de la langosta. A las mujeres se les metían entre medio de las piernas, por las faldas, estaban a cada momento sacándoselos.

En el tercer partido contra Perú fui titular. Ganamos con problemas (3-2) y marqué un gol. Jugamos la misma delantera. El siguiente encuentro fue contra Chile, y fue el único que no ganamos (1-1). También marqué el tanto argentino. Posiblemente mi mejor partido fuera el cuarto, contra Colombia. Goleamos (6-0) y conseguí tres tantos, el segundo, el quinto y el sexto. Ecuador fue el penúltimo rival. También vencimos, pero no marqué, me sustituyó Pontoni en los últimos minutos.

La final fue contra Uruguay. El gran rival de la Plata. No salí de titular. Jugó Pontoni y le sustituí en la segunda parte. Ya ganaba Argentina 2-0. Entro yo... y gol de Uruguay (2-1). "¡Uy!, ¿para qué habré entrado?", me preguntaba. Pero entonces hicimos el tercero Loustau. En el transcurso del partido hubo problemas, como siempre, hubo lío entre Argentina y Uruguay. Se peleaban y después resulta que eran íntimos amigos todos.

Las calenturas de los partidos entre los jugadores en América del Sur llegan a un punto en el que son incontrolables. Después resulta que termina el partido, todos se arrepienten, toman mate juntos, se toman una caña juntos... Con la diferencia de que la "caña" de allí es aguardiente y no cerveza.

A mí no me gustaba participar de esas peleas. No ganabas nada. El día de la final me senté encima del balón. Algún fotógrafo me sacó una foto. Había un uruguayo al lado mío, el *Negro* Terra. Uno había agarrado el banderín de córner, el otro también con palos... Hubo problema con el fotógrafo porque sacó la foto de la pelea y le dieron con el banderín en la máquina. ¡Pobre fotógrafo! Terminó el partido y siguió el pique. Volvimos al hotel y continuaron las amenazas. "Te espero en la esquina", "te espero allí..." Al final, nada, lo de siempre: quedar mal con el público y después, en privado, se encontraban y se comían un asado juntos. Es el espíritu de la raza criolla.

No sé qué hubiera pasado entonces si los goles se hubiesen celebrado como se hace ahora; que se agacha uno, le pone la rodilla, el otro le pone el pie encima y hace que le lustre los zapatos. Se hubiera armado la de San Dios. Te hubieran matado.

En la exteriorización del gol se podía hacer equis [empate], pero no se podía hacer el espectáculo que dan ahora. Salen corriendo como locos, se suben al alambrado, bajan... Antiguamente se era bastante más correcto con el adversario. Tirabas un penalti y lo hacías, y le decías al final al portero: "Discúlpeme", porque era obligación lo de meter gol. Era otro criterio. Ahora empieza a estar tan caro el gol que llega un momento que dicen: "Ha tirado un penalti magistral". Es para llorar. La cuestión era embocar [marcar] como fuera el penalti. Pegarle un sartenazo y que entrara. Y después se le decía al portero eso de "discúlpeme". Pero ahora...

[Alfredo llegó a jugar hasta de portero. Eso sí, por obligación. Fue un clásico. River-Boca, el 30 de julio de 1949. Tuvo que sustituir a Amadeo Carrizo. Cuentan las crónicas de entonces que Alfredo, "con manga corta y guantes", se colocó en la puerta. Fueron seis minutos. River terminó ganando 1-0. No mienten los que escribieron que Alfredo di Stéfano "era un jugador de toda la cancha". Fue uno de los últimos partidos del Campeonato; dos meses después, Alfredo marchaba hacia el exilio de Colombia.]

Una huelga para proteger a los débiles

[Alfredo llega a una etapa decisiva de su vida. Su sentido de la justicia le lleva a ser uno de los futbolistas más activos en la huelga de jugadores que se produce en el fútbol argentino. Él era un privilegiado. Jugaba en River y era internacional, pero supo comprender como pocos las miserias de los jugadores más sencillos que cobraban tarde y mal. Tenía mucho que perder, pero llegó hasta el final en su lucha reivindicativa.]

A la vuelta del Suramericano me incorporo a la disciplina del River y hay un torneo de clubes campeones en Chile. Me niego a ir porque no me quieren aumentar el sueldo. Mi tío padrino de nacimiento, Luis Pertini, amigo de mi padre, tenía un chalet en Mar del Plata y, como no arreglaba el contrato, me fui a pasar unos días allí. Me hicieron ir de Mar del Plata a Buenos Aires dos veces para que arreglara y llevara los documentos para ir de viaje. Me pidieron que me incorporara, pero yo no cedía: "No, si a mí no me arreglan el contrato, no voy. Veo que los demás están cobrando". Al final me arreglaron que fuera. Como siempre, te daban un dinero y después el resto te lo daban bajo cuerda, aunque saliera del mismo club.

Cuando me dispongo a viajar, me encuentro con que el avión es de paracaidista... Pequeñito, de los que se entra por detrás. Recuerdo que iban un inglés y una monja en el avión. Los tres íbamos a Santiago de Chile. Y el comandante me dice: "Bueno, a ver si salimos rápido que tengo que ver el partido". Como el tiempo era bueno, el piloto se metió por entremedio de la cordillera, en vez de meterse por la parte baja de la cordillera. Todo para acortar camino porque el comandante quería ver el partido que jugaba Colo-colo.

River había aceptado darme más dinero porque el equipo había perdido 3-0 contra el Nacional. Ante esta situación, acepté y me dirigía hacia allá. Pensaba que alguien del club o de la organización me iría a buscar al aeropuerto, pero el equipo se había ido a jugar a Concepción un partido amistoso, de entrenamiento, y no había nadie. Entonces el inglés que venía en el avión conmigo, que tenía más miedo que siete viejas y me ofrecía a cada momento un trago de whisky, chapurreando como podía unas palabras de criollo, me llevó en un taxi al hotel. Menos mal que él tenía dólares, porque yo sólo tenía pesos argentinos. Estaba indignado. "¡Será posible, estos tipos!" Si hubiese habido un avión, me habría vuelto a Buenos Aires por la falta de ética de dejarme tirado.

Estábamos concentrados en un balneario que se llamaba Tejas Verdes, muy bonito. Nos metimos unos cuantos jugadores en un bote, y uno de los que cuidaban los botes dijo: "Pero ¿dónde van, indocumentados, dónde van?" Resulta que había una cascada y nos hubiéramos ido a pique por el río. Algunos compañeros me recibieron indiferentes, otros no. Me preguntaron que por cuánto había arreglado. "Cobré 3.500", les dije. Por lo general todo el mundo lo ocultaba, nunca decía nadie nada. Pero yo dije que 3.500 pesos para que se armara más lío todavía.

Uno de los partidos fue contra el Litoral. Iba a comenzar el segundo tiempo cuando Moreno me dice: "¿Te animás de salida a hacer la jugada de tocar y ¡ssium! meter la pelota ahí, a ver si haces gol?" Yo físicamente estaba siempre bien. Salgo disparado, hice un gol como aquel con Huracán contra el River, creo que en menos tiempo todavía. Era tan rápido que los compañeros me explotaban. Araya se llamaba el portero. Era tuerto. Sacaba desde el centro Moreno y yo salía arreando. *Turnaba* [giraba] a la derecha y salía... Moreno se la daba a uno, ese me la daba a mí, yo la devolvía y me iba disparado al hueco. Eran tres toques.

El último partido del Campeonato fue contra Vasco. Con el empate ganaban el Campeonato ellos, con el triunfo nosotros. Fue un partido con grandes jugadores. Los brasileños tenían futbolistas buenísimos. Tenían a Chico de extremo izquierdo, rompía la pelota, le pegaba fortísimo. El portero era Barbosa, el del mundial del 50, que era amigo mío. Estaban Danilo-Ademir-Jair-Augusto.

Con empate a cero echaron del campo a Yácono y a Chico, y quedamos diez contra diez. Hubo una discusión con el árbitro, un tipo grandote, uruguayo, parecía un boxeador de pesos pesados, y en el zarandeo le desapareció el pito. Lo tenía guardado uno de nosotros y no se lo daba. Como siempre, la picardía criolla. Faltaban tres o cuatro minutos y viene una jugada por la izquierda, se va Lostau y me tira un centro medido por delante. Gané al brasileño en la carrera y me llevo el balón con la barbilla. El portero me sale pero se queda. Me estaba dando ventaja y toco la pelota, pega en el poste y se va fuera. Terminó 0-0.

En el medio del campo entregando los premios estaba el presidente del River, que se llamaba Antonio Liberti. Me quería comer. Me dice que tenía que haber reventado la pelota, y le digo: "Si la reviento es que soy un tronco y si la toco me paso de calidad, me paso de jugador de fútbol. Vi la oportunidad y estaba en medio de la portería, estaba entregado y tuve la mala suerte de que no me vino ni el rechace del palo, porque si me viene otra vez la agarro..."

Después comenzó ya el Campeonato. Agarramos la punta [cabeza de la clasificación] hasta el día de la huelga, que fue en agosto. Ese día perdimos 4-3 contra Independiente, que nos quita el primer puesto. La huelga no venía por asunto de dinero, de cobrar más o menos. El problema era que en los equipos pequeños pagaban a sus jugadores los dos primeros meses, luego el equipo no funcionaba y dejaban de pagar. La gente aguantaba, pero a los seis meses decían: "Yo no juego más si no me pagan". Te solventaban con la carta de libertad. Pero si no cobrabas, ¿adónde ibas? Y así estaba pasando año tras año, jugabas cinco y cobrabas uno. El problema lo tenían los jugadores de las divisiones inferiores, de los equipos pequeños.

La huelga se produjo para proteger a esa gente. Los contratos que se firmaban eran leoninos. El club tenía toda la razón del caso y no podías discutir en ningún lado. A los grandes jugadores no les daban la libertad, eso seguro. Te tenían acorralado. Una de las frases de Perón, que ya era presidente, fue que la huelga estaba reñida con el deporte. No le prestó mucha atención. No la apoyó nada, porque él tenía un ministro de Hacienda que era uno de los directivos del Racing. Era una cuestión de preferencia.

Los futbolistas de los grandes clubes reaccionamos. Algunos fueron esquiroles, muchos, pero se armó una muy grande. Nosotros íbamos a jugar a cualquier campo de fútbol, para que nos vieran y se convencieran de que no teníamos nada contra ellos. Íbamos a jugar a beneficio de un hospital, de un sanatorio, de los niños de la escuela, de lo que fuera. Jugábamos partidos para atraer nosotros al público y comentarle a la gente cara a cara que no era por el asunto del dinero, sino que era por defender a los que estaban en bajas categorías. Defendíamos a la gente.

Comenzó a formarse el sindicato en el año 1944 y enseguida empezó a funcionar. Había reuniones secretas. Uno de los más activos fue Soriano, un peruano que era el portero del River. Era abogado y fue él quien empezó a organizar esto. Al final se hizo una obra social extraordinaria y la prue-

Una huelga para proteger a los débiles

ba evidente de ello es que las asociaciones de futbolistas están ahora en todas partes del mundo. Era un colectivo en defensa del trabajador.

En River hicimos huelga seis o siete. Se suspendió el Campeonato porque de algunos equipos fueron todos a la huelga. La Federación decidió que se jugara con los equipos de Tercera, con los chicos, con los juveniles. Ganó el Independiente el Campeonato. Hubo muchos resquemores entre los que habían jugado y los que no habían jugado. La Prensa casi no apoyó nuestro movimiento, salvo alguno aislado. Pensaban que le sacaban la comida también a los periódicos, que también tenían que trabajar; eso es normal.

No jugamos hasta principios de la temporada siguiente, hasta 1949. Durante todo ese tiempo yo no cobré nada. Estaba en la *rúe*. En casa estábamos bien, no teníamos problemas, pero muchos muchachos tuvieron que ponerse a trabajar de cualquier cosa, porque lo necesitaban, estaban casados y había que llevar las papas. Los dirigentes eran muy agarrados. No querían saber nada con los jugadores, los tenían agarrados, firmaban a los trece o catorce años y allí para toda la vida. En España era lo mismo. Si no querían, no te traspasaban nunca, te quedabas ahí y te daban el 5, el 3 o el 1% más.

Se solucionó el asunto en el último momento. En el River quedábamos cuatro: Rossi, Ferrari, Coll y yo. Tuvimos que firmar en blanco, porque era el último día, eran las doce de la noche y a las once firmamos, porque si no estábamos desvinculados del fútbol. Así que tuvimos que tragar. Después, claro, cuando fuimos a ver lo que cobrábamos, nos dieron la mitad. ¿Qué vas a hacer? Si no firmábamos nos suspendía para no sé cuántos años.

[Nunca ha sido un hombre muy dado a hablar de política. En aquellos tiempos, Perón era el presidente argentino. Antes había sido ministro de Trabajo y Previsión. Alfredo vio con buenos ojos aquella política de ayuda a la clase trabajadora. Lo consideraba un golpe extraordinario, porque, como él dice, "siempre hay más pobres que ricos". Di Stéfano también consideraba a Eva Perón como una persona de gran categoría, "una personalidad bárbara". Su primer contacto con el presidente fue cuando Argentina ganó el Suramericano de 1947 en Ecuador.]

Apoteósico recibimiento en Bogotá

Empatamos a dos el partido. Jugamos contra el Torino Símbolo, hicieron un combinado italiano. Cuando fuimos a Roma visitamos al Papa. Fue un momento emocionante. No conocíamos Europa y estuvimos en El Vaticano, en San Pedro. Para todos resultaba impresionante. El Papa nos saludaba y, cuando le estreché la mano, me dio las gracias por la ayuda y por el detalle de haber venido de tan lejos. Él había estado en Buenos Aires cuando se celebró el Congreso Eucarístico en el año 1935, entonces era secretario del Congreso Eucarístico y había acudido como representante de la Iglesia romana. Hablaba de que conocía Buenos Aires.

[El jueves 11 de agosto de ese año de 1949, Alfredo di Stéfano y Pippo Rossi aterrizan en Bogotá. Cinco mil aficionados acuden a recibirles al aeropuerto. El club, Club Deportivo Los Millonarios, había puesto treinta autobuses para que los aficionados se acercaran por primera vez a sus nuevos ídolos. El presidente, Alfonso Senior, y un directivo fueron hasta Cali, donde el avión hizo escala, para darles la bienvenida. Buenos Aires-Santiago de Chile-Lima-Cali-Bogotá. Dos días de viaje. Durmieron en Lima. El domingo siguiente, 20.000 aficionados se dieron cita en las gradas de *El Campín* para ver en directo su debut.

El día de su llegada, en el periódico *El Tiempo* escribieron sobre Alfredo: "Hoy llega a Bogotá el delantero más rápido y veloz del continente. Sus desplazamientos contra el arco enemigo son fantásticos y por ello ha merecido el apodo de "la Saeta rubia". Sus remates son de una precisión desconcertante y posee una extraordinaria facilidad para el desmarque. Patea indistintamente con ambos pies, y con igual potencia".]

Concluida la huelga, comienza el Campeonato 49. Comienza la temporada 1949 y llega mi primer viaje a Europa. Cuarenta y cuatro horas tardamos de Buenos Aires a Torino. Íbamos de pueblo en pueblo. Buenos Aires-Río; Río-Recife; Recife-Dakar; Dakar-Lisboa; Lisboa-Roma; Roma-Torino. En las escalas nos bajábamos. Llegaba un momento en que ya no podías más con las piernas. Nos acostamos hasta en el suelo del avión, porque era un vuelo especial para nosotros, íbamos solos.

En Dakar estaban los batusi. En Buenos Aires había habido una conmoción con el accidente del equipo en Superga. La mayoría de los jugadores del River eran descendientes de italianos, y Liberti, el presidente, era hijo de italianos y se ofreció para jugar el partido. Una vez que estábamos allí fuimos al negocio de Mazzola, estaban la señora y los chavales. Eran pequeños, tendrían cinco o seis años. Luego yo llegué a jugar contra Sandro en la final de la Copa de Europa de Viena. Fue un acontecimiento impresionante en Italia, nos atendieron de maravilla.

Siempre se producían algunas anécdotas. Como era después de la guerra, en Buenos Aires nos decían: "No hay cigarrillos, no hay nada en Italia. Vos llevás una cajetilla de cigarrillos y te dan una bicicleta". Y entonces Rossi, que no fumaba, me acuerdo, se compró un cartón de cigarrillos Columbia, y dijo: "Con esto me forro allí en Italia". Estábamos en el hotel Príncipe de Piamonte. En cuanto venía un periodista y se sacaba el cigarrillo, Rossi decía: "A este le voy a matar yo". Ya cuando llegamos a tierra y estábamos en la pista, miré hacia el suelo y vi un paquete de Winston. Entonces le dije a Pippo: "Acá hay cigarrillos". Lo que me pude reír, fue terrible. Los cigarrillos no se los compró nadie.

Al principio River iba segundo. En el mes de julio Rossi y yo fuimos a ver al nuevo presidente, un tal Pardo, y le dijimos que el martes siguiente teníamos unos pasajes de avión y que nos íbamos para Colombia si no nos arreglaba el contrato. Tras la huelga todos los jugadores teníamos un sueldo máximo y las ofertas que nos llegaban eran muy superiores a lo que ganábamos allí. Pedernera, que ya se había ido el año anterior, fue quien comenzó los contactos. Millonarios le había encomendado buscar dos o tres jugadores y él nos buscó a nosotros, que éramos los jóvenes con más futuro en esa época.

Nos dirigimos al presidente con toda la educación y nos dice: "Se pueden ir y si se quieren morir allí, se mueren allí". Así nos largó Pardo. Cumplimos la palabra, el martes teníamos el viaje y nos fuimos. Me despedí de mis padres y de mi novia, que ahora es mi señora. Salimos de Buenos Aires rumbo a Santiago y en la capital chilena se estropeó el avión.

Nos dijeron que había que estar seis o siete horas esperando, así que nos fuimos a la ciudad. ¿A quién buscábamos? A Moreno, que estaba jugando en la Católica. Y lo encontramos. Se quería venir con nosotros a Colombia. Nos despedimos cantando en medio de la pista. "Llévenme, llévenme", decía.

Unos años después también Moreno se fue a Colombia. El contrato que nos ofreció Millonarios era por un año. La amenaza de que quedábamos fuera de la tutela de la FIFA no nos amedrantó. Había que romper aquel yugo que tenían los clubes argentinos. Además, trincamos [cobramos] ya de mano. Me pagué el campo que me había comprado con eso.

En el ínterin de que estábamos discutiendo, River me quería vender al Torino (a mí y al Coll, el hermano del que estaba jugando en el Español, Roberto se llama). Estaba en la disyuntiva. Le decía a mi novia, Sara: "Si me voy a Colombia, me caso a los veintitrés, y si me voy a Europa me caso a los veinticinco". Teníamos un 15% de la transferencia del River. Si nos vendía, nos tenía que dar esa comisión, pero tampoco nos la querían dar. Entonces, como estaban en plan soviético y no querían saber nada de nosotros, se lo iban a perder ellos. Al final, cuando llegamos a Colombia, nos mandaron un telegrama para que lo firmáramos diciendo que nos daban el porcentaje para que fuéramos al Torino. Pero ya habíamos dado la palabra, y adiós muy buenas.

No podíamos desperdiciar esa oportunidad. Además de comenzar una nueva aventura en un fútbol que quería progresar, nunca había visto más dinero en mi vida. Cuando regresé a Buenos Aires para las Navidades, llevaba una cantidad de dinero mayor de la que había visto en toda mi vida junta gracias a lo que ahorrábamos del sueldo y los premios. Creo recordar que nos pagaban 1.200 pesos mensuales, la ficha era de 12.000 dólares y pagaba 120 en la pensión, que era un chalet, con comida y todo. De premios nos daban 300 por partido ganado. En un año en Colombia ganábamos lo que en diez en Buenos Aires. El peso estaba fuerte, 2,25 por un dólar. Además tuvimos la suerte de que ganamos el Campeonato.

Cuando llegamos el equipo iba segundo, tercero, y salimos campeones en 1949. Rossi tuvo problemas para jugar. Se había dejado los guayos [bota de fútbol] en casa, y como calzaba un 46 no había zapatos de fútbol para él. Se fue para Colombia y no se llevó la herramienta de trabajo, era para matarlo. Y en cambio cuando fue a Italia, se fue con los cigarrillos...

El chalet era precioso, muy bonito, de una viuda de militar. Las habitaciones estaban arriba. El entrenador nos acompañó y nos daba consejos. "Es una viuda y tiene una hermana también que está arriba. Hagan buena letra, no hagan ruido ni nada, porque son gente muy diferente a nosotros." Le habló bien a la mujer de nosotros: "Son muchachos correctos, gente de bien". Y para demostrarlo, Rossi, desde abajo, me grita: "Alfre, bájame los libros". La mujer estaba al lado. Yo le contesto: "Pippo, ¿qué libros?" Y él: "Pues los brosli (así, al revés) para estudiar, bájamelos". ¡Qué simpático era Pippo! ¡Qué gracia tenía!

Nuestro embajador era Pedernera. También estaba Corso, que había jugado en Huracán. El entrenador era Cacho Aldabe, que había sido defensa central del Platense.

Lo que más me chocó de Bogotá fue la tristeza que había en el ambiente. Toda la gente vestida de negro, vestida de luto. Se debía a que se había producido un golpe de Estado y habían matado a Gaitán, un político liberal que era famosísimo. Había pasado ya un año, pero nada cambiaba. Existía más desigualdad que en Buenos Aires. La gente era de raza blanca, de origen español casi todos. La raza negra estaba más para Barranquilla.

Los empresarios, la gente con dinero, comenzaron a invertir en el fútbol. Llegaron más de doscientos jugadores. De Europa, también. Era curioso ver cómo, dependiendo de las nacionalidades, nos distribuían por ciudades: los uruguayos en Cucutá; los argentinos sobre todo en Bogotá; los brasileños en Barranquilla; los peruanos en Cali, y los ingleses en Santa Fe, que era el equipo de Héctor Rial, que luego jugaría conmigo en el Real Madrid. En el Universidad de Bogotá eran todos *ticos*, costarricenses, y jugaban de maravilla la pelota, jugaban muy bien. Había también árbitros españoles y unos ingleses.

Al principio el Campeonato era al margen de la FIFA, pero luego se asustaron y se llegó a un acuerdo que nos permitía jugar hasta 1954. Jugábamos partidos internacionales, íbamos a la Pequeña Copa del Mundo en Caracas. Los que lo hicieron fenómeno fueron los brasileños, no suspendieron a ningún jugador. Los que se iban, podían regresar otra vez. Sin embargo, los argentinos, como siempre, eran los estrategas del asunto: "Suspendidos y no pueden volver más".

Mi miedo al avión no procede de aquel largo viaje a Roma. Comenzó en Colombia. Los aviones eran muy pequeños y siempre teníamos que sobrevolar las montañas. Allí casi todas las ciudades están todas edificadas en las faldas de las montañas. En el llano no hay ninguna ciudad con equipo de fútbol medio potente.

En autobús no se podía ir porque las carreteras de esa época eran horribles y era complicado atravesar las cordilleras. En tren tampoco. Así que todos los viajes los hacíamos en avión. Colombia tiene un clima tropical y llueve cantidad. Había tormentas a cada momento y los aviones no iban nunca por encima de las nubes, siempre por debajo. Se movían que daba miedo. Veías las alas que se iban para un lado... No tenía un viaje tranquilo nunca. A Bucaramanga, a Medellín, que está en un pozo... En Barranquilla ya era más fácil. Santa Marta, Cartagena... La parte norte, al lado de Panamá, es zona más llana. En esa primera media temporada acumulamos más de treinta horas de vuelo, unos 6.700 kilómetros. Éramos casi aviadores. Hasta me hice un seguro de avión. Cali-Armenia-Pereyra.

Un escrito público ejemplar

[El debut fue contra Barranquilla. Comenzaba la segunda vuelta del Campeonato. En el equipo estábamos Ochoa, Danilo, Zuloaga, Aves, Rossi, Soria, Castillo, Pedernera, Di Stéfano, Cabillón y Mosquera. Ganó el Millonarios (5-0) y se puso segundo detrás del Deportivo Cali. Dos goles de Di Stéfano, el primero el mejor de la tarde, y tres de Cabillo. Ese mismo día River ganó (4-0) a Ferrocarril Oeste. Fizel ocupó el puesto de Di Stéfano. Mientras, desde Argentina, los ataques a los jugadores que se habían marchado a Colombia eran continuos. Los más vehementes eran los dirigentes del River.

El padre de Alfredo, como apoderado del jugador, envía entonces un telegrama al River rechazando el acta levantada contra su hijo. Anticipa además que va a interponer una reclamación judicial por los términos en los que está concebida el acta, en la que se recrimina su marcha del club. A tal grado llega el enconamiento que los dos jugadores, desde Bogotá, tienen que hacer un comunicado conjunto que se publica en toda la Prensa argentina y colombiana.]

> Las autoridades del Club Atlético River Plate han expedido un comunicado en relación con nuestro viaje a Colombia, así como en las publicaciones hechas en la revista del club en la que se nos califica con los términos más denigrantes e injuriosos.

Se ha dicho que dejamos el país sin cumplir las obligaciones establecidas en los contratos suscritos el 5 de mayo último y que esos compromisos fueron adquiridos libremente. Dada la forma en la que se nos ha tratado públicamente, nos creemos en la obligación de hacer las presentes afirmaciones categóricas sobre nuestra conducta para que las gentes de bien, que no tienen intereses personales comprometidos que puedan desviar su criterio, así como la sana afición argentina y la fiel hinchada de River, puedan juzgar nuestra actitud imparcialmente.

[...] No es exacto, en primer término, que ni nosotros, ni ningún futbolista profesional haya firmado en los últimos tiempos su contrato libremente. La libertad contractual existe en Argentina para todas las actividades humanas, menos para los futbolistas profesionales. La actual reglamentación de la AFA tiene establecido un límite máximo de remuneración que encarna el más bien organizado recorte de la libertad de trabajo que pueda concebirse, porque cualquiera que no se doblegue mansamente a aceptar las despóticas condiciones que fije la entidad contratante no encuentra otra alternativa que abandonar el medio de subsistencia que posee, la profesión de que dependen él y su familia: el fútbol.

Los futbolistas considerados reglamentariamente como propiedad del club son prestados, vendidos o puestos a trabajar como en las otras actividades, y el que se rebela contra semejante trato es *colgado*...

[...] El hecho de que la necesidad de vivir, en muchísimos casos, haga aceptar semejante estado de cosas, no quiere decir que haya muerto en todos la aspiración de conseguir la libertad de trabajar en las condiciones de remuneración a que pueda aspirar legítimamente y conforme a su capacidad todo hombre libre.

A nosotros se nos presentó una oportunidad de trabajar en nuestra profesión libremente, es decir, obteniendo una remuneración satisfactoria, y la hemos aprovechado porque, sabiendo bien que la juventud pasa y los años de fútbol son cortos, no nos creímos en el derecho de sacrificar nuestro porvenir, y menos el de nuestras familias, en aras del vínculo sentimental que nos ha ligado desde nuestra iniciación a la divisa de River y a su fiel hinchada.

A ese sentimiento noble entregamos lo mejor de nuestros esfuerzos y capacidades como a todos consta; por él nos resignamos a esperar que se cumplieran promesas, muchas veces hechas y nunca cumplidas, y quizás estaríamos todavía esperando si el propio presidente de la institución, Antonio V. Liberti, no hubiera hecho ver la forma como apreciaba nuestra permanencia en el club al informar a uno de nosotros, diez días antes de nuestra partida para Colombia, de la tramitación de la transferencia para el club Torino de Italia. Y si para la Comisión Directiva de River nosotros no representábamos un valor afectivo, sino simplemente un capital más o menos gordo, un negocio más o menos jugoso, con qué lógica se pretende desconocer nuestro derecho a medir en dólares para beneficio nuestro las capacidades de las que nos dotó Dios y nuestro propio y personal esfuerzo. ¿Con qué justicia se nos injuria y se nos quiere exhibir ante la opinión desprevenida poco menos que como delincuentes?

[...] Hemos pensado y pesado bien, como hombres sensatos, dueños de nosotros mismos, las consecuencias de nuestros actos y, como tales, rechazamos por innoble, por rencorosa, por falta de verdad las sugestiones contra Adolfo Pedernera, que no intervino en nuestra decisión para nada y se ha limitado a ser un buen amigo y orientarnos en Colombia. No nos preocupan las amenazas y menos las palabras gruesas que resultan paradójicas en quienes pretenden hablar como caballeros. Tenemos la certidumbre de estar enalteciendo, como hombres de bien y como deportistas, el prestigio de nuestra patria en donde, desde los tiempos de San Martín, se acabaron los siervos.

Néstor Raúl Rossi y Alfredo di Stéfano

[El 1 de septiembre, la AFA accede a la petición de los jugadores y levanta el tope máximo de sueldo. Los clubes podrán contratarles libremente. Su única intención es acabar con el éxodo masivo de futbolistas, como se comprueba en su decisión de expulsar de sus registros a Di Stéfano y Rossi, que, según ellos, viajaron a jugar a Colombia sin los pases correspondientes.]

Ganamos el título. En el último partido contra Deportivo Cali marqué un gol a quince metros de distancia. Vuelvo a casa para las Navidades. El comportamiento de la gente de la calle conmigo es exquisito. El River había fichado al uruguayo Walter Gómez, un excelente jugador.

Me caso el 5 de enero y el 15 regreso para Bogotá. Nos vamos los dos juntos ya. Sara es descendiente de españoles. Vamos a la misma pensión donde yo había estado. Al año siguiente ya nos vamos a una casa.

Sara era de Boedo, un barrio de San Lorenzo. Ella era hincha del Boca. La conocí por la calle. Iba con unas amigas y yo con unos amigos. Empezamos a charlar y, como siempre pasa, que parece que no pasa nada, y después pasa mucho. Que hace cincuenta años que estamos casados. Ella no decía nada de mis ajetreos con la huelga, tenía diecisiete años, ¡qué iba a decir! Yo tenía veintitrés cuando me casé y ella diecinueve. Venía a la cancha a verme jugar cuando estaba en River y después íbamos al cine y nos tomábamos una cerveza.

Cuando fui a Colombia me di cuenta de que si me quedaba allí solo, no sabía lo que iba a pasar con Sara. Con la popularidad que tenía hasta me mandaban flores a casa... Te invitaban a salir, a tomar una copa, a... Yo tomaba Coca-Cola. "Como no me case, esto está liquidado", pensé, y creo que acerté en ese asunto, porque había mucha farra, mucha vida en ese sentido. Y yo me dije: "No me voy a estar metiendo aquí en líos de ninguna naturaleza". Pedernera también estaba casado.

Un escrito público ejemplar

Hacíamos las fechorías que se pueden hacer normalmente, pero nada del otro mundo. Rossi salía un poco más, porque era soltero, tenía sus amigas, era muy simpático, extrovertido... No teníamos un equipo de bandidos, no éramos bandoleros. Nos divertíamos, salíamos, tomábamos una copa, pero todo era bastante normal. Por eso había eficacia en el equipo. La prueba evidente es que después había un gran respeto.

Íbamos a entrenarnos a la mañana, ocho y media. Pasaba el autobús a buscarnos. A las once ya habíamos acabado. En los equipos de fútbol, a los que no se cuidan se les ve como insolidarios. Cada uno tiene que responder por sí mismo, pero a la larga después se resiente el conjunto. Y si el conjunto se resiente, tú no tienes derecho a reclamarle al tipo, porque el tipo te contesta: "Yo hago lo que quiero con mi cuerpo", pero está *jodiendo* al conjunto. Siempre tiene que haber un poquito de comunicación entre todos. Esa es una de las defensas fundamentales de un equipo de fútbol, el que haya una gran compenetración, buena amistad. El fútbol no se juega sólo en el campo, se juega conociendo al compañero, al que más asiduamente tienes al lado, por eso se entendían tan bien, por ejemplo, Puskas y Gento. Tienes que conocer cómo respira él, cuál es su intención cuando agacha la cabeza, cuando se pone de lado... Todas estas facetas, aunque parece que no, son importantísimas en el conocimiento del compañero fuera de lo que es la cancha.

Lo más importante en el fútbol es el compañerismo, los relevos que das al que te necesita. El jugador de fútbol tiene que darse cuenta de que no necesita tanto del técnico. El técnico está para ordenar, marcar y dar una tónica de lo que se puede hacer, pero tampoco se puede hacer siempre lo que diga él, porque el técnico se tiene que adaptar a los elementos de que dispone. No puede hacer una táctica determinada cuando los jugadores no la pueden hacer porque no tienen ese estado físico que quiere él. Hay jugadores a los que no les gusta el roce, hay jugadores que no entran a nadie y que no tapan, no cubren al adversario. Sin embargo, hay otros generosos que van tapando, cubriendo. Por lo menos te van echando al adversario al lado que quieras tú.

El jugador de fútbol, cuando entra en la cancha, va con una planificación más o menos hecha, y después, en el campo, si el contrario te da vuelta a la maniobra, tienes que ir tú y tratar de imponerte a lo que están haciendo ellos. Y no estar preguntando al banquillo: "¿Qué hacemos?" Cuenta la capacidad de los jugadores.

Después, la cuestión más importante es tener una moral alta, en el sentido de que no seas un tipo sumiso que tengas miedo de hacer las cosas por si te pueden salir mal. El fútbol tiene que ser agresivo. Requiere tener un conocimiento de qué es lo que se trae entre manos el adversario. Muchas veces pasa que hay jugadores que no responden porque, aunque tienen una gran cualidad, les falta otra, la del trabajo. Cuando toca defender, hay que defender, en el sentido de que hay que prepararse. Se defiende preparando el contraataque para liquidar al adversario. No vas a estar defendiendo y defendiendo, y pelotazo para arriba. Siempre te viene otra vez la pelota, porque eso es un frontón. Entonces hay que pensar siempre que el jugador de fútbol tiene su inspiración, y por eso los jugadores, cuando llevan tres o cuatro años jugando en Primera división, ya están capacitados para demostrar que en ellos se puede creer. No es cuestión de hacer una filigrana, jugar al fútbol no es una filigrana, sino de tratar de ganar los partidos y, aparte, hacerlo bien y con efectividad.

Millonarios jugaba un 4-3-3 muy agresivo, muy rápido. A veces defendíamos con tres y se metía uno más en centro del campo. En el equipo había aparte una técnica depurada. Demasiada técnica había. Gente solvente. Nos llamaban el "Ballet azul". Nos lo pusieron los periodistas.

Renové otro año. El Campeonato empezaba en marzo y terminaba en diciembre. Allí era costumbre que, cuando se sorteaba el campo, los capitanes se regalaban unos ramos de flores. Pedernera era nuestro capitán y él se extrañaba de que yo siempre fuera a recogerlo. "Dame, que se lo doy al masajista", y se lo daba y le decía: "Guardalo, que después se lo llevo a mi señora".

[Dicen que el mejor partido de Di Stéfano en Colombia fue en diciembre del 50 contra Hungría, en la despedida de Pedernera. En marzo de 1952 se iba a producir un hecho que fue determinante en su carrera: se celebraban las bodas de oro del Real Madrid y Millonarios fue invitado. Valencia, Madrid, Sevilla, Las Palmas fue el recorrido del equipo colombiano por nuestro país. Alfredo di Stéfano ofrece los mejores destellos de su fútbol. La crítica especializada escribió que era el "Luis Miguel del fútbol". Santiago Bernabéu no duda: "Hay que ficharlo". Su problema es que el Barcelona tenía el mismo pensamiento e incluso hace la primera oferta, 200.000 dólares, diez millones de pesetas de la época, como reconoció un directivo del Millonarios, Enrique Holguín, en el viaje de regreso a Bogotá.]

Otra vuelta al mundo. Bogotá-Panamá, Panamá-Nueva York, Nueva York-Madrid. Tardamos once horas desde Nueva York. Y desde Madrid a Las Palmas, unos días después, en la vaca voladora tardamos otras once. Hicimos escala en Sevilla y en Casablanca. Eran esos aviones panzones que había. Cuando aterrizamos en Barajas, dijimos: "¡Uyyy, qué aeropuerto!" Era como una nave grande, un galpón. La gente iba con el uniforme y llevaba un jersey azul con el escudo de Iberia dibujado.

El Real Madrid nos contrata porque habíamos jugado el año anterior contra ellos en la Pequeña Copa del Mundo de Caracas. Nos ganó 2-1. Jugaban Molowny, Joseíto, Juanito

Alonso, Oliva, Navarro... Lucharon como locos y nos ganaron, un buen partido. Rossi agarró de los pantalones a Molowny porque le había hecho un túnel. "Te voy a reventar las pelotas", le decía, y Molowny medio asustado sólo acertaba a responder: "¡Mi niño, mi niño!" Como nos ganaron, debieron de pensar: "A estos les invitamos al cincuentenario y les ganamos también", pero tuvieron la mala suerte de que los campeones del triangular fuimos nosotros.

Tercera parte
Llegada a España

Las bodas de oro del Real Madrid

La primera impresión que me dio Madrid fue de ser una ciudad gris. Nos hospedamos en Atocha, en el Hotel Nacional, pero dimos vueltas por todo el centro, por el barrio de Salamanca, caminando. El Corte Inglés era entonces una tienda pequeña. Montamos en el metro. Me hice un abrigo a medida y fuimos al Metropolitano a ver un partido entre los dos Atléticos. También fuimos a los toros. Toreaba "El Estudiante". Ya había visto antes una corrida en Guayaquil, además en Buenos Aires Manolete —que murió en 1947— era muy famoso.

Ese año en que salí campeón de Liga, máximo goleador, se inauguró el Bernabéu. El primer partido lo jugamos en Valencia. Era el día de las Fallas. Empatamos a cero. Me hicieron un penalti como una casa y el árbitro cobró [pitó] córner. Le queríamos matar. Nos llamó la atención que nos regalaran un ramo de naranjas. El estadio estaba lleno, cincuenta mil personas. Quincoces era el entrenador del Valencia, y en el equipo jugaban Puchades y Asensi.

Tardamos nueve horas y media en llegar a Valencia en autobús. Los hoteles estaban todos llenos con las fiestas y nos metieron en La Pepica, la casa de una familia numerosa, los Moreno. Juanita, la señora, me decía "*Chiquet*, ten cuidado que te van a robar..." Llevaba unos dos mil dólares, y Juanita me dice: "¿Y esto?" Lo agarró, me dio 100 dólares y el resto se lo guardó en las tetas. "Mañana antes de irte me lo pides y te lo doy, que hay muchos ladrones". Nos hicimos íntimos amigos después, cuando yo estuve en el Valencia. Fuimos a ver la *Cremá*. El segundo partido fue contra Las Palmas. Perdimos 3-2. Marqué un gol. El estadio también estaba lleno.

Y llega el estreno en Madrid. El primer encuentro fue Millonarios-Norkoping. Empatamos a dos. Me marcaron dos hombres. Con los suecos jugaba Nordhal, ¡qué bueno era! Al Madrid le ganamos (4-2). Había 70.000 personas en el campo. El césped estaba mal, embarrado, resbaladizo. Nos llovió durante todo el partido. Hice dos goles, el segundo muy bonito. Me dio una patada Gabriel Alonso que me dejó el tobillo hinchado. Me hicieron una foto con el tobillo como un tomate. ¿Será posible que me enganchara a mí ese? A mí no me enganchaba nadie.

Héctor Scarone era el entrenador del Madrid, antes lo había sido de Millonarios. Me eligieron mejor jugador del torneo y recuerdo que me marcó Muñoz. Aunque después el Madrid venció al Norkoping, los campeones fuimos nosotros. Era un gran triunfo. En el 48 el gran San Lorenzo de Almagro había perdido 4-1 y Racing 5-1.

Conocí a don Santiago Bernabéu, fue en el estadio. Vino a saludarnos y después nos pidió a Rossi y a mí que fuéramos con él a Radio Nacional de España para hablar del partido en el informativo de las dos de la tarde. Me causó una gran impresión. Un hombre serio, que sabía de la vida, uno se daba cuenta de ello con sólo estrecharle la mano.

El último partido lo jugamos en Sevilla. Fuimos en tren porque había un temporal y no se podía ir en avión. Mejor. Empatamos a uno. Rossi falló un penalti. Yo hice el primer gol. Jugamos con muchos lesionados. De recuerdo me llevé turrón y, cuando llegamos a Nueva York, nos revisaron la maleta. "¿Y esto?" "Turrón", le contesté. El policía no me quería comprender. Se lo tuve que abrir y me quise hacer el gracioso, partí un pedazo y se lo ofrecí. Empecé a comer turrón y me hizo abrir todos los turrones. "Todos, todos..." Y yo: "Si estamos de paso..."

Cuando regresé a Colombia en ningún momento pensé que iba a volver a España tan rápido. Estaba bien allá. Podía seguir hasta el 54 y luego volver a Argentina. Tenía ya dos niñas, Nanette y Silvana. Eran colombianas de nacimiento pero las inscribimos en el Consulado argentino. Las bautizamos en la iglesia de Chinquinquirá. Siempre tuvimos problemas porque nunca quisieron dar la nacionalidad colombiana a mis hijos. No han querido ellos. Decían que nosotros éramos argentinos.

[En julio de ese mismo año el Real Madrid devuelve visita a Millonarios. En la Prensa española ya se habían publicado noticias sobre el interés de diferentes equipos españoles en Di Stéfano. El Madrid es recibido a ritmo de chotis en Bogotá. Ipiña era el entrenador blanco. Millonarios se impone (2-1). "La clase se impone a la fuerza", titulan los periódicos colombianos. Cincuenta mil aficionados presencian el partido. Se adelanta Olsen para el Madrid, empata Di Stéfano y Pedernera marca el gol del triunfo.

A las cuarenta y ocho horas se juega la revancha, pero en medio surge por primera vez la noticia de que el Real Madrid le ha pedido a Millonarios el traspaso o la cesión de Alfredo. Los colombianos vuelven a imponerse con un gol de Báez. Pocos días después, el 27 de julio, en Caracas, se enfrentan por tercera vez con empate a uno.]

El fútbol en Colombia comienza a cambiar. Mientras se llenaban los estadios, iban pagando, pero a finales del 52 ya había problemas también allí para cobrar, sobre todo en los equipos del interior. "¿Y por qué me voy a meter en tanto lío aquí? No. Me voy." Ya el año anterior le había dicho a un amigo argentino, que era comentarista, que iba a regresar a casa. Jugábamos muchos partidos amistosos. ¿A mí qué me interesaba jugar estos partidos? También cobrábamos, pero empezaba a estar cansado de tanto viaje. Ya había mandado a Sara con anticipación a Buenos Aires. El piso de Bogotá se me hacía enorme a mí solo y además en Buenos Aires habíamos comprado un chalecito. Tenía ganas de volver, pero no para seguir jugando sino para irme al campo. Teníamos un torneo en Santiago de Chile y no fui, me marché para casa. Eran las Navidades. Como no regresaba a Bogotá, el presidente de Millonarios, Alfonso Sénior se llamaba, vino a buscarme a Buenos Aires. Pero no me convenció, yo no quería seguir jugando allí.

La puja Barça-Real Madrid

[En Colombia se organizó un gran escándalo. La Prensa aseguraba que Di Stéfano estaba en paradero desconocido e incluso que le habían secuestrado unos señores para llevárselo a Barcelona. Al regreso del presidente a Bogotá, el club dijo que el jugador debía dinero a Millonarios, cerca de veinte mil pesos, porque había renovado el contrato en el mes de febrero y le habían pagado unos anticipos. En esos momentos la guerra Real Madrid-Barcelona para ficharle ya está montada. Millonarios le denuncia ante la FIFA y la Federación Española manda un télex a su homóloga colombiana asegurando que no será autorizada la inscripción de Alfredo di Stéfano sin certificado de transferencia.]

Entonces fue cuando aparecieron Domingo Vals Taberner y Riera, y me dijeron que el Barcelona me quería fichar: "Tiene que venir como sea porque Samitier no se va a rendir tan fácilmente..." Busquets ya me había dicho algo unos meses antes en Bogotá, pero yo no le hice mucho caso. Los que hicieron más fuerza fueron mis padres: "Tienes que irte". "¿Cómo me voy a ir si hace dos meses que estoy aquí? Estoy arreglando la casa, están los niños..." Al final dije que sí. "Pero me lo tomaré como si fuera un viaje de placer." Les daba lo mismo lo que les dijera con tal de que viajara: "Bueno, tómalo como un viaje de placer".

Tenía veintiséis años ya. Un año después, a principios de 1954, volvía a ser jugador del River por el acuerdo que se había tomado años antes, cuando se regularizó toda la situación de los jugadores argentinos que se habían ido a Colombia. Hasta octubre del 54 mi pase pertenecía a Millonarios. Mi idea era estarme un año en el campo y luego ya veríamos.

No olvidaré la imagen de los catalanes tomando champán cuando hablaban conmigo en casa. "Dentro de siete días nos vamos a España." "¿Cómo siete días? ¿Y cómo hago para levantar la casa?" Hablé con mi cuñado, mis hermanos, mis familiares y les dije que hablaran con Millonarios, porque yo entonces pertenecía a ese club. Ellos habían hablado con el River y decían que me habían comprado y que ya habían puesto el dinero. Se hablaba de dos millones de pesos argentinos, unos cuatro millones de pesetas.

Mi intención no era quedar mal con Millonarios. No les debía ningún dinero, los cuatro mil dólares de adelanto que decían que me habían dado correspondían a cuatro meses que me debían del año anterior. Mientras, me entero de que el Real Madrid ha hecho una oferta oficial por mí a Millonarios, pero yo ya tenía mi palabra empeñada con los catalanes. Me vine porque los chicos presionaron mucho. En mi casa me decían que había que aprovechar. "Y si no se arregla esto, ¿cómo regreso?" Me repiten lo del viaje de placer. "¿Un placer con dos chicos pequeños?, ¿cómo va a ser un viaje de placer?" Así es como aterrizo en Madrid. Era el 23 de mayo. Llegué con Sara y las dos niñas. No habíamos hablado nada de dinero. Teníamos que hacerlo en Barcelona. Me vino a recibir Samitier. Lo conocía de cuando había jugado contra el Madrid un año antes. Había estado con él y también con Helenio Herrera, que estaba entrenando al Atlético.

Samitier era una persona fenomenal. No he visto jamás un tipo que viviera más el fútbol. Su diccionario era todo fútbol. Decía: "A ver si me haces un pase adelantado", cuan-

La familia Di Stéfano en los lejanos años de Barracas. Don Alfredo, doña Eulalia y los hijos: Alfredo, Tulio y Norma.

En brazos de su madre en 1926.

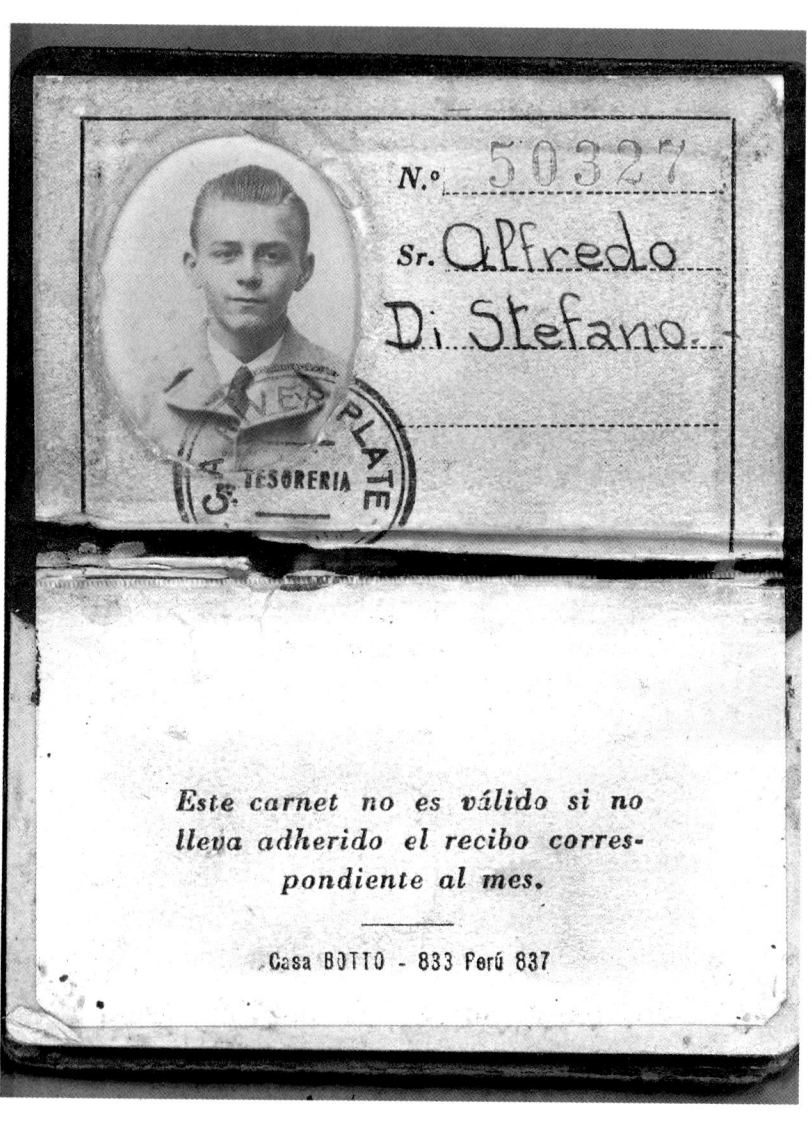

El primer documento que le liga al fútbol: su carné como socio infantil del River Plate.

Extremo izquierdo del Imán: es el último de la fila. Al fondo, el camión en que se desplazaban a los partidos.

Ya es todo un tipo, con aires de tanguista.

En Los Cardales. El segundo por la derecha,
su hermano Tulio. Alfredo está el segundo por la izquierda.

River Plate, campeón de 1947 con un jovencísimo Di Stéfano dirigiendo el ataque.

famosa delantera «eléctrica» de River Plate, máxima goleadora y conquistadora del Campeonato argent
cha: Reyes, el fenómeno Moreno, Di Stéfano, máximo goleador, y los también renombrados internacion
ocas veces disfrutó la afición argentina del espectáculo de ver reunidos en una delantera a jugado

'La Máquina' dio paso a 'La Eléctrica': Reyes, Moreno, Di Stéfano, Labruna y Loustau.

Ya le cantaban: "¡Socorro, socorro, que viene La Saeta con su propulsión a chorro!"

Huelga de fútbol en Argentina. Di Stéfano rueda su primera película: *Con los mismos colores*.

Junto a Néstor *Pipo* Rossi, nada más desembarcar en Bogotá.

Jugador del Millonarios de Bogotá.

Millonarios de Bogotá, apodado 'El Ballet Azul', en el que se reencontró con Pedernera (el primero por la derecha, de pie).

El equipo de Millonarios al completo (1950).

Ya en Madrid, con Santiago Bernabéu. Sostiene en brazos a la pequeña Silvana.

La plantilla de su primera temporada en el Madrid.

Golazo de tacón al Valladolid, ante un estupefacto Saso.

Gol a Carmelo en el Bernabéu.

Nace Alfredito y el *crack* recibe en Madrid la visita de sus padres.

También marcaba de cabeza.

En la vieja sala de juntas del Real Madrid.

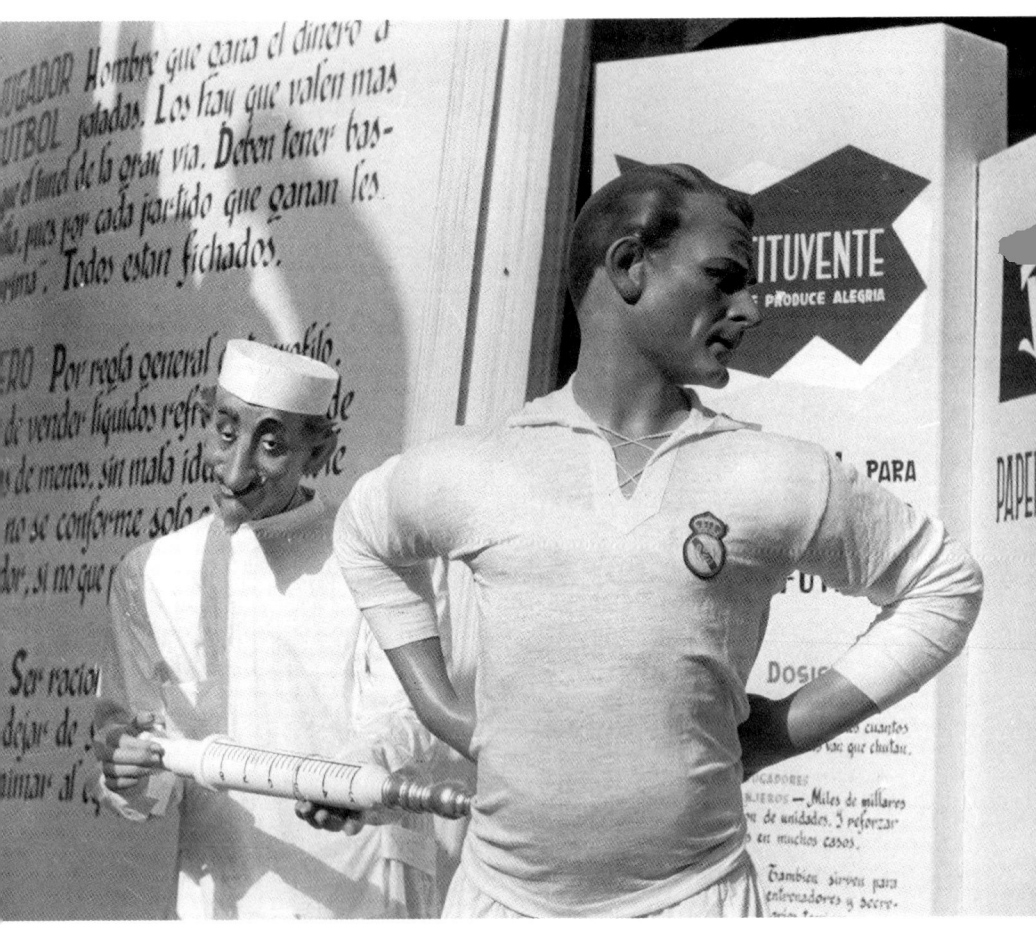

Popular como nadie, aquí le vemos reproducido en una falla.

Con la camiseta de la Selección Argentina en Guayaquil (1947).

En El Pardo, recibe un trofeo de doña Carmen, en presencia de Franco y de un orgulloso Raimundo Saporta.

Un juego clásico de Las Landas… que requería de un tocado especial.

Condecorando al padre, en otro viaje de este a España.

En la playa, con Sara. Los veranos, siempre playa, aunque fueran unos pocos días.

De viaje por Europa. Acto de firma de autógrafos para los emigrantes.

En Chicote junto al dueño del establecimiento. Al lado de Sara está Juan Manuel Fangio.

Otro taconazo marca de la casa.

"¡Papá, papá!" Di Stéfano se reconoce como un padrazo facilón y consentidor.

Con Kopa y Bernabéu.

La delantera más gloriosa: Kopa, Rial, Di Stéfano, Puskas y Gento.

Un año de "prestado" en el Huracán de Buenos Aires (1946).

do quería que le apoyases en algo, o "Estás en fuera de juego", cuando pensaba que no tenías razón. Era muy simpático, muy vivo.

Me vino a recibir, fuimos a un hotel de la calle Velázquez, después a la calle O' Donell, donde vivía Armando Muñoz Calero, que había sido presidente de la Federación. Por la tarde agarramos el coche y nos fuimos hasta Zaragoza para dormir allí. Paramos en Calatayud a cenar. Una paliza. Con las niñas y todo. Recuerdo que a una de ellas le arañaron unos gatitos. Al otro día, ¡pumba!, para Barcelona. Nos metieron en la Residencia Córcega, que estaba al lado del Paseo de Gracia. Hablé con los directivos y me dijeron que había que esperar unos días. Espera, espera, todo era espera. Samitier no sabía qué decirme. Lo pasamos mal con el calor y la humedad de la ciudad, a la que no estábamos acostumbrados. "Bueno, ¿y esto cómo lo arreglamos?" Así estábamos todos los días.

Nos presentaron a unos amigos en Barcelona. Conocí a Kubala, a César. Me entrené con ellos unos días hasta que la Delegación de Deportes ya no me dejó entrenarme con el equipo, ni en ningún campo profesional. Pasó junio, julio y nada. Me harté. "Bueno, yo aquí no pinto nada." Fui a la Directiva, Enrique Martí era el presidente. Me decían que no se podía arreglar, que necesitaban un tercer hombre, como en la película de Orson Welles. "¿Ahora falta el tercer hombre? El tercer hombre soy yo. ¿Qué pasa aquí? Me saco el billete, lo pago de mi bolsillo y me voy para Argentina otra vez, ¿qué hago aquí?" Ellos me estaban pagando un piso en la calle Balmes y me daban un dinero. Yo no quería firmar ningún papel hasta que no se arreglara todo. Me comentaban que el Real Madrid se había arreglado con Millonarios. "¿Y ahora cómo se arregla esto?" Yo siempre decía que a mí me daba lo mismo jugar en el Barcelona que en el Real Madrid. Me daba lo mismo. Lo que quería era jugar y arreglar mi situación mientras estaba aquí.

Estábamos en esas cuando Raimundo Saporta, que entonces todavía no era vicepresidente del Real Madrid, vino a verme a Barcelona. Lo primero que le dije fue: "¿Qué pasa? ¿Me van a entorpecer la carrera mía?" Fue una reunión a escondidas. Estaba también un señor que se llama Senén, que era de Wagons-Lit. "Este es el documento que tenemos nosotros de Millonarios", me dice. Y digo: "¿A mí qué me cuentan? Usted me dice todas estas cosas, muy bien, pero yo sigo aquí parado".

Hasta el Barcelona, harto de la situación, había hecho gestiones para que me marchara a la Juventus. Pero en Italia me iba a encontrar con lo mismo. Estuve en Sitges, uno de los que estaban en el medio de la situación era el presidente de la Fiat de Barcelona. "Usted prepare el pasaporte que se viene para Italia", me decía. Les pregunté que si lo sabía el Barcelona y me dijeron que sí. Entre ellos ya debían de haber firmado algo. Me llevó con un conductor que había sido piloto de la Fiat e íbamos a doscientos por la costa de Garraf. Pensé que nos matábamos. No había ni guardarraíles ni nada. "¿Será posible esto?" A la vuelta no quería viajar con él. Le dije al tipo: "No, no. ¿No hay otro camino?"

[Durante esos meses de angustia y tedio en Barcelona, Alfredo era ajeno a gran parte de las negociaciones que se gestaban alrededor de su persona. La historia, aunque rocambolesca, era simple: Millonarios tenía los derechos del jugador hasta octubre de 1954 y después el River volvía a ser dueño de la ficha. El Real Madrid negoció siempre directamente con Millonarios, mientras que el Barcelona comenzó las gestiones con el River y había llegado a un acuerdo absoluto con los argentinos. Aprovechando la presencia del equipo en Caracas, el presidente azulgrana, Martí, se reunió con el presidente de Millonarios, Alfonso Sénior. No hubo acuerdo. Sénior pidió 27.000 dólares (1.350.000 pesetas) por la cesión del jugador hasta octubre del 54. El presidente azulgrana fue rotundo: "Somos capaces de tener al jugador una temporada sin jugar".

Sin embargo, el Real Madrid sí pagó la cantidad exigida por Millonarios. Raimundo Saporta se desplazó a Bogotá e hizo efectivo el pago por el cual Di Stéfano se convertía en jugador del Real Madrid hasta octubre de 1954. No tuvo tanta suerte cuando quiso rematar la faena en Buenos Aires, pues los dirigentes del River le confirmaron que el Barcelona ya había abonado el 50% (dos millones de pesetas).]

El Real Madrid paga y se mueve más rápido

En el ínterin me llama Saporta otra vez y me dice que no me mueva de ahí. "No, hombre, no, si no me voy a ir tampoco", le digo. "Va a ser el mismo problema y en vez de estar en España voy a estar en Italia." En ese tiempo juego tres partidos. El primero en Masnou, luego en Sitges y el tercero en Palafrugell. Era un combinado del Barça, porque el primer equipo se había ido a América a jugar la Pequeña Copa del Mundo de Caracas.

Siempre pensé después que en ese viaje hubo un enfriamiento en mi fichaje. Además de que no llegaran a un acuerdo con Millonarios, pienso que algún intermediario, uno que se llamaba Bogossián, hizo un informe negativo sobre mí. Tendría algún jugador para llevarse la pasta y le interesaba más que no fuera yo. No podía más y me fui al pasaje Vigo, en Barcelona, y le dije a Narciso Carreras, que creo que era vicepresidente: "Mire, yo así no puedo estar, tengo dos chicas y me vuelvo a Buenos Aires. Me voy. Yo entiendo que es una cuestión de mala suerte y habrá que hablar con la Delegación Nacional de Deportes".

[Su situación en aquel momento, primeros de agosto, era muy complicada. Para colmo, José Samitier, su gran valedor, no renueva contrato con el Barcelona. El presidente de Millonarios viaja a Madrid y cierra oficialmente su traspaso al Real. La Federación consulta a la FIFA y esta le dice que Di Stéfano no podrá jugar hasta que su situación no esté definitivamente aclarada. El Real Madrid y el Barcelona no se ponían de acuerdo, y el 24 de agosto la Delegación Nacional de Deportes había cerrado las fronteras a los jugadores extranjeros.

Tuvo que volver a intervenir la FIFA nombrando mediador a Armando Muñoz Calero, ex presidente de la Federación Española de Fútbol, quien decidió que jugara dos temporadas en el Real Madrid (1953-1954 y 1954-1955) y las dos siguientes en el Barcelona (1955-1956 y 1956-1957). Al término de estas, los dos clubes deberían ponerse de acuerdo sobre el contrato del jugador. Fallado el caso, ahora la Delegación Nacional de Deportes tenía que aceptarlo, pues la normativa que había entrado en vigor prohibía ya la incorporación de más jugadores extranjeros. El general Moscardó, al frente de la DND, ratificó el fallo en cuestión y acordó que se aceptarían las fichas de los jugadores contratados antes del 22 de agosto, como era el caso de Alfredo di Stéfano y otros tres jugadores más: Wilkes (Valencia), Prieto (Español) y Ducasse (Valladolid).]

El Barcelona tenía un equipazo. Venía de ganarlo todo. Kubala era una auténtica máquina. El estadio, con capacidad para 45.000 personas, lo tenía siempre lleno, abarrotado. Y yo pensaba: "Si estos tipos son tan campeones, ¿para qué me van a traer a mí?" Yo lo pensé siempre, pero bueno. Se decía que me fichaban porque Kubala estaba malo del pulmón y que venía a sustituirle. Pero creo que no era por ese asunto. Escuché que el presidente Enrique Martí había recibido amenazas porque tenía negocios con Marruecos. Eran cosas que se decían, que si le iban a investigar de dónde sacaba el dinero, que si recibió presiones desde Madrid...

La cuestión es que de la noche a la mañana me dicen: "Para Madrid". Y para Madrid me vengo. Salgo en el tren a las diez de la noche y llego a las diez y media de la mañana.

En la estación de Atocha recuerdo que estaban Gilera, el periodista, y Rosón. Nos llevaron al hotel Emperatriz. Me fui a hacer la revisión médica y a comer algo. Me acompañaba un directivo, Félix Fernández, al que apodaban *El Chuleta*. Y a las tres y media, sin entrenarme ni nada, era mi partido de presentación contra el Nancy.

Mis intenciones eran firmar por dos años, pero terminé firmando por cuatro. Tenía veintiséis años. "Hasta los treinta —pensé—. Y después me vuelvo a mi país." Sara me decía: "¿Pero cómo nos vamos a quedar cuatro años aquí?" Nos instalamos en una residencia y después nos fuimos a vivir a una casita alquilada en la calle Oría, en El Viso. Con el tiempo ya compré. Había firmado por cuatro años. Si sólo hubiera firmado por dos, no me hubiera instalado.

[Su caso siguió en los despachos mientras él ya marcaba goles con el Real Madrid. Primero, el 22 de septiembre, llegó la dimisión del presidente del Barcelona, Enrique Martí, por haber fracasado en su fichaje. Un mes después, ambos clubes llegaron a un acuerdo por el cual el Barcelona renunciaba al jugador y el Real Madrid se hacía responsable de los gastos económicos que el club azulgrana hubiera tenido en el intento de compra del jugador. Por su interés, reproducimos íntegramente el documento.]

En Madrid a 23 de octubre de 1953, de una parte don José Vidal-Ribas Güell, como miembro de la Comisión Gestora del Club de Fútbol, debidamente autorizado por la misma y en nombre y representación del referido club; y de otra don Santiago Bernabéu de Yeste, como presidente del Real Madrid Club de Fútbol, y en nombre y representación del mismo, con relación al acuerdo concertado entre los presidentes de ambos clubes con fecha 15 de septiembre pasado, bajo el arbitraje de don Armando Muñoz Calero, miembro de la FIFA, convienen y estipulan:

PRIMERO. Que el club de Fútbol Barcelona hace expresa renuncia a favor del Real Madrid Club de Fútbol de todos cuantos derechos le correspondan, a tenor de lo que se perceptúa en el apartado a) del acuerdo antes referido, sobre el jugador don Alfredo di Stéfano, el cual, a partir de este momento, dependerá de la exclusiva disciplina del Real Madrid durante los cuatro años de vigencia del acuerdo antes citado.

SEGUNDO. Que el Real Madrid Club de Fútbol en compensación a esta renuncia de derechos se compromete a reintegrar al Club de Fútbol Barcelona, la cantidad de CUATRO MILLONES CUATROCIENTAS MIL PESETAS, importe de los desembolsos efectuados por el Club de Fútbol Barcelona, más los intereses del pago aplazado en parte que corresponde satisfacer al Real Madrid Club de Fútbol.

El Real Madrid abonó esos 4.400.000 en cuatro plazos, el último de ellos el 31 de julio de 1955.

Presentación en Madrid: 23 de septiembre

Yo me adapté enseguida al Madrid. Y es que, tal y como se dieron las cosas, tenía que adaptarme rápido sí o sí. La adaptación mía aquí fue la siguiente: llegar de Barcelona —cuando se arregló todo—, un miércoles a la mañana, en el tren que llegó a las diez y media a la estación de Atocha, con la familia y todo, en coche-cama; irme a pasar la revisión médica; ir a comer y, después de dejar a mi familia en el hotel Emperatriz, ir a la cancha a las tres y media de la tarde y ponerme a jugar un partido sobre las tres y media o cuatro en el Bernabéu. Así fue como me presenté contra el Nancy, sin tiempo para nada. Ni había entrenado, ni venía entrenado, ni nada por el estilo. Así que el asunto era salir adelante como fuera. Y cuando se hace una cosa así, por lo general, uno fracasa. Lo que pasa es que he sido siempre una persona valiente y he tirado para adelante, y me la juego, porque, en una situación así, más de cuatro se quedan parados y dicen: "No voy yo aquí".

En aquel momento, además, para mí era una situación comprometida. Porque después del follón que se había armado con lo de no firmar por el Barcelona ni por el Madrid, y de tanto tiempo esperando una situación de esta naturaleza, de la noche a la mañana tuve que venir de Barcelona a jugar. Y eso de venir a la mañana y jugar a la tarde no se hace ni estando al cien por cien de preparación física.

Nunca olvidaré la fecha: 23 de septiembre. *Vini, vidi vinci.* ¡La madre que lo parió! No sabía dónde me había metido. El equipo, además, no era el titular del Madrid. Era un equipo que estaba en formación, en fase organizativa. No conocía a nadie, estaba agotado del viaje, fuera de forma, porque en los últimos meses no me había entrenado con regularidad. Si hasta estaba nervioso. Pensaba en la familia, en que les había dejado en un taxi en la puerta del hotel y no había hablado con ellos en todo el día.

El partido se había montado, yo creo, en cuarenta y ocho horas para presentarme y sacar algún dinero. Pero bueno, me presenté y ya estaba a punto. Las prisas vendrían de que la Liga ya estaba en marcha. Perdimos (2-4). El Nancy tenía un gran equipo. Jugaba Tacoronte y Pientoni y *Toto* Lorenzo, al que yo conocía de Boca y que luego fue entrenador del Atlético de Madrid. ¡Y yo de la estación al campo de juego! No jugué bien, pero marqué un gol de cabeza. Ahora me tocaba esperar al siguiente partido.

Lo de Nancy fue el miércoles, y el domingo tuve que jugar contra el Santander en la Liga. Menos mal que el partido fue en casa y no tuve que viajar. Ganamos 4-1. Y volví a marcar. Todavía andaba medio desorientado porque no conocía a los contrarios, ni a los compañeros, ni sabía cómo pensaban, pero bueno.

[El Madrid alineó en ese primer partido a Cosme, Gabriel Alonso, Campa, Seoane, Muñoz, Serrano (después Goñi), Atienza, Sobrado, Di Stéfano, Rodríguez (después Wilson, después Marsal) y Arsuaga. Di Stéfano, recién llegado de Barcelona y tras una larga inactividad, jugó con 78,900 kilos de peso. Su peso-forma a lo largo de su carrera osciló entre los 73 y los 74 kilos. Dejó algunos destellos, pero la impresión general fue de duda.]

El Real Madrid de los años cincuenta

Entonces existía ya el mito de que el fútbol en América era más técnico y en Europa mucho más rápido, pero conmigo no tenía nada que ver, porque yo era rápido. Así que conmigo no iba. El asunto era entenderse con los compañeros, porque el fútbol no se juega individualmente, se juega en colectivo. La colectividad hay que hacerla a base de entendimientos personales entre los jugadores, el hablar, el conversar, el charlar, el estar, no es sólo cuestión de ir a entrenar todos los días, es cuestión de convivir. Y ahí sale el entendimiento cerebral de los individuos, se sabe cómo respira el compañero, se sabe cómo funciona, sabes los movimientos, cómo se apoya, dónde mira... En fin, hay que adaptarse a eso y, para eso, se necesita tiempo. Pero bueno, yo me adapté. Llegué para hacer goles y tratar de hacerlo lo mejor posible, y me salió.

El Madrid que encontré era un equipo que llevaba muchísimos años sin ganar la Liga, desde antes de la guerra española, nada menos. Pero yo no pensaba en eso. Pensaba en que era un equipo de la capital de España, un equipo con un estadio extraordinario, un club de prestigio por el que habían pasado grandes jugadores. Todo eso nos obligaba a ser los mejores. Yo realmente llegué acá en plan de hacer un gran papel. No venía a llevarme el dinero porque sí, venía a triunfar.

En ese sentido, a mí siempre me pasó lo mismo. Yo el dinero siempre lo dejé en segundo término y, quizá, esa fue una de las grandes equivocaciones que he tenido. Nunca tuve un ayudante ni un *manager*, ni nada por el estilo para que me orientara. Así que a mí me engañaban con cuatro palabras en ese aspecto. Pero bueno, vine por dos años, firmé por cuatro, y estoy hasta ahora, que han pasado casi cincuenta. Así que se conoce que, aunque a veces me quejo, tan mal no me ha ido.

Sin embargo a veces pienso que yo le di más al fútbol que el fútbol a mí. Jamás he tenido ningún problema de abanderamiento, a mí no me gustaba tener bandera ni nada. A lo mejor ganaba el título, sí, me daba alegría, pero no explotaba los títulos que podía ganar. Sí me gustaban, porque la alegría era del público y los aficionados, estaban contentos, y eso tal vez me daba más alegría que mi propia satisfacción personal. Por eso nunca me aproveché de la circunstancia de que yo fuera un gran jugador para sacar beneficio en propiedad, venciendo los contratos. No usé a mis compañeros para ganar dinero, porque esto es una colectividad, no es una cosa individual.

Los viajes eran en tren y en autobús. En tren, coche-cama los viernes, y los viajes más cortos que había, a Zaragoza o Valladolid, y más o menos de allí para acá, en autobús. Avión había muy poco, casi nada, y eso me gustaba, porque yo de Colombia regresé horrorizado del avión. Creo que en la Liga no cogíamos ni uno, porque acá en el invierno había dificultades y los aviones no eran los de ahora. El tren era lo más seguro, el coche-cama. El viernes ya estaba concertado, porque de una jugada hacían dos: llevaban el equipo el viernes y ya lo tenían concentrado.

El coche-cama no es que sea como un hotel, pero se duerme, se descansa. Por lo menos te acostás, estás tirado, agarrás un libro, leés un poco, un periódico, te dormís, después te despertás y otra vez te dormís... El coche-cama, una vez que te acostumbras, sí es cómodo, te acostumbrás al ruido, al traqueteo.

En la primera época me llamó la atención que eran flojos los estadios. En comparación con los que había jugado antes, porque yo cuando vine aquí tenía veintiséis años, los estadios aquí no eran buenos. Estaba bien el Bernabéu, y Las Corts, aunque era pequeño, y alguno más. Pero casi todos eran tipo los antiguos de Argentina, aunque fueron mejorando rápidamente.

Recuerdo que enseguida hicieron el Camp Nou, que era un estadiazo, y todos mejoraron pronto. Y el Bernabéu también. Bernabéu cada vez que agarraba plata la convertía en cemento para hacer más plata. Y luego fichaba otro jugador para llevar más gente, y con lo que volvía a ganar agrandaba el estadio. Y así siempre.

Chicote: elegancia sin alardes

Era una España que salía de la posguerra y empezaba a mejorar muy rápidamente. La gente que pintaba se reunía en unos pocos sitios. En Chicote, por ejemplo. Chicote estaba en todo, trataba a toda la gente y viajaba con nosotros en los partidos de la Copa de Europa, como Padilla y unos cuantos más. Eran la peña El Hongo.

En el bar de Chicote paraban los intelectuales, los artistas, las cantantes, los toreros. Entonces eran los años de Tono, Tita Montes, Dominguín, Ordóñez, los hermanos Girón, Bienvenida... Y estaba también el restaurante Valentín, en la plaza del Carmen. Era de Félix Fernández, *El Chuleta*, otro madridista a cien. Esos y el café Gijón, que sigue ahora, eran los lugares en los que se veía la gente de moda.

Nosotros entrábamos también un poco en ese mundo, porque todo empieza con que de vez en cuando te invitaban a alguna comida y, como siempre que pasan todas estas cosas, tú empiezas a conocer gente. El equipo empezaba a funcionar bien y, claro, llamaba la atención en ese momento el Real Madrid, tantos años sin haber sido campeón... Entonces el Madrid estaba de primera figura aquí. También nos reuníamos con el entrenador, que era Enrique Fernández en esa época. Nos reuníamos y hacíamos comidas, teníamos una gran amistad con los empleados del club, cada mes o así íbamos a comer a un restaurante como tres o cuatro jugadores que íbamos con doce o dieciséis empleados. No había más en el Madrid entonces, e íbamos todos. Y comíamos... Nosotros nos llevábamos muy bien con los empleados del club, nos llevábamos fenómeno. Era muy interesante porque había un gran compañerismo. Después te solucionaban todos los problemas que pudieras tener de trámites por venir de otro país, porque nosotros no conocíamos bien cómo iban esos asuntos de los trámites, y ellos te ayudaban.

Funcionaba bien el club, sobre todo Saporta. Era como un hermano mayor para mí, y eso que yo era mayor que él, y nadie lo podía creer. Estaba atento a todo, para ayudar al futbolista en la vida civil, porque el futbolista casi siempre está metido en lo suyo y fuera de eso se despista o le pueden engañar. Y él estaba para todo: para un papel, un permiso, el colegio de los niños, el dinero que va llegando, en qué ponerlo, era bárbaro Saporta.

Mi contacto con Argentina entonces eran las cartas. La gente escribía mucho, porque en aquella época llamar por teléfono era una aventura. Pedías una conferencia y lo mismo te tardaba tres días; y para colmo, cuando te ponían, lo mismo habías salido de casa un momento y perdías la vez. Así que había que comunicarse sobre todo por carta.

Yo estaba tranquilo, porque el viejo iba teniendo noticias mías por los periódicos y ya sabía cómo iba la cosa y que iba todo bien. Lo pasaron mal antes, cuando estuve en el Barcelona, porque la cosa no cuajaba y luego supe que ellos llegaron a estar preocupados. Porque los viejos, cuando llegó la oferta del Barcelona, me habían animado: "Andá, Alfredo, y si no sale bien al menos habrás hecho a Europa un viaje de placer". Pero Sara y yo teníamos ya dos niñas, y con dos niñas no hay viaje de placer. Pero a mi viejo yo creo que le gustaba la idea de que yo hiciera carrera de jugador en Europa, y le daba algo de pena que después de lo de Colombia hubiera dejado el fútbol. Por eso me animó. Y por eso también le alegró que saliera bien.

Vinieron a pasar unos meses cuando nació mi hijo Alfredo, el primero que nacía en Madrid. Eso fue en 1955. Yo no había vuelto a Argentina, porque las vacaciones no eran largas y además el avión con las niñas imponía mucho. Entonces ibas en el DC-3 o en el DC-4, que iban dando saltos por donde podían, y lo mismo tardabas treinta y seis horas entre Madrid y Buenos Aires. Pero los viejos llegaron y lo pasaron bien, y ahí Saporta también estuvo hecho un fenómeno, atendiéndoles y todo eso.

De aquellos años recuerdo también que al principio no podía comprar un coche, porque Bernabéu decía que no se podía fanfarronear aquí. Así que estuve dos años y pico sin coche. Bernabéu decía que los socios del Madrid eran gente de trabajo, la gente del Madrid humilde, y que teníamos que demostrar que éramos de la misma causa que la gente, y no poner los dientes largos al pueblo. Había pocos que tuvieran coche. Uno tenía un Balilla, otro el Citroën aquel que se usaba para los taxis, que era muy bueno... Pero a Bernabéu no le gustaba. Así que yo cogí una casita cerca del Bernabéu e iba andando. Y cuando tenía que moverme por Madrid, iba en taxi o en el tranvía. El taxi te salía a nueve, doce o trece pesetas. Según adónde fueras. Pero yo caminaba mucho, era muy buen caminador. Siempre me gustó y venía bien para estirar las piernas.

[Di Stéfano se compró su primer coche cuando ya llevaba dos años en España y había ganado su primera Copa de Europa. En ese momento Bernabéu estimó que ya se había ganado el derecho a llevar un coche sin que la gente lo viera mal. Se compró un Mercedes 180 y un Seat 600, un modesto utilitario de la época, que utilizaba más a diario.]

Las carencias de la España de la posguerra

España vivía entonces un poco aislada del resto de Europa. Tenía comunicación con América, pero América es muy lejos. Había mucha gente de luto, por tantas desgracias que hubo aquí en el país. Indudablemente había gente que estaba sentida... Y se notaba que faltaban algunas cosas, porque las importaciones y las exportaciones eran muy lentas y algunas mercaderías no llegaban.

Yo no tuve problemas aquí en España para la comida, porque Sara hacía la comida en casa según la dieta internacional: pasta, verduras, pescado y carne. Así que llegaba para tener un surtido de todos los colores. Pero cuando íbamos con el equipo, por lo general, el plato firme de último era un filete o un bife de carne con puré de patatas, que está riquísimo, y después había siempre fruta, postre, tarta, lo que quisieras.

Problemas de comida no existían para el que tenía dinero, pero para la gente humilde, sí; indudablemente se tenía que limitar, porque los sueldos eran bajos también. La gente hacía milagros. Bueno, hacía milagros como hace aquí mucha gente ahora. O quizás ahora más que antes, ¿quién sabe?, porque la ventaja de estos países, por ejemplo España o Italia, que son los que yo más conozco, es que siempre la gente que mejor come es la de los pueblos. En los pueblos, por más que digan, se come de maravilla. Porque siempre tienen cultivadas unas verduras o la matanza, chorizos siempre hay... artículos de cerdo hay a montones, y en el norte no digamos nada del asunto vacuno, porque hay buena carne. Los lugares más sobrios eran Andalucía, por ejemplo; Canarias, pero tienen otra clase de comer, los fritos. Hasta que empezó la producción de pollos, aquí comía poca gente pollos. En fin, en líneas generales, uno hacía lo que podía, en la medida que podía elegir.

Sin embargo, sí tuve otro tipo de problemas relacionados con la alimentación. Me salió una urticaria terrible por tomarme una lata de conservas en mal estado. No me di cuenta y me duró la urticaria casi tres años. Estuve durante tres años con un régimen de comida a base de jamón de York y pollo, pollo y más pollo, jamón y verduras, por ejemplo, espinacas y acelgas... Tenía unos habones impresionantes. Si me agarraban los tobillos, se me inflamaban, y los brazos. Lo peor de todo era si me agarraban la cara, me deformaba. Entonces no sabíamos de dónde venía, no se sabía de dónde provenía.

Los médicos no me lo localizaban. Me hice revisar en todos los lados. En una gira que hicimos por Estados Unidos, me vio el doctor Castroviejo, el doctor famoso de la vista, que fue uno de los grandes médicos de España y también en el extranjero. Ejerció la medicina en Nueva York. Me dijo que a ver si podía ser una urticaria de la vista, porque la urticaria no se sabía de dónde provenía, si del polvo o de cualquier otra cosa. Y resulta que me lo encontró un médico de niños, el doctor Barreiro, que fue un médico fenomenal con los niños de los jugadores de fútbol. Fue un médico ejemplar, que se preocupaba. Si tenías un problema de medicina general, también te podía recetar. Y él fue quien me dijo: "Mira, Alfredo, como estás con un constipado así grande, no te puedo poner una inyección". Así que me dio un jarabe para la tos y para esto, y resulta que me tomo el jarabe y que no me sale el picor, y al otro día tampoco, y al otro tampoco. Me fui dando cuenta de que con el jarabe se me iba pasando. Y le digo a mi señora: "Andá a la farmacia a comprar una docena de estos frascos, no vaya a ser que se terminen", porque el sufrimiento que tuve fue impresionante, buscando por todos los lados. Si vi a quince médicos, es poco.

La culpa resultó ser de la flora intestinal. Ya me lo había dicho a mí el doctor Oliver Pascual desde el principio: "Alfredo, ¿no será intestinal? Tómate unas ampollas equis para contrarrestar". Yo las había tomado dos días pero, al ver que no hacían efecto, las dejé. Y la verdad fue que aquella lata de atún en conserva me había arrasado la flora intestinal. ¡Cómo será que a mí que me encanta el atún, que lo como mezclado con cualquier cosa, cuando veo que lo ponen en un plato, ni lo toco! Me ha quedado desde entonces aquella impresión.

Pero bueno, me tocó a mí, como le tocó al pobre Zágarra, que cuando estaba de gerente del Alavés invitó a cuatro en Vitoria a comer y no se murió de milagro. Y me lo contó él: "Alfredo, casi la palmo". Estuvo gravísimo por culpa de unas setas. Y resulta que de los cuatro que comieron allí, le tocó a él. Y a mí lo del atún. Y después de tantas vueltas, resulta que un jarabe me lo quitó, sí. Y al mes, cuando la flora intestinal se niveló, ya no tomé nada.

Soy un poco propenso a la urticaria de familia; por ejemplo, me pica un mosquito y me deja una roncha grande. Hay gente que le pica un mosquito y no le pasa nada. Y a mí me pica un mosquito o una pulga y me rasco y me estoy dos o tres días con el asunto del picor ese. Así que cuando estaba en el campo con mis padres, que tenían producción de miel, que tenían colmenas de abejas, y había que hacer después la recolección, sacar paneles, sacarles la miel con un cuchillo de vapor y todo eso, yo sufría... Me tuve que manejar en todos los sentidos, en el campo sabíamos de todo y hacíamos todo. A las abejas íbamos tapados enteros, porque se te metía alguna avispa por algún lado y no veas, saltabas, y a mí me hinchaba. Le decía a mi padre: "Por favor, papá, que con las abejas déjame ya". Mi padre tenía doscientas colmenas. Era un negocio, porque se vendía muy bien la miel.

Los jugadores y las aficiones

Pero vuelvo al fútbol. Había buenos jugadores en España entonces. Estaba Kubala en el Barça, que era un fenómeno. Muy buen amigo mío. Desde que llegué al Barça, despistado, y se portó muy bien conmigo, siempre ha sido como un hermano. Era un tipo fuerte, no le tiraban ni con un cañonazo. Tuvo una tuberculosis muy grave, y parecía que tenía que decir adiós al fútbol, pero se recuperó. Además en el Barça tenían a César, un interior muy bueno, que cabeceaba bien; a Basora de extremo derecho; al otro lado, a Manchón y, por atrás, andaba Segarra, muy bueno, muy fuerte y muy seguro. Estaban muy bien armados.

El Atlético, por su parte, tenía unos canarios fenomenales. Los canarios jugaban muy bien, todos, como Silva. Tenían también a Escudero, y luego llegaron Collar y Peiró, que eran fenomenales. Y estaban los Lesmes, en el Valladolid, dos buenos defensas. En Andalucía estaban Arza y Ramoní, y Antúnez, uno que pasó del Betis al Sevilla y se armó la gorda —me contaron—. Después, también estaba Parra, un central del Español que jugaba muy bien, con mucha clase, en una época en que los defensas centrales no eran así.

Pero a mí me gustaba el Athletic de Bilbao, porque tenía un sello especial que me recordaba al River. River había fichado, en tiempos, a jugadores de fuera, pero luego, ya en mis tiempos, se dedicó al vivero y siempre sacaba jugadores fenomenales. Me gustaba el Athletic porque tenía la virtud de que todos los jugadores eran de la casa, y eran fenomenales. Tenían a Gaínza, a Panizo, que jugaba muy inteligente, a Arteche... Pero sobre todo tenía un sello.

En el Madrid apareció conmigo Gento. La gente se metía con él, pero lo de Gento se veía en los entrenamientos. Tendría unos diecinueve años y, aparte de su gran velocidad, tenía también una buena técnica; pero en el campo era un muchacho que en esa época era introvertido. Había venido del pueblo y se encontraba fuera de ambiente. Más adelante, cuando empezó a encontrar su lugar en Madrid, después del primer año, ya se hizo —tanto individualmente como colectivamente— un jugador de primerísima categoría, el mejor extremo izquierdo que he visto en el mundo. También estaba Molowny, que era un jugador de área de una gran movilidad y un gran driblador, un jugador con muchos amagues y con mucha clase, con todas las características de la escuela canaria. La gente le tenía un cariño bárbaro, porque había demostrado lo que era el buen juego. Cuando llegué yo, me dijeron que tenía una operación de pubis, y yo no sabía lo que era ni pubis ni nada, pero eso le había mermado un poco, le había quitado potencia a una de las piernas.

Adaptarme no me costó, pero sí noté que había más preparación atlética. Los defensas no eran malintencionados, pero sí contundentes. Había algunos que iban con todo, como Linyera al tren,* así que yo prefería los defensas blandos, elegantes, los que jugaban bien. Esos pueden driblarte a ti, pero tú puedes driblarles a ellos. Siempre te pueden dar una oportunidad. Para el delantero, esos son mejores que los que te meten hierro todo el partido: estacazo va, estacazo viene.

En las malas yo me acordaba de una máxima del Martín Fierro, que dice: "Yo soy toro en mi rodeo y torazo en

---

* Modismo argentino.

rodeo ajeno", para demostrarles que no me achicaba. Algunos decían, como disculpa, cuando íbamos fuera: "Es que de visitante es más difícil ganar". Y yo protestaba: "Será para el burro, yo soy toro en mi rodeo y torazo en rodeo ajeno". Y a los rivales les decía: "Y no me hagan cabrear porque si me empiezan a pegarme y a gritar, me enfado y entonces es peor, porque entonces me enfurezco más yo". Así que a mí en realidad me venía bien que me gritaran en otros campos, porque cuanto más chillaban más me animaba y me venía arriba, porque pensaba, "si gritan es que les estoy haciendo daño", y yo seguía yendo con todo al balón y a por el gol. Y así tiene que ser.

Había ambientes distintos entonces. San Mamés, por ejemplo, tiene la escuela del norte, que es gente que entiende de fútbol, porque han tenido épocas muy buenas, con un fútbol tirado a la inglesa, y una característica de un juego de balones largos, pero no exento de técnica y calidad. Saben jugar, saben colocarse en el campo. La gente del norte, si va el visitante, juega bien y gana, sale tranquila; si hacés una exhibición, te aplaude. Por lo general, la gente sabe reconocer el mérito: "Ha perdido mi equipo, ¡pero bueno!, vine a ver un partido..." Y sale conforme.

En otros lados, en cambio, no quieren perder ni a garrotazos. Un campo difícil era el del Sevilla. Hasta piedras tiraban. O te tiraban una botella o tiraban lo que fuera... Era gente más exaltada, pero sólo en el campo. Por la calle o en un bar, te encontrabas y no pasaba nada. Gente simpática y acogedora. Pero cuando entraban en la cancha, vivían otro mundo y perdían los papeles. No todos, pero una gran mayoría. Era el fanatismo.

Con Barcelona había rivalidad, pero también porque siempre hay gente a la que le interesa calentar las cosas. Yo fui invitado una vez a jugar con una Selección catalana, contra el Bolonia, y la delantera éramos Basora, Kubala, yo, Villaverde y Moll. Los de atrás eran todos del Español. Ganamos 6-2 y nos aplaudieron a rabiar. Fue un gran partido que la gente recordó por mucho tiempo. Pero bueno, en la vida hay buenos jugadores, regulares y otros malos. Lo mismo sucede con la Prensa: hay buenos, regulares y malos periodistas.

Buenos, regulares y malos periodistas

Yo fui testigo de ello una vez con el Barcelona. Jugaban un partido de Copa de Europa contra el Wolverhampton y un periodista inglés me preguntó por el Barcelona. Yo hice una declaración que no era más que elogios a lo bueno que era el Barça. Pero entonces, otro periodista lo traduce y lo interpreta como que yo soy un chivato y he dicho a los ingleses cómo jugaba Kubala, cómo jugaba Flotats, cómo jugaban este y el otro... Y a los pocos días teníamos que jugar nosotros en Barcelona.

Siempre había una pica, bueno, era lo normal; pero esa vez era ya exagerada. Había una pancarta de media tribuna que decía: "No queremos chivatos aquí". Y al salir al campo había una bronca como para tirarte al suelo. A mí no me achicó. Yo me agrandé; primero, porque no había hecho ningún mal; segundo, porque no podía estar toda la vida explicando las cosas que se inventaban otros en nombre mío. Y es que hubo cada historia de las mías que, al final, para no discutir, yo decía: "Bueno, está bien", y me las llevaba a la espalda. Para colmo, tenía muy buenos amigos en el Barcelona. Además, ¿a mí qué me interesaba?, si después, por más que le cuenten al técnico, le entra por un oído y le sale por el otro. A los adversarios hay que verlos jugar, no que te lo cuenten.

Todas esas cosas sirven para tener una referencia, pero al jugador, hasta que no lo veas y sepas cómo juega, no lo conoces. Y sobre la marcha tienes que dilucidar todo el panorama. El jugador tiene que ser la prolongación del técnico en los partidos, y si no hay por lo menos tres o cuatro jugadores en el campo con capacidad para hacer un cambio de orientación en el transcurso del partido, ¿qué van a hacer?, ¿darse vueltas a preguntar al entrenador qué tiene que hacer? Esos son jugadores mediocres. Siempre en un equipo tiene que haber tres o cuatro jugadores que orienten a sus compañeros. Pero bueno, el fútbol es complicado y da lugar a equívocos.

Hubo otro caso por el que en Bilbao estuvo la Prensa años contra mí, y hasta me quitaban el nombre. Ponían la delantera y ponían por ejemplo: Kopa, Mateos, X, Rial y Gento. O decían: Kopa, Mateos, Rial y Gento con el delantero centro de costumbre. Y si metía yo el gol, decían "gol del nueve", y si a lo mejor ponían que la jugada era buena, no ponían mi nombre.

Aquello empezó por un partido que jugamos con la Real nosotros en San Sebastián. Termina el partido, estamos en el vestuario y resulta que había un barro bárbaro y frío. Recuerdo incluso que en el pequeño vestuario que había en el campo de la Real Sociedad ponían unas tablas a los pies, las típicas cuatro o cinco tiras de madera, para poner los pies. Pues bien, termina el partido, te sientas y estás todo embarrado, barro por todos lados y los dedos fríos. Y como los cordones de los zapatos están muy bien atados para no estar parando en el partido, te cuesta un trabajo tremendo. Y eso no puede ser, eso es estar fuera de tono de lo que es el encuentro, perder el hilo del partido.

Entonces, en ese momento, viene un joven —no sé qué años tendría, ya ni me acuerdo— y me dice: "¿Usted se cree un Dios?" Yo le digo: "¿Qué decís?" Y contesta él: "Bueno, un semidiós". Yo no sabía a qué venía eso, pero el tipo vino así, en seco. Ni "buenas", ni "tardes", ni nada... Porque antes podían entrar en el vestuario los periodistas y te preguntaban allí mismo. También estaban nuestros directivos, Lusarreta y Méndez Vigo, y el técnico.

Estábamos sacándonos la ropa, me acuerdo como si fuera ahora. El Madrid tenía 1, 2, 3, 4, 5 y 6 por un lado, de la pared que da a la calle, y del otro estábamos 7, 8, 9 10 y 11, la delantera. Y vino el individuo y me preguntó que si me creía un dios, y después un semidiós. Tuve que constestarle: "Déjeme tranquilo que estoy todo embarrado, tengo frío". Siguió insistiendo. "Mire, váyase al carajo y déjeme tranquilo. No insista, porque al final me voy a sacar el zapato y se lo voy a tirar" —le decía—. Porque esto ya está bien."

Entonces se va, agarra al portero, a Juanito Alonso, y debió de meter la pata también con él, porque salía rebotado en todos los lados. Nos dijimos: "Bueno, este está afectado", porque el partido lo ganamos (no sé si 1-0 o 2-1) de casualidad porque era un barrizal el campo. Era la época en que la Real ponía a propósito los campos así. Después, cuando empezó a sacar los jugadores de clase, cuidaban el campo que daba miedo, pero en aquella época el canchero que tenían ellos, Amadeo se llamaba, hacía unas faenas bárbaras. Lo encharcaban todo y a Gento le picoteaban el terreno de la parte izquierda para que no pudiera correr, y embarraban la parte central donde estábamos nosotros.

Ellos, con el pase largo, con el golpeo de pelota que están acostumbrados desde la playa, que le pegan con el nudillo del empeine, y le pegan bien a la pelota y la despiden a larga distancia, se apañaban mejor. Nosotros dábamos diez pases y no pasábamos treinta metros. En cambio ellos, con un pase, te metían cuarenta metros. Esa era la diferencia. En medio campo ellos no jugaban prácticamente.

Tenían esa técnica que anulaba el medio campo del adversario. A pesar de todo, ganamos. De milagro, pero ganamos.

Entonces, cuando nos terminábamos de duchar, para ponernos los pantalones nos subíamos arriba del asiento, para no embarrarnos con todo lo que quedaba en la tablilla. Te subís arriba del asiento y te ponés los pantalones y te arreglás, vamos, después te ponés los zapatos y listo para salir.

Estábamos de pie ahí y uno de los nuestros le tira al tipo una toalla, porque seguía hablando con Méndez Vigo y Lusarreta, los directivos, como quejándose de que no le hacíamos caso. La toalla fue a unos cinco o seis metros de distancia y le rozó en el hombro. Él se cayó y se fue contando que le habían pegado un toallazo y que había sido yo.

Tuvimos que ir a declarar al sindicato de los periodistas, con Juan Aparicio que estaba de presidente. Le dije que yo no había sido. Él insistía: "Dime quién era". "No, averíguelo, yo sé quién es pero no lo voy a decir ni lo pienso decir nunca; si no lo declara él, qué le voy a decir yo... No voy a chivatear a un compañero, ¿no?" Así me eché todo el tema sobre la espalda, y no había sido yo.

El caso es que me culpabilizaron y el periodista aquel era de Bilbao, no de San Sebastián. Por eso el problema fue con la Prensa de Bilbao. Él publicó que yo le había pegado con una toalla mojada, y lo peor es que se lio aún más después porque el *Abc* también recogió el suceso.

Al club llegó un aviso de Estoril, de don Juan de Borbón, preguntando qué había pasado. En el club le dijeron la verdad, que yo no había sido. Entonces él llamó al *Abc* reprochándoles que me hubieran acusado y les dijo que me debían pedir disculpas.

Tuvo que venir el director del *Abc* a mi casa. Yo no estaba, estaba mi señora. Vino a casa y trajo un sobre pidiendo disculpas y mi señora lo atendió, pero ella tampoco sabía quién era, se creía que era un mandado, y resulta que era el director que venía en persona. Mi señora lo despidió con cajas destempladas, diciendo que antes de dar una noticia de esta naturaleza tienen que averiguarla bien. Pero al final, como siempre, queda la duda y, cuando sale una noticia, vos la querés contestar, y ya no tiene el mismo valor. Como siempre, hay unas personas que la leen y otras que no; algunos que dicen que sí y otros que no. Pero al final, el perjudicado fui yo.

Pero es curioso, años más tarde, en San Mamés viví el recibimiento más bonito que he tenido. Fue con el Valencia, cuando fui de técnico. Salí, me fui a poner en el banco, me empezaron a aplaudir y tuve que saludar. Una demostración de afecto. Y en San Sebastián tengo cuarenta mil amigos, y ahora voy a la Tamborrada y me dan el Tambor de Oro. Así pasa en la vida.

Algunos hinchas

Volviendo a lo de Bilbao, la verdad es que había un pique sano. Ellos tenían un equipazo en aquellos años en que yo llegué, todos internacionales por España: Carmelo, Orúe, Garay, Canito, Mauri, Maguregui, Arteche, Marcaida, Arieta, Uribe y Gaínza. Todavía te encuentras gente por toda España que recita esa alineación, y eso que han pasado casi cincuenta años...

Ellos se hacían de menos. Decían que eran once aldeanos, pero vaya aldeanos. En 1958 nos ganaron la final de la Copa en el Bernabéu por 2-0. Me acuerdo aún... Sacan de banda por el lado de salida de los jugadores al campo y la pelota va al medio del campo. La acomoda Mauri un poco y le manda un zapatazo de unos treinta o treinta y cinco metros y... ¡pumba! ¡Dentro! ¡Un golazo! Fue Mauri. Mauri corría que daba calambre. El segundo lo hizo Arieta, el delantero centro. Ignacio Arieta, que luego tuvo un hermano que también jugó, pero era mucho más joven. Ese jugó cuando yo ya no estaba, o me estaba marchando.

Un día fuimos a jugar a Vitoria un partido —que ganamos 2-0—, y Berasaluce estaba con ellos, aunque después vino al equipo nuestro. Tenía el Alavés un equipito muy apañado, con un extremo izquierdo chiquito, amigo mío, que le llamaban el Pichi, que ahora tiene un bar en Vitoria. Salimos de Madrid el viernes y llegamos el sábado a la mañana a la estación de allí, y había una fila de gente esperando, como siempre en todas partes. Algunos pedían un autógrafo, otros habían ido para mandarte a la mierda...

Había además una fila de gente, de esta gente vasca fuerte, que estaban mirando. Eran trabajadores, seguro, del ferrocarril de ahí, de carga y descarga... Los muchachos bajaban por delante del vagón, y entonces yo miré por la ventanilla y bajé por el otro lado con otro, por la parte de atrás. Pasamos arrimados a la pared, como a dos o tres metros del grupo aquel de hombres, y escuchamos a uno que le decía a otro: "Mira, ahí está la Legión Extranjera".

Disimulé para que no me vieran, pero pensé: "¡Qué razón tiene!" Porque estaba yo, estaba Domínguez, Santamaría, Kopa, tal vez Didí... Puskas no estaba aún. También Rial, que, aunque era español porque el padre era de una aldea gallega, había nacido en Argentina. Pero claro, para la gente del fútbol de acá también era un argentino como yo.

También nos quitó una Liga el Athletic en uno de esos primeros años. Y me acuerdo de otra que nos quitó el Barça por *golaverage*. Y fue por uno de los últimos partidos, porque antes se dividía, no se restaba, entonces había que dividir los goles en contra y los goles a favor. Si hubiera sido como ahora, o sea, sumar y restar, ganábamos nosotros. Pero en la división íbamos mal, porque si el Barcelona tenía 24 goles en contra, nosotros llegábamos a 34; y si nosotros teníamos 90 goles a favor y ellos tenían 72, hacían la división y ganaban ellos. Necesitábamos ganar en Granada por 4-0 por lo menos, y que el Barcelona no hiciera nada. La cuenta más o menos, exactamente no sé, pero sí sé que teníamos nosotros una división mala de goles, porque quedaba otro partido, un partido más o dos, y había poco remedio.

Y vamos a Granada a golear y resulta que, al poco, nos metió Arsenio un gol de media cancha. Domínguez le cede la pelota con la mano a Gento, que vino a recogerla atrás, se la tiró con la mano y Gento, a gran velocidad, se va de uno, se va de otro, pero lo obligaron para el medio, le taparon la banda, se metió para el medio y, como iba siempre apretado con velocidad, se le adelantó la pelota y, en medio de la cancha, Arsenio le quiso reventar la pelota contra él, para ver si lo podía reventar, y salió un castañazo, y a Domínguez, que estaba mirando, claro, lo agarró la pelota por el medio del camino y salió corriendo hacia portería. La pelota pega en la arista del travesaño de abajo, le pega a Domínguez y se va adentro. Nos queríamos morir. Total, que íbamos a golear y al final del partido estábamos 3-3. Entonces, en el último momento, Marquitos de cabeza hizo el gol, en un córner, y 4-3 ganamos. Pero se nos vino abajo el *golaverage*.

Recuerdo que estaba Samitier de secretario técnico y le decía a Domínguez después del partido —porque Domínguez era un desfachado en el buen sentido de la palabra—: "Pirulo —porque le decíamos *Pirulo*—, ¿qué ha pasado?" Y él le contesta: "Pepe —*Pepe* le decía—, este gol no lo tenía en mi haber". Lo queríamos matar. El tipo lo tomaba de broma.

Y así, 4-3. De aquel partido recuerdo siempre cuando salimos del recinto del campo en el autobús. Era difícil porque la calle era medio angosta y le costaba maniobrar. Nosotros estábamos charlando, ya sentados en el autobús. Yo me senté en el último asiento, y ¡zas!, me tiraron un botijo. Pegó en el cristal, yo estaba de costado y tapado con una barra fija de esas de hierro, y los cristales pasaron por delante de mí. A un amigo mío, que había venido a ver el partido y era de la Legión, le entró un cristalito en el ojo. Menos mal que el masajista se lo sacó y no se lastimó. Le dije inmediatamente al chófer del autobús: "¿Será posible? ¡Salí de aquí, por tu vida!" ¡Qué fuerza tenía que tener aquel tipo, una fortaleza bárbara, para meternos el botijo ahí!

Después de todo, al final íbamos emparejados a puntos con el Barcelona, como estaba previsto. Helenio Herrera

era el entrenador. Y efectivamente, ellos salieron campeones por *golaverage*. Tenía un equipo bárbaro el Barcelona, con Kubala, Kocsis, Suárez, Villaverde, Evaristo, Eulogio Martínez, Czibor, Tejada... Todos delanteros sensacionales. ¡Para hacer dos equipos!

Cuidado con la ropa negra

Yo procuraba evitar los problemas, pero por lo general hablaba mucho y los árbitros me llamaban la atención en demasiadas ocasiones. Un día le dije a uno: "Pero oiga, árbitro, ¿qué quiere que le diga? ¿Qué quiere? ¿Que juegue con un esparadrapo en la boca? Así yo no puedo jugar, no puedo respirar". Yo, cuando juego, comento el partido, y voy hablando. Hablo siempre, es mi característica, relato el partido.

Entonces había gente que me reconocía el derecho a hacerlo, y más o menos iba tirando... El peor problema era en los primeros tiempos, porque cuando algo no entendía le decía al árbitro: "¡Ché! ¿Qué cobrás?" Porque *cobrar* en Argentina es pitar una falta, y ellos entendían que yo les acusaba de haberse dejado sobornar. Y ponían en el acta: "El jugador número nueve..." Y ¡tacatá! Multa.

Yo no sabía de qué venía la multa, pero te venían, de 2.000, de 4.000... Bernabéu me preguntó que qué pasaba. "Mire, don Santiago —le dije—, yo no sé por qué me anotan a mí..." Entonces averiguaron que yo decía que iba a cobrar el árbitro... Yo le expliqué a don Santiago: "Esto es una cosa criolla. ¿Cómo me vienen a mí con estas cosas, si yo no sabía que aquí se dice pitar?" Después ya me fui acostumbrando al idioma y todo se arregló.

De todas formas, hay que tener cuidado con la ropa negra. Siempre hay que tener cuidado, porque no es segura.

Nosotros solíamos decir que hacer el fuera de juego era un peligro de gol. Aunque el linier estuviera escayolado, si tenía a los aficionados a un metro y medio de la banda y le decían que levantara el banderín, te lo levantaba, según la conveniencia del equipo local.

Es normal eso, porque hay que estar ahí al lado de la gente, tener detrás a todos los aficionados, a dos metros o metro y medio, o tres metros, para saber lo que es eso. Porque cuando se juega en esos campos con la pista de atletismo, los árbitros arbitran con una tranquilidad pasmosa, tienen que tener una puntería bárbara para que le tiren una manzana o una naranja.

El árbitro que pase desapercibido es el que hace el mejor partido de su vida. El árbitro tiene que pitar lo que ve y nada más. Pero el reglamento lo dice. Y va y le recrimina a uno, el jugador se da la vuelta y esto... Al final, por protestar salen los jugadores con más tarjetas que por pegar.

Yo no creo que los jugadores de fútbol vayan a pegar intencionadamente para reventar a un adversario, ¿no? Eso es lance de juego, el jugador va a buscar la pelota por lo general. Y si pone las piernas delante para trabarlo, te pega fuerte, te la puede romper, pero si vos tocás y saltás, no te puede pasar nada. Después indudablemente está la picardía para buscar un penalti, como entonces, y después la pierna por delante, pero ahora se tiran cada zambullida espectacular para buscar penalti, en el área. Están buscando entrar en el área para tirarse al suelo. Piensan más en tirarse al suelo que en buscar el gol. Y luego uno patea el penal, lo mete y se sube a la alambrera, como si hubiera hecho una gran cosa. En mis tiempos tirarlo era una obligación, lo marcabas y le decías al arquero: "Perdoname, pero era mi obligación". No lo celebrabas como un gol de verdad, porque no es un gol como los otros. Es una ventaja muy grande.

Ahora es distinto todo. Ahora hacen un gol a los quince minutos de juego y salen ¡zum! Primero hacen el *sprint* más grande del partido, después se amontonan todos, que un día se va a lastimar alguno con alguna lesión grande. Se amontonan un amasijo de jugadores a los quince minutos de juego y, después, ¿qué pasa? Que los últimos setenta y cinco minutos de juego, si el contrario te mete dos, ¿qué vas a hacer con el gol? Te quedas en el molde... Hay que tener cuidado. Tanto festejo, el jugador se tiene que dar cuenta de que en los partidos, hasta que el árbitro no pite el final, no tenés el triunfo asegurado. Se dice: "No cantés victoria aunque en el estribo estés". Pero se hace mucho para salir retratado y salir en la tele. Algunos salen corriendo en esos estadios grandes y saltan una valla, saltan otra valla. ¡Qué ágiles están! Luego les ponés una valla en el entrenamiento y la quieren quemar.

Otro de los problemas es que se dan vueltas. Cuando se ve un jugador que cae al suelo y no se mueve, ¡peligro! Hay que cambiarlo, porque tiene algo, porque puede ser una torcedura de tobillo, una torcedura de rodilla... El tipo no se mueve, ya está... Pero cuando empiezan a dar vueltas por el suelo, todo es teatral. Antes había algunos vivos de esos, pero no tantos como ahora. Hoy día es una cosa de locos. Es parte del invento.

Eso pone en alteración al público de su equipo y perjudica el arbitraje, porque ya lo presionan de tal manera que el árbitro se encuentra en un momento que parece que estuviera él contra cincuenta mil personas. Y eso afecta también la voluntad del árbitro. Yo no creo que ninguna persona del mundo ni ninguna profesión lo quiera hacer mal. Yo no creo que nadie, a no ser que esté comprado, vendido... Ya entonces no entra en el capítulo del deporte.

Nunca he tenido certeza de una compra de árbitro. A veces he visto a algunos hacerlo rematadamente mal, pero siempre pensé que podía ser por temor a la presión; que se trataba de un tipo blando. Hay otros que no son blandos, y esos son los difíciles. Es como los toros. Hay algunas ganaderías en las que hay toros bravos y luego hay otras en las que son bravísimos, y son más difíciles de torear. Es lo mismo en las personas. En este sentido, no puedo nunca decir que haya visto favoritismo hacia un equipo. Tampoco nunca me han dado ni me han ofrecido dinero de terceros por ganar a otro. Nunca, porque sabía que en el equipo que estábamos había que ganar.

Que haya arreglo entre los jugadores, por ejemplo, para una promoción o un descenso, vamos a poner que, por ejemplo, con el empate se salvan los dos... Eso lo hacen entre los jugadores del campo. No precisa que haya intermediarios ni haya nada. Dicen: "Empatando nos salvamos los dos".

Me acuerdo de un partido que tuvimos en San Sebastián en el que el empate nos valía a nosotros para ganar la Liga y a ellos les salvaba de la promoción. Y el balón no salía de la estación. Yo le decía a Ansola: "Barre boinas, apuntá bien". Ansola despejaba todo fuerte a la grada y la pelota pasaba por las cabezas. Unos se agachaban, otros la querían coger, y formaba un desparramo de boinas tremendo. Pero eso se hace entre los jugadores.

Yo lo pasaba bien con todo eso. Lo pasaba bien hasta entrenando. Me gustaba la preparación física y no conocía la palabra cansancio. Entrenando hacía mucha cintura. Hacía mucha cintura en el suelo con Moleiro, que ha sido particularmente para mí uno de los mejores técnicos que he tenido, sin tenerlo a mi mando ni a mi servicio. Se ofrecía él y me decía: "Alfredo, dos veces por semana...", y en vez de castigarme las piernas me castigaba de cintura para arriba, me entrenaba. Además yo iba a la portería mucho, a hacer portería, que me gustaba y es bueno. Me gustaba entrenar. Hay algunos jugadores a los que no les gusta entrenar, les gusta ir a jugar al fútbol y a cobrar... El entrenamiento es una diversión, hay que tomarlo como un *hobby*, aunque tengas treinta años. Es preferible estar entrenando que tener que subirse a un tablón a hacer una obra de construcción.

Allá arriba hace mucho frío y hay más peligro; tienes que tener un equilibrio bárbaro. Para jugar al fútbol hay que ser medio equilibrista, pero arriba de un tablón, si te caes, la desgracia es mayor.

Siempre necesitás estar bien para jugar, y aun así... Me acuerdo de Mangriñán, un medio del Valencia. Su entrenador fue y le dijo: "Donde vaya Alfredo, sígalo a muerte". Y me siguió y no me pegó ni una patada, pero me anuló. No me dejaba recibir, que era lo fundamental. Yo sin recibir, únicamente necesitaba una pelota larga para hacer gol, entonces en velocidad me lo podía llevar. Pero el compañero tuyo, si te ve cubierto, tapado (yo me quería destapar de todos los lados, pero él no se movía de al lado mío), no te cede la pelota, no te la da. No es que el tipo no me dejara controlar, es que no me la cedía. Entonces yo hice un cambio. Me fui al medio del campo y le dije Muñoz, que era medio, que se fuera adelante. Me dijo que no, que él no se iba. Yo le dije: "Pero bueno, entonces, ¿tú qué sabes de táctica? Si yo me quedo aquí atrás, en vez de marcar a uno, tenemos a éste que me está siguiendo a mí, y al otro. Yo marco al otro, y hay dos que están contra mí y tú te quedas solo arriba. Pero él no quiso, porque no se lo mandaba el entrenador, y para colmo perdimos el partido 2-1. Fue el día que debutó Rial, el primer partido de Liga. Estrenamos esa Liga con dos negativos. Es curioso, pero lo de Mangriñán trascendió tanto que quedó como un dicho para la vida española. Cuando va, por ejemplo, el marido a una reunión y está comiendo con los amigos y al final se despide, dice: "Me voy a Mangriñán". Y Mangriñán es la mujer. O se dice: "Mi mujer me marca más que Mangriñán". Es un dicho ya histórico aquí.

Él, sin embargo, es amigo mío. Es de Vall d'Uixó. He estado varias veces con él y ahora tengo pendiente ir a tomar una paella juntos a su pueblo. El fútbol es como es. Hoy las dan y mañana las toman.

El Nene

De esos años también quedó el gol de Marsal, *El Nene*, como le llamábamos. Gran jugador. Tenía dieciocho años y ya jugaba fenómeno. Gran persona, se lastimó la rodilla aquí en un partido contra el Celta de Vigo. Quiso pasar entre dos y se enganchó solo. Pisó la pelota, hay que tener mala suerte, en el momento del *dribling*. Pisó mal la pelota, cayó mal al suelo y dijo: "Se me fastidió la rodilla". Y ya estuvo para el arrastre toda su historia. Siguió jugando en distintos equipos, pero ya no al nivel, porque antiguamente las operaciones eran otra cosa, no como ahora, que te hacen un taco como la uña y ya te sacan el menisco, te sacan lo que sea... Y a éste le hicieron una operación de caballo y nada, para recuperar eso, nada...

Era muy habilidoso, manejaba las dos piernas, las metía con las dos piernas, la izquierda y la derecha... Y había aprendido mucho. Llevaba una época de progreso extraordinario, porque ya saltaba de cabeza, con la altura que tenía, él era de uno noventa. Empezaba a maniobrar bien de arriba, de cabeza, estaba mejorando, y ahí fue donde se lesionó. Pero dejó su gol, que tenía un porqué anterior.

Resulta que una vez, en San Mamés, se metió entre cuatro o cinco, pegando amagues y, al final, cuando estaba en la portería, se entretuvo, le sacaron la pelota y perdió el gol. Le dijimos de todo en el tren, cuando volvíamos. Así que después, cuando tocó el Athletic aquí, lo hizo otra vez, igual, salvo que aquí hizo el gol. Dejó un tendal en el suelo. Un tendal de gente, como si se cayera la ropa que está colgada, igual. Arrancó de derecha a izquierda e hizo un gol extraordinario. Total, que allá habíamos perdido 3-0 y aquí ganamos 8-1 y no se hablaba más que del gol de Marsal. Se habló durante años.

Una pena ese jugador. Porque lo suyo es fundamental en el fútbol: un tipo que llegando al área te limpie gente. Tenía buena zancada, era grande. Alternaba en esos años con Mateos, que era otra cosa, pero también era muy bueno. Era pillo en el área, como Raúl, y trabajador por todas partes. Bueno, trabajadores éramos todos. El que no trabajaba no tenía sitio en ese equipo. Cuando había un momento de fatiga en algunos, hacíamos el intercambio, porque muchas veces a Gento, que lo teníamos en vanguardia, le decíamos "Paquito" para darle un poquito de cariño y de amor, para ablandarle el corazón y que bajara, porque estábamos apretados, porque había flexibilidad de defensa.

Entonces se metían a defender, como defendía Kopa, como defendía Canario, como defendía Herrerita, de extremo, Castaño... El Madrid era trabajo, y salir al campo de juego no era ponerse el *overall** para demostrar que éramos mecánicos. Allí había que faenar. Y para eso se necesitan desenvoltura y solidaridad. Después también cuenta el sentido de la obligación, saber que no se trata de jugar siempre para adelante, que hay que saber defender también. Porque un jugador que no sabe defender no vale. A esos les llaman jugadores-río, porque van y no vuelven.

El primero que defiende es el número 11, vamos a poner. Bueno, ahora sería el 98, o el que sea, pero ya me entienden. Pero el número 11 es el primero que defiende, y luego todos los demás, hasta que llegue al portero. Y en el ataque, el primero es el portero que saca bien y, después, to-

---

* Mono de trabajo, en inglés.

dos hasta el 11. Quiero decir que la misión es colectiva. Indudablemente en la faceta futbolística hay gente de trabajo del medio campo, otros que trabajan por los laterales, otros que son veloces, los que lo son menos, otros que tienen un buen salto de cabeza... En fin, haciendo un símil, como en una mesa bien puesta, tiene que estar todo bien colocado: los platos, los vasos, la cubertería, todo.

Acá en Madrid nos las agarrábamos serias con el Atlético, que tuvo épocas buenas y épocas malas. Con los jugadores éramos amigos, muy amigos. Buena gente y colegas, te veías por ahí y todo iba bien. Pero en el campo había una pica bárbara, porque ahí ya dabas la cara por la afición; y en las oficinas y en los trabajos, unos eran del Madrid y otros del Atlético, y ahí está la pica que hay, las bromas entre compañeros al llegar el lunes. "¡Hey!, te ganamos..." Algunos se lo tomaban a mal, otros a bien. Pero eso no importa, hay para todos, porque no hay partido sin revancha, en buen sentido futbolístico. El fútbol es una eterna revancha, y vas y vienes y hay tiempo para todos.

Tenía buenos jugadores el Atlético. Tenía primero a Heriberto Herrera en la defensa, y luego a Griffa, que era un león. Tenían a Rivilla, a Calleja, a Callejo, tenían a Múgica, a *Lobito* Hernández... Tenían excelentes jugadores. Entre ellos estaba Verde, que yo le llamaba "el enigmático", porque estaba siempre como un figurín... las mataba callando. Un jugador de mucha efectividad para su club. Tenían dos punteros muy buenos y rapidísimos en esa época: Collar y Miguel. Y tenían a Peiró, un galgo que se fue a Italia. Fue una época en la que el Atlético de Madrid tuvo excelentes jugadores.

Nos ganaron dos finales de Copa seguidas, en el Bernabéu las dos, en el 60 y en el 61. Una la debimos ganar nosotros, pero en la otra nos dieron un baño. Ganamos la Copa de Europa y la Intercontinental, la primera que hubo, y no pudimos con el Atlético en nuestra casa. ¡Si sería buen equipo! Y en una Copa de Europa casi nos atasca. Tuvimos que jugar un desempate en Zaragoza que ganamos 2-1. No era cualquier cosa el Atlético. Lo que pasaba era que de repente tenía un periodo malo y se venía abajo. Por culpa del Atlético casi me retiro sin ganar la Copa de España. La única que llegué a ganar fue en 1962, contra el Sevilla. Cuando faltaban menos de diez minutos Mateos, que estaba con ellos, falló un penalti. Y después Puskas, con la pelota al pie, hizo el gol, el 2-1. Ganamos de milagro.

El fútbol: una pasión

La gente de este país es como todo. No se trata de hablar mal pero la gente es como una manada, si la conducís para un lado, se va para ese lado... La prueba evidente la tenés en que una persona en Argentina va a ver un partido de fútbol, llega después al café del barrio a las siete de la tarde, y charla. "Oye, ¿dónde fuiste tú?" "Yo fui a la cancha del Racing". El otro a la cancha del Boca, el otro a la del River, y cuentan que fue un partido fenomenal, que este jugó mal, que esto es un desastre... Cada uno cuenta su historia.

A las ocho de la tarde en Buenos Aires ya está la sexta, que es como llaman al periódico, por ejemplo, *La Razón* o *Crítica*, que salía a la noche —porque en Argentina los periódicos salen la quinta a las seis de la tarde, o una cosa así, en el medio tiempo, y la otra sale después del partido— y se lían a venderlo los canillitas. Y cuando salen los periódicos y llegan al café, empieza otra charla: "Oye, Pascual, ¿y tú qué dijiste del River? Si aquí el periódico pone que..." Y claro, resulta que impera más lo de la información que su propia versión. Luego está el famoso charlatán que escucha el partido según la antena que sea. Si la antena es partidista, indudablemente te cuenta el partido de una manera, porque la ecuanimidad hay gente que la utiliza y otra que no. Les duele decir la verdad.

Cuando uno juega se da cuenta que, para la afición, la cuestión es ganar. ¡Qué bonito es jugar bien y ganar!, vamos, eso lo queremos todos. Pero en el fútbol, lo principal es ganar, salir a la cancha a ver si se gana, porque la gente, el público, la hinchada se conforma con el ganar.

El fútbol es una pasión, aunque hay una verdad grande: que es bonito jugar bien al fútbol y hacer demostración de calidad, pero cuando se enfrentan dos equipos de gran envergadura, eso es un toma y daca y no se puede apreciar la gran calidad. Y entonces, ¿qué hay que buscar? Intentar ganar, vencer al adversario. Es como el ajedrez.

No hay que olvidar una cosa: que en los anales de la historia quedan los resultados, no figura si le dieron un baile bárbaro y ganaron 1-0, ni si se perdió injustamente. Figura: "En 1947, 2-1", y nada más. Ahora, el que lo vio dice: "¡Uy!, me acuerdo de tal o cual jugada". Pero eso no queda. Queda sólo el resultado, salvo en la memoria de unos pocos.

CUARTA PARTE
EL REAL MADRID

Primeros contactos con el equipo y la afición

Poco a poco fui entrando en el club, en el equipo y en la ciudad. El Madrid tenía muy buen equipo. Cuando comencé a jugar con ellos, no comprendía cómo llevaban unos años sin ganar un título. El portero era Juanito Alonso, uno de los grandes porteros de la historia del club. Estaba Navarro, que fue internacional por la FIFA, Oliva, Lesmes, Muñoz, Zárraga, Joseíto, Molowny, Atienza, Gento, que había llegado tres meses antes que yo.

Entonces Paco era muy introvertido. Era un chico de pueblo, callado, pero que tenía unas cualidades extraordinarias y en el momento en que las sacó a la luz fue la figura. Le costó una barbaridad adaptarse a la ciudad, pero se veía en los entrenamientos que tenía unas condiciones innatas. La prueba evidente de ello fue que, al terminar el Campeonato, en el que salimos campeones, me llamaron don Santiago Bernabéu y Bustamante, que era el vicepresidente, y me preguntaron qué me parecía Gento. Les dije que era "una figura que todavía no había salido a la luz". "Es que lo queremos cambiar otra vez por Espina", me dijeron.

Espina era un jugador que, primero, había estado en el Real Madrid y lo habían cedido al Santander y había hecho muchos más goles que Gento en el Madrid. Me puse muy serio y les contesté: "No conozco a Espina porque no lo he visto jugar, pero sí a Gento y no se puede desaprovechar a un muchacho que tiene diecinueve o veinte años. No se puede perder un jugador de esta naturaleza". Les convencí. "No, no, te hacemos caso." La historia de la vida es así.

Gento la pegaba muy fuerte y tenía una gran velocidad. Sabía acelerar y sabía maniobrar. Lo único que le pasaba es que se tenía que ir educando futbolísticamente, y ahí era donde teníamos que intervenir los compañeros con más experiencia. "Para adelante, para atrás. O no vayas tan rápido..." Fue un factor importante de muchos de los títulos que ganamos. Era la figura indiscutible del equipo, tenía una carrera impresionante, una gran soltura para moverse. Cuando arrancaba, arrastraba a medio equipo contrario.

En mi primer año en Madrid, conocía a poca gente. Sólo conocía a Olsen, que había jugado contra él en Buenos Aires. Molowny tenía problemas físicos porque venía de una operación. El técnico, Enrique Fernández, un uruguayo que antes había estado entrenando al Barcelona, tenía donde elegir, y cambiaba bastante el equipo. Él quería que yo jugara arriba, pero al principio me encontraba muy solo. Todavía no tenía compenetración con mis compañeros. Comencé a bajar por los balones, pero nunca como lo hacía en Millonarios, porque en River tampoco me dejaban bajar mucho. Bajaba porque era mi manera de ser. Si no veo la pelota me aburro. Iba a buscar, pero con mesura y consideración. No iba porque sí. Era un jugador que agarraba la pelota y entraba, y regateaba a dos o tres y no me la robaban. Yo nunca he buscado el lucimiento personal. Nunca. Siempre hacía trabajo de equipo, me lo enseñaron desde pequeño.

Del trato de los compañeros no tenía quejas. Poco a poco fuimos hablando. También con el técnico teníamos mucha comunicación. Se fue armando un buen equipo. Ganamos la Liga con cuatro puntos de ventaja. Fuimos campeones la penúltima jornada goleando al Valencia. Salí máximo goleador con veintinueve tantos.

[Ese primer año le bastó para ganarse a la afición madridista, española y europea. Por aquello de su debut contra el Nancy, los franceses comenzaron a seguir muy de cerca su carrera. Roger Pientoni, la gran estrella del fútbol galo en aquellos tiempos y jugador del Nancy, se quedó maravillado de su juego: "Es un maratoniano. Un futbolista fuera de normas. El mayor trabajador que yo he conocido, pero al mismo tiempo un talento, un genio con el balón. Era todo. Un goleador, un pasador, un organizador, un atacante, un defensor... y un sagrado ganador".]

Me hacían tirar los penaltis, que no los quería tirar nunca. Me lo pedían los jugadores. En un partido contra el Atlético en el Metropolitano, nos pitaron dos y marqué los dos. Tenía el sistema nervioso a doscientos por hora. Y como los metí, pues toda la temporada la pasé tirando penaltis. Yo prefería lanzar los tiros libres. Los penaltis siempre hay que tirarlos fuerte. No se puede tirar suave. Si va flojo, en el momento que te adivina la situación el portero, te quita el gol. Puskas los tiraba flojitos. ¡Con la potencia que tenía! A veces yo, desde detrás, le rogaba: "Pancho, tírale fuerte, por favor, tírale fuerte, por favor". Y no le daba la gana. Lo que pasa es que tenía un golpe seco que la pelota hacía ¡psiiiii! Era como si tuviera dos velocidades. Salía y ¡psiiiii...!, ganaba más velocidad.

En España se jugaba diferente a Argentina y Colombia. El esfuerzo, el tesón del jugador español siempre ha sido muy valorado y acá hay muchos jugadores de mucha técnica. Allí el sistema técnico era superior, pero el sistema de esfuerzo, de sacrificio, era menor. Compaginar esos dos grupos es lo ideal: a mayor velocidad, mayor técnica, eso sería lo preferible, pero en América tienen un problema, el césped está muy alto y la pelota corre poco, entonces tienes que tocarla tres, cuatro, cinco, seis veces para poner la pelota donde quieres. A mí cuando llegué, me gustaba mucho cómo jugaba el Sevilla.

Raimundo Saporta fue mi embajador en el Madrid desde el primer día. Era un hombre muy servicial. Era el cerebro gris del club, el que se preocupaba de todo, hasta si necesitabas un médico, dónde tenías el dinero, si estaba en el Banco, si no estaba en el Banco. Don Santiago también se preocupaba por la gente, pero no era un trato diario. No hay que olvidar que Bernabéu fue jugador, delegado, directivo y llegó a presidente. Quiero decir con esto que sabía lo que se traía entre manos. Sabía lo que tenía encima él. No sólo era el club y los jugadores, era su visión de futuro, de dotar al club de instalaciones y propiedades. Se rompió el culo para hacer la Ciudad Deportiva aparte del estadio Santiago Bernabéu.

Sin embargo la organización del club me pareció más floja, más elemental de lo que me esperaba. En Millonarios también era lo mismo, pocos empleados. No se tiraba manteca al techo, vamos. River era más grande porque tenía muchas secciones deportivas, desde ping-pong a baile clásico, de bibliotecas hasta corte y confección. Era un club de otra categoría.

Más adelante, cuando ya éramos campeones de Europa, don Santiago me contó que tenía el club una invitación para jugar en Argentina. Yo le dije: "Hay que aprovechar e ir a jugar allá para demostrar que el Real Madrid es campeón de Europa y, si les ganamos, también el campeón de América".

Creo que vencimos al River 1-0 y al San Lorenzo 3-2. Esa fue la acreditación del Madrid en Argentina y ya nos acreditamos para toda América. Años más tarde, nos invitaron a la Pequeña Copa del Mundo de Caracas. Entonces el Real Madrid era el único club que no había llevado árbitro. Todos los demás clubes participantes habían llegado con uno. Le dije entonces al directivo que viajaba con nosotros que yo tenía un amigo que era árbitro. Llegó El Gallego allí, que se había criado en la Boca, y se había hecho árbitro en Bogotá. Se llamaba Lines López. Vamos a la final contra el Oporto y El Gallego nos pita el partido. Perdíamos 1-0 y empató a uno Olsen. El 2-1 se produjo nada más salir con un gol de Joselito. Sale uno nuestro y hace el 2-1 nada más salir.

—¿Cuánto falta, Gallego? —le pregunto.
—Faltan quince minutos, tranquilo, el partido lo enfrío...

En eso, una jugada del delantero centro de ellos, Jaburú, que era una fiera, y se arma un follón dentro del área nuestra. Cae al suelo y Marquitos le pisa los huevos. Se armó un lío impresionante. Yo, como era mi costumbre, me quedaba fuera. Viene entonces hacia mí el árbitro, mi amigo El Gallego, y me dice que tiene que expulsar a dos, uno de ellos Marquitos.

—No, a Marquitos no le eches que nos quedamos sin defensas. Echa a ese que anda por ahí.

Era Olsen, que hacía cuatro minutos que había entrado y había hecho gol. Olsen decía: "¿Pero cómo me voy a ir yo?, yo no me puedo ir. ¡Si yo hice el gol! Yo no me puedo ir". Pero se fue. Faltaban tres o cuatro minutos para acabar el partido:

—Gallego, ¿cuánto falta?
—Tres.
—Gallego, ¿cuánto falta?
—Dos.
—Termina por favor, ¿no puedes terminar ya?

Y para arriba, para abajo. Entonces El Gallego se fue arrimando al vestuario. Su pensamiento era pitar el final cuando estuviera al lado de la caseta. Pasa cerca de mí y me dice: "Yo estoy tranquilo. De frente no le tengo miedo a nadie; pero eso sí, hable con sus compañeros y guárdenme la espalda, ¿eh?, porque de atrás me pueden sacudir". "Nada, tranquilo", le digo. Pita y se va para el vestuario. Los del Oporto lo querían matar. Salieron corriendo detrás de él y uno de los nuestros le gritó entonces: "¡Cuidado, cuidado!" Y el bueno de El Gallego se tiró en plancha contra el suelo.

El inolvidable Héctor Rial

Una de las grandes virtudes que tuvo don Santiago fue saber reforzar el equipo cada año. Habíamos ganado la Liga, pero teníamos el reto de la Copa de Europa, y el Real Madrid era uno de los fundadores y organizadores. Uno de los refuerzos de esa temporada fue Héctor Rial, a quien conocía desde mi época de Colombia. Era una historia larguísima.

Rial fichó en 1950 por el Independiente de Santa Fe. Al principio no le iba bien. Cuando tenía descanso, venía a casa y después nos íbamos al cine. No le pagaban y la mujer estaba embarazada. Sara le dejaba su ropa. Era afecto.

En una gira del equipo por Panamá, Rial sufre una apendicitis y tiene que quedarse solo en ese país. Tuve que mandarle dinero para la operación. Después se vino para Bogotá. La mujer se fue con la familia de Rial a tener la hija a Buenos Aires y entre nosotros trabamos una gran amistad. Cuando yo me vine para España, él se fue al Nacional de Montevideo, después a Argentina, regresó a Buenos Aires... Todo le salía medio mal.

Me llega entonces una carta suya en la que me pide que le meta en Europa si puedo. Le contesto que está complicado. Pero cuando va a comenzar el Campeonato, viene don Santiago y me pregunta: "¿Y Rial? Necesitamos un interior, llámalo". "Mire, don Santiago, es un jugador que jugó conmigo, tiene unas características muy buenas y además es una gran persona." "Bueno, ¿qué cuesta? —me dice—. ¿Él qué pide?

Le vuelvo a escribir y le digo que mande una oferta: "Escribime dos cartas: una para el club y otra para mí. En una ponés lo que le pides oficialmente al club y en otra, para mí, con la cantidad hasta la que estás dispuesto a rebajar para fichar". Puso doscientas mil pesetas. Y me preguntaba yo: "¿Cómo le digo esto al club? Me está tomando el pelo, qué vergüenza, me parece poco". Busqué un bolígrafo con la tinta parecida y en vez de un cero le puse un cinco. Ya eran 250.000. Saporta acepta y Rial se viene para acá.

Cuando va a entrenarse, se lesiona. ¡Me quería morir! Debutamos contra el Valencia en el Bernabéu y nos gana 2-1. Rial hace nuestro gol de cabeza. Los aficionados del Madrid decían: "¡Ah!, han contratado un gran cabeceador". Y Rial decía: "Yo en mi vida he metido un gol de cabeza". Se recuperó de la pierna y triunfó. Nos hicimos íntimos amigos.

Decían que Rial era el lanzador de Gento, y yo le decía que no le metiera tantos balones porque, si Gento corría por la banda, yo tenía que correr por el centro para llegar a cabecear. Le decía: "Paquito, Paquito, parar, parar, parar". Y Gento corría, y yo "parar, parar". Cuando agarraba Gento el medio campo, le sacaba el traje a los demás. Era un velocista. Para mí el mejor extremo izquierdo del mundo.

La llegada de Puskas más adelante escamó mucho a Rial. Una barbaridad. Me dijo: "Alfredo, ahora el que va a volar soy yo, y yo no me voy a la derecha". Le contesté: "Vas a jugar a la derecha lo mismo que a la izquierda". Pero me dijo que no. La verdad es que tuvo mala suerte porque él todavía tenía mucho juego y se tuvo que ir a la derecha, que no le gustaba. No encajaba su forma de juego por la derecha.

A don Santiago le gustaban los técnicos extranjeros, sobre todo suramericanos. Entonces tenían más experiencia. Habían sido todos grandes jugadores, habían viajado a Europa, habían acumulado conocimientos. Tenían sus rarezas, pero como todos.

Recuerdo que uno de ellos, Fleitas Solich, que vino más tarde, después de Villalonga, quiso prohibir el vino en las comidas. Era paraguayo y, en la década de los cuarenta, había sido un gran jugador. A mí lo del vino me daba lo mismo, tocabas a una copa. Éramos cuatro en la mesa y te ponían una botella. Los muchachos estaban desesperados para agarrar al tipo que no tomaba vino, porque entonces se repartían entre los tres que quedaban, o entre dos, y de maravilla. Un día le dije: "¿Pero cómo va a prohibir el vino a los españoles?" A mí me da lo mismo, yo comía un poco de jamón de York y un cacho de pollo y nada más. Los días de partido comía poco, desde que me levantaba me pasaba todo el tiempo pensando en el partido. Y que no viniera nadie a pedirme un autógrafo porque lo mandaba muy lejos...

No podía fichar técnicos europeos o españoles porque todos jugaban al cerrojo. Era lo que le pasaba a la Real Sociedad con Benito Díaz, que por otra parte era un tipo inteligente, de primera categoría. Recuerdo un día en Burdeos que me decía: "Nos van a hacer cinco y me van a echar. Gánenme por uno. Usted aguante al equipo para que no ataque". En ese sentido siempre defendía a Benito Díaz, porque cada uno defiende con el alma lo que tiene. Si no tienes elementos, por lo menos que no te metan cinco unos pelones.

Benito Díaz hizo historia en el San Sebastián y en el fútbol nacional. Era una gran persona, como la mujer, la mujer también es simpatiquísima. Había ido a todos los campeonatos del mundo y la mujer había estado siempre junto a él. Era un buen amigo mío.

El fútbol es así, no es una película de cine, salen cosas que no te imaginas. Juega el primero contra el último y resulta que gana el último, y en el campo del primero, y eso es lo bonito que tiene. Esa es la salsa de la pelota.

El príncipe Juan Carlos, testigo del debut en la Copa de Europa

[Decía Ramón Mendoza que el Real Madrid era el novio eterno de la Copa de Europa, pero fue mucho más que un novio, fue uno de sus creadores. La idea surgió desde las páginas del diario francés *L'Equipe*, donde el periodista, antes jugador y entrenador, Gabriel Hanot, lanzó el reto de una competición mucho más abierta que la Copa Mitropa o la Copa Latina, que se jugaban entonces. La UEFA, recientemente creada en 1954, no estaba por la labor, más preocupada de su propia organización y de lanzar una competición por selecciones. *L'Equipe* buscó el apoyo en los clubes más representativos de Europa, entre ellos el Real Madrid. La idea fue tomando cuerpo.

Después de una reunión con los clubes invitados en París, se elaboraron los estatutos y los reglamentos. La UEFA continuó torpedeando la competición, hasta el punto de inventarse otra entre clubes en ciudades con ferias industriales, que se disputó en junio de 1955. Finalmente y con el beneplácito de la FIFA, que reconoció primero el invento, la UEFA terminó por hacer suya la idea de los hombres de *L'Equipe* y, el 19 de julio, la Federación Española comunicaba al Real Madrid que el club quedaba inscrito en la Copa de Campeones europeos que organizaba la Unión de Asociaciones Europeas de Fútbol. La inscripción costaba 250 francos suizos. El 4 de septiembre, en Lisboa, se disputa el primer partido entre el Sporting de Lisboa y el Partizán de Belgrado.]

A nosotros, en principio, la competición nos pareció una medida rara. Estaba la incredulidad. No se sabía por dónde iban a respirar. Nosotros habíamos jugado ya dos Copas Latinas y las habíamos ganado. La realidad es que, al final, les salió bien el proyecto. Fue un éxito extraordinario, revolucionaron el fútbol europeo.

Nuestro primer partido fue contra el Servette, el campeón suizo. Un equipo bronco, duro. Nos costó un trabajo bárbaro, hacían un cerrojo impresionante. Tenían un central que pesaba como noventa kilos. Estaba cuadrado, pero era ágil. *Salsamendi IV* le puse de mote, porque tiré siete pelotazos a portería y le pegaron siempre a él. Un frontón, Salsamendi, que era además un gran pelotari.

Antes del partido fuimos a ver a la reina Victoria a Lausanne. Don Santiago encabezó la expedición, nos atendió fenomenalmente y saludamos a la familia real. No sé si Bernabéu era monárquico, pero tenía muy buena relación con las monarquías. En la recepción también estaba el entonces príncipe Juan Carlos, que vino a ver el partido. Él también debutó en la Copa de Europa con nosotros.

Estábamos en el descanso, habíamos empatado a cero y entró a saludarnos al vestuario. A mí se me hinchaban las manos y las metía en la pila, en agua fría, para que me bajara la hinchazón. Estaba por tanto de espaldas y se acercó a mí y me dijo: "Saeta, estás haciendo poco, ¿eh?" No sabía qué decirle. Sólo se me escapó una exclamación. "¡Aaah!", como diciendo que estaba muy preocupado porque íbamos empatados en nuestro debut.

Después hicimos dos goles, Muñoz y Rial, y ganamos el partido. No fue que mandara a paseo al Príncipe, ¿cómo le voy a mandar a paseo?, lo que pasa es que yo estaba a lo mío y él, indudablemente, esperaba más de todos nosotros. Habría leído: "El Madrid, campeón" y pensaba que íbamos a golear. Después del partido no le vimos, pero terminamos saliendo hasta campeones de Europa. Después he tenido más trato con él, porque sus tíos vivían cerca de donde nosotros teníamos el chalecito en El Viso, y nos encontrábamos por la calle y hablábamos, pero hay que darse cuenta de que entonces era un chaval de diecisiete o dieciocho años.

En la vuelta en Chamartín, les metimos cinco y yo marqué dos. La siguiente eliminatoria fue la del Partizán. Fue épica, de las más emocionantes que he jugado. Aquí les ganamos 4-0. Les anularon dos goles a ellos como dos catedrales. Jugó Castaño de extremo derecho y jugó de maravilla, además marcó dos golazos. Luego fue un jugador que no cuajó.

En el Madrid, si un jugador no cae bien en el club, en la masa, es muy complicado. Ese chico tenía una velocidad fantástica y era un jugador muy potable para el equipo pero, como ya he dicho, no mandaban los jugadores, mandaba el cuerpo técnico. Entonces nosotros no interveníamos para nada, los jugadores de fútbol venían a jugar a la cancha y punto. Nada más.

El partido de vuelta fue el que se conoció como el "partido de la nieve". Íbamos todos un poco asustados. "El telón de acero, ¿y esto qué es?" Era un problema político. No conocíamos nada, no sabíamos cómo nos iban a tratar. Estuvimos dos horas en el aeropuerto. Nos miraban todo de punta a rabo. Ya viajábamos en vuelos chárter.

Venían también algunos aficionados: Perico Chicote y sus amigos, los padres de Nando Poyán, que fue jugador del Plus Ultra, Padilla, la Peña Hongo... La gente se pagaba su viaje porque el Madrid invitar no invitaba nadie. Para sacar una peseta a Saporta y Bernabéu había que arrodillarse.

El partido de la nieve

Cuando llegamos hacía un día soleado, pero al otro día, cuando nos levantamos, había un metro de nieve. Las mujeres quitaban la nieve de la vía del tranvía porque no podían pasar. Allí hasta las mujeres trabajaban de albañil. Fuimos al campo pensando que se suspendía el partido. "No se juega, ¿pero cómo se va jugar", dijimos al verlo. "Sí se puede", contestó Bernabéu. Él quería jugar a toda costa.

Habían marcado las rayas de rojo. En el vestuario había una calefacción muy fuerte y, desde la ventana, veíamos jugar a unos chavales. "Mirad esos." Empezamos a mirar todos: "Mirad esos chavales que están jugando un partido, estos están acostumbrados". ¿Y quiénes eran? Los contrarios, que estaban calentando. Ellos no se resbalaban y nosotros resbalábamos por todos los lados. Para no caerse, ponían los zapatos en unas latas y los humedecían, se ponían queroseno en las suelas y la nieve se despegaba de los tacos del zapato.

En la primera jugada, toca uno, el otro, yo le salgo a uno, Muñoz le sale otro, él al suelo, yo al suelo... Encima, Milutinovic, el nueve de ellos, el hermano del que ahora es entrenador y ha estado en tantas selecciones, suelta un remate que se estrella en el travesaño. ¡Qué cañonazo con el balón con seis kilos de nieve!

La portería tembló y la nieve caía de arriba de la red. Todos dijimos: "¡Uyyyyy!, Dios, la que se nos viene encima acá". Para colmo, el campo estaba desigual, por el centro lo habían prensado, estaba duro y te resbalabas continuamente, en las bandas estaba más blando y te manejabas mejor.

Al final del primer tiempo se produce un penalti a nuestro favor. Me dice Rial: "Déjame que lo tiro yo". Digo: "No, déjalo". Todo el mundo quería tirar penaltis, menos yo, pero me decían que tenía que tirarlos. Rial insiste: "Déjamelo". Y va a patear, resbala con la pierna izquierda, la de apoyo, y sale la pelota cinco metros para arriba. Le pegó a un guardia y casi encima lo liquida. Le digo yo entonces: "¿Qué?, ¿has tirado a matar al guardia?"

Se nos lesionó Becerril y jugamos con diez. No había cambios en esa época. Siempre he mantenido que ahora juegan trescientos partidos pero, al final, son doscientos, porque muchos no son completos. Antes jugabas todo el partido aunque estuvieras lesionado, no te sacaban del campo salvo que tuvieras una conmoción cerebral. Nos avasallaban. Se llegaron a poner 3-0 y yo creía que nos remontaban. Terminó el partido con ese resultado y empezaron a tirarnos bolas de nieve desde la tribuna. Las esquivamos como podíamos. A Villalonga, que era el entrenador, le dieron con una en el pecho y llevaba una piedra dentro. Si le dan en la cabeza, le matan.

Don Santiago nos metía una presión enorme. Nos decía que teníamos que defender el nombre y el prestigio del club, el nombre de España, que teníamos que defender a la población que estaba emigrada fuera de Europa, que teníamos que pensar en ellos, que habían hecho un esfuerzo bárbaro marchándose de nuestro país y que siempre nos seguían por todos lados.

En las semifinales nos tocó el Milán. Hicimos un partido muy bueno acá. Ganamos 4-2. Allí comenzamos bien, pues marcó primero Joseíto, pero nos pitaron dos penaltis. Ninguno de los dos fue. Le dijimos de todo al árbitro. Era un austríaco. Le insultábamos, pero era como hablarle a una pared. Del Monte hizo los goles. Perdimos 2-1. Mantuvimos el resultado.

El partido de la nieve

En esos tiempos ya nos dábamos cuenta de lo importante que era la misión, sacar el triunfo adelante. Si había que defender, defendíamos, y si había que atacar, atacábamos. Era un equipo que ya estaba acostumbrado al sufrimiento, no al lucimiento. Lo que importaba era que, al terminar el partido, se preguntara: "¿Quién ganó?" "El Real Madrid", eso era lo fundamental. Si después uno u otro jugaba mejor o peor, eso estaba a expensas de cómo se encontraba el individuo ese día. En el Madrid de mi época no se escondía nadie, no. El Madrid ha sido siempre una fuerza de unión terrible. Me acuerdo de que antes de un partido, recibimos un telegrama, un telegrama a mi nombre, que decía: "Unidos ganaremos; desparramados, perderemos".

La final fue en París, en el Parque de los Príncipes contra el Stade de Reims. En París se había gestado la Copa de Europa y era el centro neurálgico de la noticia. Del rival no sabíamos prácticamente nada. Entonces no era como ahora, no había noticias. Nos concentramos en La Maison Laffyte, un castillito donde no cabíamos todos. Al utillero le mandaron a dormir a la habitación del perro. Fuimos tres días antes. Lo pasamos bien. Paseamos por el hipódromo, fuimos a Chantilly, el Arco del Triunfo, la torre Eiffel...

El partido comenzó mal. A los diez minutos perdíamos 2-0. Estábamos desorientados. Ellos tenían un buen equipo, jugaban Hidalgo, Kopa, Glovachi, el central Jonquet... Hice pronto el 2-1 y empató Rial. En la segunda parte se volvieron a poner por delante, pero nuestra reacción fue de atropellada. El resultado final fue 4-3. Hay un dicho criollo que dice: "Caballo que alcanza, quiere ganar". Eso fue lo que nos pasó. Creíamos que podíamos alcanzar y alcanzamos.

El tercero lo hizo Marquitos, y Rial el cuarto en una gran jugada de Gento. Saltaron al campo muchísimos emigrantes y nos acordamos de lo que nos decía siempre don Santiago. Lo celebramos con una cena, llenamos la Copa de vino. En Madrid nos recibieron a lo grande. Fuimos al Ayuntamiento.

[Esa primera final bastó para encumbrar internacionalmente a Di Stéfano. Gabriel Hanot, el periodista de *L'Equipe* que tanto había luchado por crear la Copa de Europa, escribía al día siguiente de la primera final: "Di Stéfano es el jugador más completo que jamás hayamos visto, tan buen defensor como atacante. Ha eclipsado totalmente a Kopa. Sobra decir que fue el personaje central del encuentro. Se le puede verdaderamente contar entre los más grandes jugadores del mundo. El trabajo enorme que desarrolló fue incomparable, estaba en su sitio en cada lance de ataque, ayudaba frecuentemente a sus medios y a veces a su defensa. No creo que desde hace mucho tiempo se haya visto un jugador de clase parecida..."]

En esa final fue donde descubrimos a Kopa, que después ficharía por el Real Madrid. ¡Cómo gambeteaba [regateaba]! Parecía que había nacido en Barracas. Saporta siempre había tenido unas buenas relaciones en Francia y consiguió su fichaje. Él era delantero centro, pero podía jugar de interior. La verdad es que la idea de Bernabéu cuando le trajo era que él jugara de delantero centro y yo de interior o de extremo derecho. Probamos en los entrenamientos, pero salió todo torcido. A mí me daba lo mismo, porque iba al centro igual. Kopa era un gran jugador, potente, fuerte, hábil.

El entrenador manda, los jugadores disponen

La Liga en España la ganó el Athletic de Bilbao. Nosotros fuimos terceros después del Barcelona. También salí máximo goleador del Campeonato con veinticuatro tantos. El triunfo de los bilbaínos permitió que en el segundo año de la Copa de Europa jugáramos dos equipos españoles. Al Bilbao le eliminó el Manchester, y el Madrid eliminó al Manchester. Estaba decidido que la final iba a ser en el campo del campeón anterior. Pero esto luego se cambió porque, como el Madrid ganó dos, pensarían: "Va a jugarse siempre allí". Ocurrió como con el Balón de Oro que daban los franceses al mejor jugador de Europa. El primero se lo dieron a Matthews; el segundo a mí y el tercero a Kopa, porque dijeron que dos veces seguidas no podía ser el mismo... Pero luego sí me dieron el cuarto...

Matthews era un jugador extraordinario. A pesar de su edad, seguía jugando al fútbol y había sido el ídolo de Inglaterra. No era un gran goleador, pero era un centrador espectacular, tenía un buen *dribling*. Era extremo, no tenía la velocidad de Gento.

El equipo continuaba con su política de incorporaciones. Además de Kopa, llegaron dos jóvenes españoles, Santisteban y Antonio Ruiz. Para la Copa de Europa también nos reforzó Torres, porque teníamos a Becerril y a Atienza lesionados. Los objetivos eran todos, pero la Copa de Europa, con la final en casa, nos seguía ilusionando mucho.

La primera eliminatoria fue contra el Rapid de Viena. Lo pasamos mal. Aquí ganamos, pero allí perdimos. Menos mal que la suerte de la moneda trajo el partido de desempate a Madrid y ganamos 2-0.

En el partido del Prater (ahora el estadio se llama Hernesto Happel), Happel nos hizo los tres goles. Se nos lesionó Oliva y le tuvieron que llevar al hospital.

Happel era un gran central, pegaba muy fuerte la pelota, tipo Koeman. El primer tiempo acabó 3-0. Estábamos eliminados. Había niebla. En el descanso se vino Bernabéu al vestuario. Estaba como loco, con la gabardina al viento como si fuera... Vino como un tiro, que no había cojones, que no había... En la segunda parte llega un balón y le grito a Marsal: "Dejarla", y agarro arriba la pelota, así como de media vuelta, y la clavo en un ángulo. Si Marsal llega a meter la cabeza, se la arranco. Comenzó a caer más niebla, más niebla, faltaban como quince o veinte minutos, parecía interminable, y comenzamos a aguantar la pelota.

El desempate lo ganamos con cierta comodidad, nos ayudó el hecho de jugar en casa.

El siguiente rival fue el Niza. Poca historia, les ganamos acá y allá. Allá fue el partido en el que ya empecé a jugar más retrasado, no porque me lo dijera el entrenador, sino porque yo veía que era lo mejor para el equipo. De hecho Villalonga me dijo que me quedara arriba del todo, porque el central de ellos, González, que era argentino, era muy peligroso en las subidas y pensaba que conmigo arriba no subiría tanto.

Yo era libre como el viento, así era mi creencia. Sin menoscabar al técnico. Comencé obedeciéndole pero, según avanzaba el partido, no tocaba el balón, no intervenía en el partido y comencé a retrasarme. Formamos una línea medular Muñoz-Zárraga-Rial-Di Stéfano. Como me salió bien la jugada, no me dijeron nada. Marqué dos goles y di el pase a

Joseíto del otro, jugando desde atrás. A partir de ese momento jugué con más libertad de acción. Nunca abandoné la idea de meter gol, pero jugaba más con el equipo. Con esta táctica comenzamos a construir una forma de jugar al fútbol. Dejábamos a los contrarios con el defensa central parado allá atrás, sin nadie a quien marcar, y nosotros dominábamos el centro del campo porque jugábamos con cuatro medios volantes, y hasta con cinco cuando Kopa venía a recibir el balón. Dejábamos sólo en punta a uno de los dos extremos, casi siempre Gento.

Sin quererlo, de un modo inocente, inventamos tácticamente una forma de jugar. El dominio del balón lo teníamos siempre nosotros porque teníamos superioridad en el centro del campo y, teniendo nosotros el balón, casi siempre era más fácil que hiciéramos gol y no lo hiciera el contrario. Pegaba yo un grito y bajaba todo el mundo. Demostramos aquel día y en los siguientes años que había que adaptarse a los partidos, no a las tácticas de los entrenadores.

Yo no era un robot. Resolvía sobre la marcha las situaciones. Los jugadores hablábamos mucho en el campo. Entonces a los entrenadores o a los preparadores físicos no los conocía nadie, ahora son ministros de Guerra o de Asuntos Exteriores. Cuando acabó aquel partido de Niza, Villalonga me dijo que ese había sido mi mejor partido. Me callé. No le dije que él me había mandado jugar arriba del todo y yo fui quien bajé al medio campo. Él, por supuesto, había estudiado el partido y pensaba que era lo mejor, pero luego, sobre el campo, se vio que lo mejor era lo que hicimos, y que habíamos acertado los jugadores y se había equivocado el entrenador. Lo que no hice fue decirle delante de todo el mundo que se había equivocado. No. La grandeza de aquel Madrid estribaba en que éramos una gran familia y, sobre los intereses particulares, estaban siempre el club y el equipo.

El técnico del Niza era Carniglia, que la temporada siguiente fichó por el Real Madrid. Me preguntó don Santiago si yo le conocía, porque era argentino. Yo sabía de él perfectamente, había sido presidente de la Asociación de jugadores y un gran jugador en Boca Juniors, un interior, pero tuvo la desgracia de romperse una pierna. De Buenos Aires se fue a jugar al Niza, después se hizo entrenador y triunfó. El Niza jugó contra nosotros porque era campeón de Francia.

A mí nunca me gustó ser abanderado de nada. Ni líder de nada. Yo era líder entre mis amigos, pero en el equipo había tres o cuatro líderes más y todos aceptábamos la situación. Yo conseguía las cosas *por lo bajini*. Hablaba Paco (Gento), hablaba Muñoz, Marquitos, Pepe (Santamaría), hablaba Zárraga, que era sordo, pero no porque no escuchara, sino por su impresionante despliegue sobre el campo sin que muchos se dieran cuenta. Zárraga era un chico que dio un rendimiento extraordinario al Real Madrid, pero no se le ha valorado en la medida en que debía haberse hecho. Para colmo tuvo la enfermedad, el ataque de hemiplejía. Todavía vive y le deseo lo mejor del mundo al pobre. Ha sido una persona fenomenal, aparte de gran jugador. Hombres que están en la sombra pero siempre trabajando para el equipo durante todo el partido...

Ahí está el quid de la cuestión. La cuestión es técnica y táctica, por eso, cuando se tienen veinte o veintidós años, hay que ir asimilando cosas, conocimientos y, a partir de ahí, sí puedes dejar que se explayen en el campo de juego. Por más que te lo diga un técnico, eso no entra por el oído, eso tiene que entrar viéndolo, ejercitándolo, trabajándolo. Nosotros dentro del campo no parábamos de gritarnos, incluso alguna vez nos mandábamos a la mierda. Pero había amistad, y después todos nos íbamos a tomar una copa. Los contrarios recuerdo que decían: "A estos del Madrid no hay quien les entienda, se *putean* en el campo, se insultan, gritan, esto, lo otro... y luego se abrazan como si nada".

Al que es amigo, jamás
lo dejen en la estacada,
pero no le pidan nada
ni lo aguarden todo de él.
Siempre el amigo más fiel
es una conducta honrada.

Martín Fierro

Entonces no se salía mucho por la noche. Las concentraciones eran las de San Dios. Nos pasábamos fácilmente ciento setenta días concentrados por temporada. Si mi señora tenía familia y yo estaba encerrado o viajando con el equipo, no me dejaban acudir al hospital a ver a mi hijo. No quiero decir que fuera una dictadura, pero sí que teníamos unas reglas disciplinarias estrictas.

El Madrid,
el equipo que mejor jugaba al fútbol

En semifinales nos tocó el Manchester United. Era la primera participación de los ingleses en la Copa de Europa, porque en la primera no participaron. Siempre han sido muy raros. Primero vieron que aquello funcionaba y después entraron. El Manchester venía de eliminar al Athletic de Bilbao. Los vascos habían ganado antes al gran Honved. Nosotros jugamos un amistoso contra los húngaros. Íbamos ganando 5-3, nos empataron a cinco y menos mal que se acabó el partido. ¡Qué gran equipo tenían! Puskas, Hidegkuti, Czibor, Toth y Bozsik, que me hizo un túnel y me pasé el partido buscándolo por todo el campo para devolvérselo. Terminó el partido con las piernas cerradas. Que el Athletic le eliminara en la Copa de Europa hablaba del gran equipo que tenía entonces, y también del gran nivel del fútbol español en general.

Tenía yo ganas de enfrentarme a los ingleses. Había visto jugar a la Selección inglesa en Buenos Aires y desde entonces me quedé con la idea de que jugaban muy bien al fútbol, bastante mejor que ahora. Me gusta su fragor en la cancha, pero no utilizan el medio campo para nada. Escupen la pelota inmediatamente. Se la ceden al portero desde el medio campo y patadón para arriba. Antiguamente no hacían eso, iban para adelante y, cuando perdían la pelota, iban para atrás. No tengo la menor duda de que desde 1953, que es desde cuando puedo hablar con conocimiento de causa, el equipo que mejor jugaba al fútbol era el Real Madrid.

Éramos una mezcla del fútbol sudamericano, porque jugábamos bastantes hombres de allá, y el europeo. La mezcla de la técnica de allá y la fuerza de acá es el súmmum. El futbolista europeo es veloz y el sudamericano tiene un gran dominio del balón. Si pones esas características a mayor velocidad, el resultado es una mayor técnica y una superioridad terrible. El Real Madrid era el equipo más requerido para hacer giras y jugar amistosos precisamente por su juego, era un sello que no tenían otros. Se nos reclamaba desde cualquier rincón del mundo, y era lógico que el club quisiera hacer dinero.

En el club había orden. Orden en la Directiva y orden en el vestuario. Tengo una anécdota de la reunión que los martes celebraba la Directiva. Comenzaron todos a discutir sobre el partido del domingo y Bernabéu lo paró en seco: "Un momento, si usted quiere discutir del partido se va después de que termine la reunión a un bar y habla de fútbol, ahora tenemos que hablar de la organización del club, del dinero, de los escalones..."

Los escalones eran las gradas del estadio que había que hacer y que pagaron con nuestro sudor. Pero si en la Directiva había orden, en el vestuario pasaba lo mismo. No había egoísmos, no había egos. Si me venían a entrevistar siempre a mí, yo le decía al periodista que hablase con mengano o fulano que había jugado mejor que yo, no lo hacía por no hablar, lo decía de corazón. Ahora es diferente, cuanto más sales en los papeles, más fácil es que venga una empresa de yogures y te contrate para hacer un anuncio y ganarte unos milloncitos extras.

Las noticias que nos llegaban del Manchester eran que alardeaban de ser invencibles. Como si fueran la Armada Invencible, vamos. Se habían sobrevalorado. Matts Busby, que fue un gran secretario técnico, hizo un equipo con las categorías inferiores y congregó a una serie de jugadores extraordinarios. Ellos lo explotaban y atemorizaban al cotarro futbolero europeo. Y claro, vinieron acá y se encontraron con que su musculatura y su pecho sacado no les valieron de nada.

Fue un partido memorable. El estadio estaba lleno. Había gente hasta en la calle. Ganamos 3-1. Yo marqué uno; la toco de lejos y la pongo ahí, donde quería, salió el portero a buscarla y estaba dentro. Mateos fue el autor del tercer gol, e hizo el Cristo. Ya lo había hecho en Las Palmas. Un chico fenomenal, un chico que tuvo mala suerte en la vida. Siempre me estaba diciendo que le dejara tirar los penaltis porque tenía que renovar el contrato y, cuantos más goles hiciera, más podía pedir. Se pasaba la vida renovando contrato. Los del Manchester sacudían, metían bien, pero yo no me quedé atrás. Le metí un *viaje* a Edwards que todo el estadio hizo "¡Uhhhhh!". Tenía el pobrecito dieciocho años, pero era fuerte, no se arrugaba. Tenían un buen equipo. Al delantero centro, que se llamaba Taylor, le llamábamos *El Sastre*.

Sabíamos que, a pesar del 3-1 allá, nos esperaba el infierno. Pero cuando se quisieron agarrar, ganábamos 2-0, con dos tantos de Kopa y Rial. Dejamos a Mateos solo en punta. Y no le echó el árbitro de milagro, porque pitaba algo y él seguía con el balón, nunca paraba. Se echaba las manos a los oídos y decía que con el griterío no escuchaba nada. "Tío, no te metas más, deja la pelota, cuando te pita deja la pelota porque si no te va a expulsar". Mateos ese día hizo como veinte fueras de juego. Nos terminaron empatando a dos y las pasamos canutas al final. Atropellaban que daba miedo. ¡Que fuerza tenían en los tobillos para golpear como golpeaban el balón!

Taylor era un armario grande, un armario rojo que se le venía encima a Juanito Alonso. En uno de los goles, se lo llevaron por delante en el aire y lo metieron en la portería.

Afortunadamente terminó el asedio y el éxito fue extraordinario para nosotros.

Al terminar el partido nos fuimos al banquete, porque entonces se hacían banquetes de confraternidad. A Bernabéu no le gustaba mucho que nos riéramos y gastásemos bromas. Era muy severo en este sentido. Pero nosotros estábamos muy contentos por haber ganado a los ingleses y nos tomamos unos cuantos vasos de vino. Entonces yo le hice una observación a don Santiago que no le gustó nada. Él me preguntó: "Alfredo, ¿qué te pareció todo esto?" "Me pareció muy bien, pero fíjese si hubiéramos perdido...", le contesté. Se lo decía porque me había llamado la atención el comportamiento de los jugadores ingleses, que habían perdido y estaban brindando con nosotros, demostrando ser unos grandes deportistas. Si nosotros hubiéramos perdido seguro que hubiéramos estado a garrotazos. Vamos, de bailar, nada. Cuando perdíamos, no se movía ni Dios. ¡Menudo era Bernabéu para eso!

La final con la Fiorentina fue en nuestro estadio. Tenían también un gran equipo con un brasileño de extremo derecho que se llamaba Julinho, que era un pedazo de jugador extraordinario. El delantero centro, Virgili, era tipo Vieri, un tipo de estos rocosos. Nos costó trabajo. Hizo un sol tremendo ese día. El primer gol fue de un penalti que le hicieron a Mateos y lo marqué yo. Tiré *arrastrón*, porque si tiro a media altura aquel portero me lo para. Estaba al borde del área chica cuando fui a patear, casi me saca del área. Tiraba yo fuerte y siempre pegaba a la derecha del portero, a la palanca mía. Entonces le pegué fuerte y abajo, ¡chummm!, y al tipo le pasó por abajo. Sarti se llamaba el portero. El segundo gol fue de Gento tras una carrera muy bonita que se la pone por encima. El estadio parecía que se caía, ese día entraron 120.000 personas. La prima por el triunfo en el campeonato fue de 100.000 pesetas.

La Selección española y el gol de taco de Bruselas

[En el transcurso de esa temporada, el 30 de enero de 1957, Alfredo debutó en la Selección española contra Holanda, en un partido amistoso benéfico a favor de las víctimas de Hungría. El Real Madrid le había pedido que se nacionalizara español para poder ocupar la plaza de extranjero con el francés Kopa. Una vez oficializada su situación, su incorporación a la Selección era obligada. Además, él tenía una deuda pendiente consigo mismo. Sólo había podido jugar seis partidos, los del Suramericano del 47, con la Selección argentina y su nueva camiseta le abría la posibilidad de aumentar sus experiencias con la perspectiva, incluso, de disputar un Campeonato del Mundo.]

Mi estreno fue en el Bernabéu. Era como si estuviera en casa. En ese partido debutó también con la Selección Luis Suárez. El seleccionador era Meana, que también llegaba al equipo nacional. Ganamos 5-1 y marqué tres goles, dos de ellos de cabeza. Con Holanda jugaba Wilkes, que había llegado al Valencia el mismo año que yo al Madrid. La delantera española la formábamos Miguel-Kubala-Di Stéfano-Suárez y Gento. Una gran delantera y un gran equipo el nuestro, aunque no se vio reflejado en los resultados, porque no nos clasificamos para el Mundial de Suecia de 1958.

De los partidos siguientes recuerdo dos goles. Uno a Portugal, en el que marqué un gol de tiro libre. Quería lanzar Garay, pero no le dejé. La barrera se me venía encima y yo amagaba y no pateaba. A la tercera, se la clavé. El portero era el que jugaba en el Oviedo, Carlos Gomes. El otro gol fue en Bruselas contra Bélgica. Ganamos 5-0 y yo hice el primero de taco. Acrobático. Creo que fue el mejor gol que hice en toda mi carrera y nunca lo he podido ver, ni siquiera tener una foto.

Perdimos la clasificación para el Mundial porque empatamos con Suiza (2-2). Fallamos goles a mansalva. Ellos, en cambio, llegaron dos veces y dos goles. Recuerdo que con el 2-1 Kubala falló un gol increíble y que a Luisito Suárez le silbaba la gente del Bernabéu cada vez que tocaba el balón, porque había preferido fichar por el Barcelona antes que venir al Real Madrid. La Prensa y los aficionados nos criticaron mucho porque Suiza no era nadie y nosotros teníamos uno de los mejores equipos que ha podido formar la Selección en su historia. Con ver la delantera queda dicho todo, pero a España siempre le faltan diez céntimos para completar la peseta. Siempre nos falla algo. Particularmente, ese Mundial no lo seguí con mucho interés. Estaba de vacaciones y todavía no había muchas televisiones. Argentina sí fue y Checoslovaquia le hizo seis. Fue el Mundial de Brasil y de Pelé.

Después jugamos la Eurocopa del 60 y me quedé con la maleta hecha para ir a Rusia. Estaba todo preparado y nos dicen que no viajamos por motivos políticos. Habíamos ganado a Polonia. Teníamos un buen equipo y, además, muchas ganas de resarcirnos del fracaso anterior. Tuvimos que bajar la cabeza y pensar en el siguiente compromiso, que era el Mundial de Chile.

Nos tocó primero País de Gales. Ganamos en Cardiff con un gol mío y después, en casa, no pudimos pasar del empate. El siguiente rival fue Marruecos y les ganamos en los dos campos. Nos dieron palos por todos los lados. Al regreso del primer partido parecía que veníamos de las Cruzadas. Ya estábamos en el Mundial. El seleccionador era Pedro Escartín, que después de la clasificación deja el equipo y le viene a sustituir Hernández Coronado con Helenio Herrera como entrenador de campo.

Pedro Escartín era un buen técnico, muy consecuente, se preocupaba mucho del rival, siempre nos daba una hoja con un informe. Un día, cuando estaba dando la táctica en la pizarra, dibujó un 4-4-3. Nos explica todo, nos pregunta si lo hemos entendido, y nadie se había dado cuenta de que en la teoría estábamos jugando con doce. "Don Pedro, todo lo que nos ha dicho está muy bien, pero tenemos doce jugadores..." Antes del Mundial nos concentramos en Bilbao y jugamos varios partidos amistosos, el penúltimo contra un equipo austriaco, el Osanabruck, no se me olvidará nunca. Jugamos en Atocha y, al terminar, comenzó a dolerme la pierna por detrás. Era como un tirón, pero no era un tirón. Me afectaba el nervio ciático.

El último amistoso lo jugamos en el Metropolitano. No jugué pero, como los médicos no sabían seguro lo que era y estaban seguros de recuperarme, viajé a Chile. Al final fuimos veintidós jugadores, aunque antes habíamos estado concentrados casi treinta. Eso se hizo muy mal, no se puede dar una lista y luego reducirla. Los chicos que se tuvieron que ir a casa se fueron llorando. Amancio fue uno de los descartados y fue muy criticado el tándem Hernández Coronado-Helenio Herrera.

Con el tiempo siempre pensé que el problema de mi misteriosa lesión fue la pérdida de peso. Se me descompensó la musculatura. Helenio Herrera estaba obsesionado con el peso. Nos daba cien pastillas. Algunos las tiraban. Yo las tomaba. Nos daban muy poco de comer. A mí me quería bajar de 76 a 72 kilos. De noche me daban una naranja y una manzana, y nos entrenábamos dos veces al día. Cuando llegamos a Chile, comencé a entrenarme normalmente, pero a los veinte minutos me dolía. En cuanto forzaba, volvía el dolor. Me dieron de todo, onda corta, onda larga, onda ultravioleta. Compartía habitación con Luisito Suárez y hasta me ponía la lámpara de noche para que me diera calor en la pierna. Yo estaba muy nervioso. Era un Mundial, mis padres habían viajado a Santiago de Chile, les había invitado. Mi máxima ilusión era que mi padre me viera jugar y en un Campeonato del Mundo y con la camiseta de la Selección española.

Helenio Herrera era muy cabezón. Yo le decía que me dejara descansar dos días, que estaba en forma y no iba a coger peso. Él lo llevaba todo a rajatabla. Había que entrenarse y había que entrenarse. Me daba verdurita para comer y no comía nada. La gente hasta dudaba de mí, pensaba que no quería jugar. Mi padre me decía: "Alfredito, tranquilo", pero yo me malcomía. No sabía lo que tenía. Lo peor era esa incógnita. Nunca entendí el fanatismo de Helenio Herrera con el peso y la comida. No nos dejaba comer ni marisco, que allí era bueno.

Los primeros partidos no los jugué, pensando que podía estar recuperado para la segunda fase. Aunque faltara yo, la Selección tenía un gran equipo: Carmelo, Rivilla, Santamaría, Reija, Segarra, Garay, Del Sol, Eulogio Martínez, Puskas, Suárez y Gento. Y también estaban Pachín, Collar, Peiró, Adelardo... No merecimos perder el primer partido contra Checoslovaquia, nos marcaron un gol casi al final y nosotros fallamos muchos. Debíamos haber ganado.

En el segundo encuentro le ganamos 1-0 a México con gol de Peiró. Contra Brasil nos robaron el partido. Les dominamos a pesar de que jugó muy bien Garrincha. Pelé tampoco pudo jugar porque se había lesionado contra Checoslovaquia al pegar una patada al suelo. Vimos el partido juntos en la tribuna. Ya le conocía, pero tampoco le había visto jugar mucho, porque era muy joven, tenía entonces veintidós años. El día anterior, contra Checoslovaquia, le pegó tal castañazo al balón que se estrelló contra el larguero y volvió al centro del campo. Nunca debimos perder ese partido. Adelardo nos adelantó y luego le anularon otro tanto, que hubiese sido el 2-0. Al final, los brasileños apretaron y Amarildo, que era el sustituto de Pelé, marcó los dos goles. España se quedaba fuera de la segunda fase y yo sin jugar un Mundial.

Si entonces hubiera habido cambios, hubiera jugado, porque un rato sí aguantaba. Todo fue una descompensación muscular por culpa de la comida, porque en cuanto volví a casa y comencé a comer pollo, espaguetis y asados, me puse bueno en quince días.

Nunca me traumatizó no haber disputado ningún partido de un Campeonato del Mundo. Al fin y al cabo estuve en uno y no jugué por lesión. Es como si hubiera sido suplente. Nunca me gustaron las medallas, me dolió más por mis viejos, que se quedaron desilusionados. Después ya no pude jugar más con la Selección, salió la ley esa y nos quitaron de la circulación. Lo más lógico hubiera sido que los que ya habíamos jugado pudiéramos haber seguido, pero parecía como si la ley estuviera hecha contra Sivori y contra mí, que fuimos los grandes afectados.

De esa forma mi último partido con la Selección fue anterior a ese Mundial, un amistoso que jugamos contra Francia en Colombes en diciembre de 1961. En total, jugué 31 partidos: 10 oficiales y 21 amistosos, con 23 goles.

A nadie tengás envidia,
es muy triste el envidiar;
cuando veas a otro ganar
a estorbarlo no te metas:
cada lechón en su teta
es el modo de mamar.

Ocho al Sevilla y la medalla de la final

[Sólo la Copa del Generalísimo se le escapó al Real Madrid esa temporada 1956-1957. Además de la segunda Copa de Europa, la Liga y la Copa Latina pasaron a formar parte de las vitrinas del club presidido por Santiago Bernabéu. Di Stéfano se proclamaba máximo goleador del Campeonato por segundo año consecutivo con 31 tantos. Era su tercer Pichichi en los cuatro años que llevaba en el Real Madrid, y en el que no ganó, el de la temporada 1954-1955, fue segundo después de Arza. Después ganaría otros dos, en las temporadas 1957-1958 y 1958-1959.]

    El Real Madrid era como la canción de Alberto Castillo, "Todos queremos más: todos queremos más, más, y más, y mucho más". Era ya una fuente inagotable de deseo y la responsabilidad iba aumentando. El club siempre, higiénicamente, iba limpiando y metiendo nuevos materiales. Don Santiago ficha entonces al portero Domínguez, argentino, y al central Pepe Santamaría, uruguayo. Se jubilaron además varios veteranos como Molowny, Navarro, Pérez-Payá.
    Bernabéu tuvo una gran idea: fichar jugadores de todo el mundo para que el Real Madrid fuese conocido en todos los países y así le invitaran a jugar partidos amistosos y a hacer gira. ¡Pero si una vez, en una gira de esas por América, llegamos a jugar hasta diez partidos en veinte días!

Era un tipo severo Bernabéu, bastante mandón. Nos tenía a todos un poco *acojonadillos*. No era un dictador, pero era el jefe-jefe y nadie lo discutía. Estoy totalmente de acuerdo en que el presidente de una institución es el presidente, y punto. Es el que tiene que mandar y los demás a escuchar.

En la Copa de Europa nos estrenamos contra el Royal Amberes. Entonces a los equipos belgas y holandeses les teníamos un poco como equipos de fábricas de cerveza y quesos. Lo curioso de esa eliminatoria fue que allí marqué los dos goles del Madrid y en el Bernabéu, que les metimos seis, no conseguí ninguno.

En cuartos nos volvió a tocar otro equipo español, el Sevilla, que jugó la Copa de Europa porque había sido segundo en la Liga detrás de nosotros. Antes de esa eliminatoria ocurrió que el domingo anterior nos ganaron en partido de Liga (3-2) y pensaron que todo el monte iba a ser orégano. Volvimos juntos en el tren y sacaban pecho. "Arza y su orquesta", decían. Nosotros, calladitos.

Llegó el miércoles, comenzó el partido y, cuando se quisieron dar cuenta, ya llevaban cinco en contra. Estábamos bastante picaditos. Les cogimos con el hielo y les arrasamos. Era el mes de enero, y ellos estaban menos acostumbrados y se caían como "cerdos en las baldosas". Nosotros nos agarrábamos bien porque nos entrenábamos en esas condiciones. Campanal le pegó una piña [bofetada] a Marsal y le expulsaron. Les hicimos ocho. 8-0. Y yo marqué cuatro, la mitad. Kopa marcó un tanto extraordinario. Tres nuestros dejamos pasar el balón y el francés la clava al lado del palo. Un golazo impresionante, uno de los más bonitos que recuerdo. Bustos era el portero y se retiró del fútbol después de ese partido.

En la vuelta empatamos a dos. Ahí fue donde, al terminar el primer tiempo, estalló en palmas todo el estadio: "Saeta, hijo de puta, andá la puta que te parió", y se oían las palmas. Yo buscaba el apoyo de los compañeros, y los compañeros se iban para el otro lado, sin querer saber nada. Comencé a insultarles: "Ustedes se van, ¿qué tienen miedo?, ¿qué tengo?, ¿sarna y os voy a contagiar?" Me dejaron solo en medio de la cancha. Entonces me fui para el centro justo, empecé a mirar, y me acordé de Martín Fierro y de su toro. Y cuanto más me gritaban y me insultaban, más me crecía. Me puse entonces en medio del campo y empecé a dirigir la orquesta.

> *Yo soy toro en mi rodeo*
> *y torazo en campo ajeno*
> *siempre me tuve por güeno,*
> *y, si me quieren probar,*
> *salgan otros a cantar*
> *y veremos quién es menos.*
>
> *No me hago al lao de la güella*
> *aunque vengan degollando;*
> *con los blandos yo soy blando*
> *y soy duro con los duros,*
> *y ninguno en un apuro*
> *me ha visto andar tutubiando.*
>
> *En el peligro, ¡qué Cristo!,*
> *el corazón se me ensancha,*
> *pues toda la tierra es cancha,*
> *y de estos naides se asombre:*
> *el que se tiene por hombre*
> *donde quiera hace pata ancha.*

Cuando volvimos del descanso, más de lo mismo. Y yo continué con la orquesta. Hasta que salió el Sevilla, no se callaron. Yo nunca me encaré con ellos. Hacía los gestos del director con la batuta, pero mirando al suelo. Al final del partido, cuando salíamos, nos insultaron, sobre todo a mí, nos tiraron piedras. Es la ley del fútbol y no hay que guardar rencor a nadie. El aficionado andaluz siempre ha tenido mucho genio, pero también mucha gracia.

En semifinales nos tocó el Vasas de Budapest. Sentenciamos en el Bernabéu. Ganamos 4-0 y yo marqué tres goles bajo una lluvia torrencial. Uno de ellos, de tiro libre, fue un golazo, salvé a la barrera por fuera, con efecto.

Poco antes de ese partido, sucedió el accidente del Manchester United. Fue en el aeropuerto de Munich, cuando regresaban a casa después de haber jugado en Belgrado contra el Estrella Roja. El avión se estrelló a causa del mal tiempo. Fallecieron diecinueve personas, ocho de ellas futbolistas. Con un equipo improvisado, el Manchester no pudo eliminar en las semifinales al Milán y los italianos fueron nuestros rivales en la final.

En el partido de vuelta nuestro, en Budapest, lo pasamos horrible. El día anterior nos pasamos en el entrenamiento. Había cuarenta mil personas viéndonos y nos esforzamos de más. Yo se lo dije a Carniglia, que era el entrenador, pero parecía que quería que nos luciéramos. En el partido, a pesar de la ventaja de cuatro goles, sufrimos. El Vasas jugaba bien. Muñoz hizo un penalti muy tonto. Metió la mano y se vio hasta en Moscú. Y encima no paraba de protestar. Ese fue el último partido de Muñoz en la Copa de Europa.

Bruselas fue el escenario de la final. Se celebraba la Exposición Universal y la ciudad estaba llena. Para colmo, los dos finalistas éramos latinos y movíamos a mucha gente. Bélgica estaba llena de inmigrantes españoles e italianos.

El Milán tenía un equipazo. Jugaba el padre de Maldini, César, un defensa central de los antiguos, y el sueco Liedholm, ¡qué jugador! Y Schiaffino. Y Grillo. El portero, Buffon, tío del que juega ahora en Italia, medía como dos metros. Yo decía: "¿Y cómo le hacemos un gol a este?" Tapaba toda la portería. Rial me decía que Liedholm le gambeteaba con la vista. "Este cabronazo me está engañando, me engaña, me mira a la cara y luego se va por el otro lado". Y yo le aconsejaba: "No le mires a la cara, tú mira la pelota".

Ganamos el partido levantándolo a pulmón. Perdíamos 1-0, gol de Schiaffino, un uruguayo fino, y empaté yo. Volvieron a marcar ellos, gol de Grillo, otro argentino. Empató Rial. Y fuimos a la prórroga y Gento hizo un gol que cruzó todo el área poblada de jugadores y pasó por el frente y ¡psssssiiii! ¡Gol! No sé cómo pasó esa pelota. Todos mirándola, los italianos y nosotros. 3-2. ¡Qué partido! ¡Qué bonito fue eso, madre mía! Antes de comenzar la prórroga le dije a Gento que lo arreglaba él o no lo arreglaba nadie. Sólo su velocidad podía resolver aquello.

Según nos bajábamos del autocar que nos llevó al hotel, después de la final, el utillero, Peris, nos iba entregando las medallas que nos había concedido la UEFA como campeones. Cuando abrí mi estuche, no había medalla. Alguien la había robado. Yo agarré otra y me fui. Cuando bajó el último jugador, que era Lesmes, no tenía medalla y se armó un lío considerable. Don Santiago le dijo a Gento que como capitán le diera la suya y que en Madrid le haría una reproducción.

Años después, me pasó algo parecido en Milán, después de perder con el Inter. Me quitaron delante de mis narices una reproducción de la Copa de Europa que nos habían dado.

El Real Madrid comenzó a ser alguien importante en Europa. Nosotros teníamos muy presentes las palabras de Bernabéu de que representábamos a España. Éramos una embajada de deportistas que hacíamos honor al país. Decían que el Real Madrid era el equipo del Gobierno. ¿Qué equipo del Gobierno? Lo que éramos era representantes, embajadores por todo el mundo.

La llegada de Puskas y la cuarta Copa

[Miguel Muñoz se retira del fútbol activo y *Pancho* Puskas recala en el Real Madrid. La nueva temporada, 1958-1959, volvía a estar llena de retos para el Real Madrid. En la Liga, el Barcelona ficha a Helenio Herrera para el banquillo y a Kocsis y Czibor para reforzar su delantera. Liga y Copa fueron para los azulgrana, con el Real Madrid siempre como rival más directo. Para los blancos quedó la cuarta Copa de Europa.]

La llegada de Puskas fue otro gran refuerzo para el equipo, aunque a Rial no le gustase mucho su llegada porque no quería jugar a la derecha, a pesar de que podía hacerlo perfectamente. Cuando llegó, Pancho llevaba mucho tiempo sin jugar. Costó integrarlo, pero los grandes jugadores siempre se adaptan y Puskas lo era. En cuanto agarró el punto físico, comenzó a funcionar. Su principal virtud, y esa nunca se pierde, es que era un goleador.

No hablaba nada de español. "Motor, motor", que quería decir correr. No decía más. Como no hablaba, protestaba mucho. Hacía ademanes con la mano que eran muy comunes en los países centroeuropeos, pero que aquí sentaban muy mal a los árbitros, porque la verdad es que eran muy despectivos. Yo le dije mil veces que no hiciera ese gesto con la mano, que aquí significaba mandar a alguien a tomar por..., o a freír puñetas, pero no me hacía ni caso.

Las jóvenes generaciones no han visto jugar a Puskas, no saben lo que se perdieron. Muchos se creen que era sólo disparo. No. Tenía juego, inteligencia. Y eso que ya llegó a España con treinta años. Le trajo Osterreicher, que fue un personaje extraordinario, de lo mejor que me he encontrado en el mundo del fútbol junto a Samitier y Saporta. ¡Qué delantera teníamos! Kopa-Rial-Di Stéfano-Puskas y Gento. No creo que haya existido una delantera más completa en la historia del fútbol. Sí, hacía ademanes, que era lo peor.

La cuarta Copa de Europa, además de por su significado, siempre la identificaré con mi primera expulsión en la competición. Ocurrió en el primer partido contra el Besiktas turco, que fue nuestro primer rival.

El portero de ellos se llamaba Varol, el "Águila negra". No era muy alto, pero paraba muy bien. Me expulsaron por protestar. Ellos demoraban mucho los saques de banda, los saques de puerta. Si había que sacar por la derecha, se iban por la izquierda. En una jugada, agarré el balón y se lo di a uno de ellos para que sacara rápido. Nos expulsaron a los dos. ¿Y a mí por qué me echa?

Ganábamos sólo por un gol hasta el final, que marcamos el segundo. Ya no estaba yo en el campo. Kopa fue el delantero centro, puesto en el que jugaba en la Selección francesa y en el que más le gustaba jugar. Volvimos al Prater en la siguiente eliminatoria, pero para jugar contra el Wiener, no contra el Rapid. Allí empatamos a cero, pero aquí nos resarcimos. Siete les metimos. Cuatro míos, y eso que no jugó Puskas, que le habían expulsado en el primer encuentro.

De esa temporada es obligatorio mencionar a Santisteban, que ocupó en la línea media el puesto de Muñoz, e hizo una gran temporada.

En semifinales nos tocó el Atlético. Estaban jugando muy bien. Daucik era su entrenador y su delantera era tremenda: Miguel-Mendoza-Vavá-Peiró y Collar. El portero era Pazos. Atrás estaban Rivilla, Calleja, Callejo... Había una gran rivalidad con ellos. Jugamos primero en casa, más de 100.000 personas en las gradas. Ganamos 2-1. Nos faltaron el portero Juanito Alonso, Zárraga y Kopa, uno por línea. En el Metropolitano nos ganaron 1-0. Collar hizo el gol. Era un gran extremo, pero lo mató Gento, como a Manolín Bueno. ¡Si en el Mundial de Chile se tuvo que ir a la banda derecha para poder jugar algún partido! De no ser por Gento, hubiera jugado en la Selección diez años.

Lo mejor fue el desempate en Zaragoza. Se jugó un partido bárbaro. Kopa jugó fenómeno. Y Mateos. Entonces había una gran rivalidad entre nosotros. Teníamos piques, como es natural. Sabíamos lo que nos jugábamos. Los partidos contra el Atlético se jugaban más allá del campo. Había que ganar por la gente, porque lo peor que les podía pasar era tener que aguantar toda la semana a los del Atlético porque habían ganado. El Madrid siempre llenaba el campo, el Atlético, menos, pero los de rayas, cuando ganan, aparecen como hongos. Siempre ha pasado.

Entonces había más rivalidad que ahora, porque los equipos estaban más igualados. Zaragoza se llenó de las dos aficiones. Fue muy hermoso el viaje. Nos cruzábamos en la carretera con las dos aficiones. Ganamos 2-1, pero en la segunda parte ellos nos achucharon de lo lindo. Nosotros no podíamos permitir que en la final se metiera un equipo que venía de *colao*, porque jugaron la Copa de Europa porque nosotros habíamos ganado la del año anterior.

Estamos en Stuttgart. Puskas no va porque tiene algún problema burocrático. Alguien nos comentó entonces que no le dejaban entrar en Alemania porque se había cambiado el apellido. También nos comentaron que no viajaba porque los alemanes y los húngaros no se podían ni ver y no querían que la afición se pusiera en nuestra contra. Kopa, Mateos, Di Stéfano, Rial y Gento fue la delantera. Zárraga jugó en la defensa con Marquitos y Santamaría, y la media la formaron dos chavales, Santisteban y Antonio Ruiz. El portero fue Domínguez.

El rival volvía a ser el Stade de Reims. El partido se planta con una expectativa extraordinaria. Antes del partido, salieron grupos musicales a animar el ambiente. A mí no me gustaba tanta fiesta, además pensaba que tanto va el cántaro a la fuente que se rompe...

Al Reims le teníamos comida la moral. Le ganábamos siempre. Habíamos jugado muchos partidos en los últimos años. Eran como de la familia y decíamos: "A ver si todavía estos nos ponen la tapa". Sí, la tapa, como si fueras al cementerio. Había una gran predisposición para ganar, pero había también una fuerte presión desde la Directiva y el público. Estábamos como el año anterior: "Todos queremos más..."

El primer gol lo hace Mateos. Extraordinario. Se mete dentro del área. Del costado izquierdo, se va a la derecha y se la mete al otro palo. A Mateos también le hicieron el penalti que supuso el segundo. Hicimos una pared Mateos y yo, se mete dentro del área, pega un amague, como pegaba él, y le derriba el central. Mateos, como siempre aparatoso, se larga de cabeza por el suelo y el árbitro pita penalti. Cojo la pelota y oigo que me chistan desde atrás: "Saeta, déjamelo tirar a mí que si la meto soy la estrella de la final con dos goles, tengo que renovar contrato y no sabes lo que es esto para mí". Siempre estaba con lo del contrato.

"Mateos, dejame tranquilo, porque lo tengo que tirar yo y esto es una cosa seria, que el partido, es el primer tiempo y..." Y él seguía. Yo estaba agachado poniendo la pelota y él no salía de ahí al lado, era como una mosca de estas cojoneras que hay, y no se despegaba de mí. Me empieza entonces a mirar de costado, como perdonándome la vida, y dice uno del equipo que estaba al lado: "Bueno, déjale, si tiene tanta confianza, que lo tire". Me convenció: "Bueno, "tiralo, pero te voy a decir una cosa, pegale fuerte a la pelota, yo no sé dónde la vas a tirar, pero dale fuerte a la pelota porque el portero —que se llamaba Colonna— es como un gato. Cuidado, que tiene una velocidad bárbara y si te adivina la acción y no le pegas fuerte te la saca". Mateos me dice: "Ya, ya, tranquilo".

Nos vamos detrás de la línea de demarcación, tira el penalti, ¡pum!, a la derecha del portero, se lanza Colonna y se la saca a córner. Lo queríamos matar. Al rato se lesiona Kopa y el francés se quería ir del campo. Ahí otra pelotera con el técnico, con Carniglia, que, como había estado en Niza, hablaba perfectamente el francés, y se liaron los dos a discutir. El técnico le decía que se quedara en el campo, aunque fuera como un poste, pero por lo menos molestaba, por lo menos alguien se le quedaría marcando. "Te mandamos la pelota, tú la paras y nos la devuelves, como si fueras una pared." Kopa, al final, a regañadientes, se quedó. La verdad es que no podía ni andar.

El primer tiempo terminó 1-0. Estamos en el vestuario, yo estoy, como siempre, en el lavabo enfriándome las manos porque se me hinchaban, y veo que hay una discusión a mis espaldas. Había bajado desde el palco Antonio Calderón, el gerente del club, y estaba dando gritos, medio discutiendo con mis compañeros en un momento crucial del partido en el que hay que hablar entre nosotros, recuperar fuerzas. Me doy la vuelta y digo: "¿Qué pasa, qué pasa?" Antonio Calderón le preguntaba al técnico a gritos que quién era el encargado de lanzar el penalti. Sin nombrarme, la indirecta era bien directa. La Directiva venía por Alfredo. Y yo le agarré y le dije: "Bueno, ¿qué pasa acá?, esto es una cuestión interna de nosotros, del equipo. El técnico dice quién tiene que lanzar el penalti y después nosotros en el transcurso del partido vemos. Quien tiene más moral tira el penalti. Es una cuestión particular nuestra".

Contestó que teníamos que ir al psiquiatra. Entonces agarro y le digo a Carniglia: "¿Quién manda en el vestuario?, ¿manda el entrenador o manda un dirigente del club?" Entonces ya se frenó un poco el gerente y aproveché para mandarle a paseo. "Oiga, mire usted, aquí no tiene nada que hacer, usted váyase a dirigir el club, a vender entradas o a lo que le dé la gana, usted es un empleado del club y en el vestuario del equipo, en el descanso, no pinta nada. Termina la discusión y salimos al campo, nosotros con diez.

En una de las primeras jugadas, me llevo la pelota medio entre empujones y le meto un zapatazo que se mete en la portería. Ya nosotros, con el 2-0, empezamos a respirar. Luego jugamos ya con más tranquilidad, éramos un equipo avezado, que sabía lo que quería, un equipo con entendimiento entre las líneas, reteníamos el balón y controlamos el partido.

Cuando acabó, bajó Bernabéu al vestuario y, masticando su habitual puro, dijo: "Sois cojonudos". Menos mal, menos mal que dijo eso porque, al año siguiente, en la quinta Copa, casi nos mata a todos cuando terminó el partido. Nos mata porque era de esas personas que no exteriorizaban el triunfo. Era demasiado serio, nunca tiraba cohetes. Ese día se dio cuenta de que fue un mérito grande ganar con diez hombres. Ellos seguían teniendo un gran equipo, el delantero centro era Fontaine, que luego se hizo un buen amigo mío, y venía de marcar trece goles en el Mundial de Suecia.

Ese fue el último partido de Kopa con nosotros. Fue una gran jugador. Ese año le dieron el Balón de Oro con todo merecimiento. Aparte del *dribling* que tenía, tenía un físico muy compensado. No era alto, medía 1,73, pero se defendía con los defensas. Siempre estaba bien organizado, era difícil agarrarle la pelota. No tenía una gran resistencia física en el sentido de trabajar pero, cuando tenía la pelota en los pies, era un espectáculo. Era un creador en ese sentido, no tenía el sacrificio de ir a trabajar el medio campo, tirarse al suelo e ir a buscar al adversario. Hay gente que sabe jugar bien al fútbol pero no tiene el espíritu de sacrificio, de ayuda. Él, como jugador, fue extraordinario. Yo le tenía mucha estima, y a la señora también, tenían una niña pequeña. No acababa su contrato aún, pero se fue. Dicen que le interesaba más jugar en Francia porque allí, además de jugar, hacía publicidad de productos de su país. Así que estar allí le era más rentable.

Los celos de Didí y la final de Glasgow

[Se acaba la década. En la competición española, el duelo Barcelona-Real Madrid alcanza su máxima expresión. Otra vez el título 1959-1960 es para el Barcelona, pero acaban la Liga empatados a puntos. Puskas es el máximo goleador con veintiséis goles. La quinta Copa de Europa iba a resultar la más difícil de todas con una apoteósica final en Glasgow, después de haber eliminado al Barcelona en semifinales. Al equipo llega el brasileño Didí, que se había proclamado campeón del mundo con Brasil el año antes.]

Didí llegó como una gran estrella. Nadie puede dudar de su calidad técnica, de su exquisito toque de balón, pero nosotros necesitábamos un rompedor, un jugador de quite. Él era de pase y atacante, tenía una gran visión de juego, pero el trabajo sucio no le iba. Tampoco logró adaptarse al ritmo de juego del campeonato español, mucho más rápido y vivaz que el brasileño. No se quiso dar cuenta de que el equipo no podía trabajar para él.

Nosotros habíamos ganado ya cuatro Copas de Europa y nuestro lema era trabajar todos para todos. Él quería que el equipo se pusiese a su disposición. Su mujer trabajaba para un periódico brasileño y escribió muchas mentiras: que si yo no le ayudaba, que le tenía envidia, pero si hasta le ayudé con mi señora a buscar la casa en Madrid. Todo lo contrario. Yo le quise ayudar, tanto dentro como fuera del campo. Sabía lo que era venir de otro país como estrella, lo mal que se pasa.

Dentro del campo, Didí tenía que alimentar de balones a Di Stéfano, no al revés. Él era el interior, yo el delantero centro. Sin embargo a mí no me importaba bajar a echarle una mano. La mujer, además, lo lio todo, decía que en España pagábamos a los periodistas. "¿De qué íbamos a pagar?" Hay que tener cara para decir eso. En Sevilla un día le dije que lo que tenía que hacer era pegarle una patada en el culo a su mujer y mandarla a Brasil. No se daba cuenta de que la otra escribía allí y luego venían los refritos, como yo le decía, y nos enterábamos de todo.

Como jugador tengo que decir que era extraordinario. No he visto a nadie rematar como a él. Le daba el efecto al revés. ¡Qué más hubiéramos querido todos que que hubiera triunfado! Acá no había racismo como decía la mujer. Ni blancos, ni negros, ni colorados. El santo patrón es el público, ese es el que te pone en los tablones y te quita. Le robaban los balones por detrás, por descuido, por falta de concentración, y eso al público del Bernabéu no le gusta. Al público del Bernabéu le gusta la calidad, pero también valora el esfuerzo, el trabajo, la entrega, la lucha. Es un público acostumbrado a ganar, y para ganar hay que luchar.

El entrenador esa temporada era Fleitas Solich, un paraguayo. Además de Didí, llegaron entonces *Chus* Herrera y Canario, un extremo brasileño que venía a sustituir a Kopa. Herrera le copió a Didí la forma de disparar con la pelota parada. Didí hacía la *folha seca:* le pegaba al balón de tal forma que parecía que iba alto y, de repente, cuando llegaba al arco, bajaba a una velocidad tremenda. Para conseguirlo había que hacer un movimiento con el muslo. Y Herrerita lo aprendió. Lo aprenden en la playa. Yo lo intentaba alguna vez, pero no me salía, y eso que yo le pegaba fenomenal a la pelota. Los brasileños le pegan de costado. Yo he visto a Didí hacer cada pase estupendo en el medio campo... Parecía que iba derecho y, de pronto, se esquivaba, y tenía un remate que era... ¡puro efecto!

La primera ronda de la Copa de Europa no tuvo historia. Nos tocó el Jeunesse de Luxemburgo y les goleamos acá y allá. En la siguiente eliminatoria nos dio un susto el Niza en su campo. Yo no jugué ese partido, pero fui en coche con Lucho Gatica, porque se habían producido unas inundaciones que costaron muchas vidas por causa de la presa de Frejus y las autoridades pidieron que fuera yo. Vino con nosotros José Samitier, que había fichado como secretario técnico, y se bajó en Cannes porque le daba miedo el coche. Casi tardamos un día en llegar. Ganábamos 0-2 y se pusieron 3-2, con tres tantos de Nuremberg. En Madrid les metimos cuatro para olvidar la afrenta. No nos gustaba nada perder, no estábamos acostumbrados.

En semifinales, el Barcelona. Parecía como si todos los años nos tuviéramos que ver con un equipo español. Les ganamos 3-1 en cada campo. Sin discusión. En el partido de allá me chillaron y me silbaron como pocas veces en mi vida. No olvidaban lo de mi fichaje por el Madrid y que no lo hubiera hecho por el Barcelona.

Además hubo un follón con unas declaraciones mías a la revista inglesa *People*, en las que hacía unos elogios tremendos del Barcelona, diciendo que tenía un equipazo y que era un contendiente muy importante en esta competición. Me maté a nombrar jugadores, elogiando sus virtudes: Luis Suárez, Eulogio Martínez, Villaverde, Gensana, Segarra, Ramallets... Entonces, en Barcelona me acusaron de que, con mis descripciones de los jugadores, lo que había hecho era darles la táctica para que el Wolwerhampton, que era su rival en la eliminatoria anterior, les pudiera ganar. Se montó una impresionante en Barcelona. Los periódicos decían: "El chivato de Alfredo". Fue impresionante, cada vez que tocaba el balón me silbaban. Y había una pancarta que medía como unos cincuenta metros de largo que decía: "No queremos chivatos en el estadio..." Además en castellano, para que lo entendiera. El Barcelona había perdido allí y resulta que yo era el culpable. ¡Pero cómo voy a dar la táctica si el Barcelona tenía sus técnicos! Y, aparte que la táctica, por más que se la dé a los ingleses, luego se gana o se pierde en el terreno de juego.

La silbatina fue increíble, y yo decía: "¿Y estos no se cansan jamás?" Tocaban trompetas, tocaban pitos, tocaban la sardana. Cuando ya faltaban tres o cuatro minutos para terminar el partido, me dirigí hacia el banquillo nuestro. Iba a lanzar un saque de banda y le pregunté a Muñoz, que ya era nuestro entrenador porque habían despedido a Solich: "Miguel, ¿quiénes son los que tocan la trompeta?" Muñoz se da la vuelta y dice: "No, todos estos que andan detrás". Era para tomárselo un poco de cachondeo.

Entonces veo que viene corriendo, desde el otro lado del campo, Gracia, que era el lateral izquierdo. Venía a doscientos por hora, no sé que con qué intenciones. Le miré de soslayo, porque yo parecía que tenía un ojo en la nuca para salvar patadas, le toqué el balón y se fue directo contra la grada. ¡Lo que faltaba! En el campo del Barcelona siempre me silbaron. Otro partido que fui con la Selección, que le ganamos a Italia, me pasó lo mismo.

El cambio de entrenador se produjo a mitad de temporada. Solich se resbaló un día en la nieve y se rompió un brazo. Estaba tomando fotos de Madrid, el hombre. No sé si le destituyeron sólo por esa razón o si había otras. Entonces los jugadores no nos metíamos en nada, ni nos enterábamos de nada. Muñoz estaba en el Plus Ultra. No sé si cuando le ficharon fue de forma provisional, pero lo que sí recuerdo es que don Santiago se presentó una tarde en mi casa, venía yo de llevar a los niños al colegio, y me dijo que venía a tomar café.

Los celos de Didí y la final de Glasgow

Me preguntó por Helenio Herrera. "Le conozco de la Selección, es muy personalista y buen técnico, tiene unas características de juego que no sabemos lo que puede pasar. Mire, don Santiago, me parece que es mejor malo conocido que bueno por conocer", dándole a entender que si nosotros habíamos terminado la campaña bien, ganando la quinta Copa, para qué íbamos a hacer otro cambio en el equipo. Él se fue haciendo movimientos con la cabeza, lo hacía siempre que no se había quedado muy convencido de algo. Se volvío y me dijo: "Bueno, y nosotros... ¿Qué va pasar? ¿Vamos a salir campeones el año que viene?" Entonces le dije: "Mire, don Santiago, con el equipo que tenemos, podemos salir campeones otra vez. El Barcelona tiene jugadores mejores que nosotros individualmente, pero colectivamente el Madrid tiene un equipazo, un equipo aguerrido, un equipo con mucha unión, una gran amistad en el club entre todos, y eso es fundamental para un club". Don Santiago se fue medio dudando todavía, pero al final se quedó Muñoz.

Mediada esa temporada, se incorporó al equipo Luis del Sol. Venía del Betis. Jugaba de falso extremo izquierdo, falso en el sentido de la colocación, pero era un jugador de medio campo que era una maravilla. Era un artista, un gran fichaje. Otro gran acierto. Esa eliminatoria contra el Barça ya la jugó con nosotros. Vino a ocupar el puesto de Rial y encajó de mano. No necesitó muchos partidos. Lo mismo le ocurrió más tarde cuando se fue a Italia. Su forma de jugar era inteligente, trabajaba para el equipo, pero lucía individualmente porque sabía lo que tenía que hacer. A mí también me buscaban sustitutos, me trajeron a Simonsson, a Pepillo, pero yo, como Gento, éramos incombustibles. Estábamos cada año más fuertes.

Llegamos a Glasgow, a la final contra el Eintracht de Francfort. "Pentacampeón", esa era la única palabra que se escuchaba a nuestro alrededor. Había que ganar y había que ganar. Ellos venían de eliminar al Glasgow Rangers y eso nos vino muy bien, porque tuvimos a toda la hinchada escocesa de nuestro lado. Éramos favoritos, pero nosotros lo hablamos en el vestuario: "Chicos, no nos fiamos de nada".

La prueba evidente de que teníamos razón era que íbamos perdiendo 1-0 y nos metieron otro tiro en el travesaño que hubiera sido el 2-0. Ellos empezaron muy bien y nosotros fuimos tranquilamente de menos a más. Teníamos una gran efectividad arriba, algo muy importante, porque en los grandes equipos, además de jugar bien, si tienen diez oportunidades, marcan más de la mitad. Esa es la savia del fútbol, que el fútbol se materialice, porque al final en la historia quedan los resultados, no si jugaste bien o jugaste mal, eso después se olvida la gente.

El Madrid era contundente en ese sentido porque era un equipo de gran precisión, además de resolutivo, que era lo fundamental. Pancho hizo cuatro goles y yo tres. Los dos primeros fueron míos. El primero le pegué con la espinilla y el segundo fue de oportunista, pero fueron los más importantes. Remontamos y terminamos jugando la mejor final de la historia de la Copa de Europa. En el estadio había 135.000 personas. Era impresionante el aspecto. ¡Y diez goles! Cómo sería el partido que en Inglaterra y Escocia, durante muchos años, lo han seguido repitiendo el día de Año Nuevo en televisión.

La humanidad de don Santiago Bernabéu

A la vuelta hicimos Glasgow-Londres en avión y allí teníamos que cambiar de vuelo para Madrid. Comimos en el restaurante del aeropuerto. Pepillo estaba descompuesto porque se había tomado diez zumos de naranja y devolvía todo lo que comía. Estábamos todos contentos, le gastábamos bromas a los camareros que nos entendían. Don Santiago, sin embargo, estaba ahí, sentado, serio, increíblemente serio. Parecía que habíamos perdido. La noche anterior ni siquiera nos dieron permiso para salir a celebrarlo.

Estábamos concentrados a ochenta kilómetros de Glasgow, cerca del campo de golf Saint Andrews. Nos dijo que no. Y se quedó con nosotros en el hotel hasta las doce y media o una de la mañana. Todo lo que teníamos era unas galletas y una botella de champán, además de uno tocando el piano. Nos aburrimos como nunca, como si hubiéramos perdido, vamos. No podíamos ni cantar, ni reír. Cuando nos reíamos, Bernabéu siempre asomaba: "Psiii, no hacer ruido. Hay que ser como los suizos, que no se hacen notar". Bernabéu tenía sus cosas. Debía estar alegre porque el Madrid no había perdido el bigote y, sin embargo, parecía como si tuviese que ser todo lo contrario, que toda la vida llevara bigote.

Recuerdo que un día a mí me llamó la atención porque la camiseta número nueve que tenía parecía para Tarzán, se me salían las mangas, se me iba por los dedos para abajo. Cuando empezaba a transpirar, a sudar, se mojaba y estaba a cada momento remangándome, y en el fútbol no se puede estar perdiendo tiempo. A veces veo ahora a los jugadores que tienen la melena y se tapan los ojos, viene una pelota de cabeza y dicen que no la vieron por el pelo. ¡Es para matarlos! Se pierde un gol porque no la vio por el pelo.

Bueno, resulta que siempre estaba a vueltas con la camiseta y con unas tijeras me cortaba los puños, me ponía un esparadrapo blanco, me lo ajustaba a la muñeca y no tenía problemas. Entonces el utillero, que era Peris, le dice a don Santiago que Alfredo está cortando las camisetas. Peris parecía el jefe general del club, mandaba más que todos, vamos. Don Santiago me dice que estaba rompiendo los juegos de la equipación. Digo: "Que me hagan las camisetas del número nueve más cortas". Y entonces llegó un momento en que me di cuenta y dije: "Bueno, pero ¿aquí quién se pone el nueve, hay algún otro más que yo?, aquí no hay otro nueve que no sea yo".

Tenía esas cosas don Santiago. Apagaba la luz de todas las habitaciones por las que pasaba porque había que ahorrar... Era recto, serio, pero hablaba con todo el mundo, sin importarle su condición. Lo que más le gustaba era hablar de fútbol. Se notaba que él había jugado. Le gustaba preguntar mucho. Se pasaba el día preguntando. Quería saberlo todo. Cuando fichaba a un jugador, indagaba todo sobre su vida, si salía, no salía, si estaba casado, si tenía novia... Él había jugado a la pelota, no era un tuercebotas.

Hablaba siempre con los muchachos, preguntaba, supervisaba cómo estaba la familia... En ese sentido siempre estaba con todos nosotros hecho una piña. Con algunos, como conmigo, tenía más confianza. Nos preguntaba sobre jugadores, fichajes, sobre los rivales. A Gento también le preguntaba mucho. Él tenía una peña en la esquina de Alcalá con Gran Vía e iba todas las tardes con sus amigos. Le gustaban mucho los toros. Y entendía.

De vez en cuando nos atrevíamos a gastarle alguna broma. Él chapurreaba el francés y había estudiado alemán. La clave de su conversación en francés era la palabra *evidentement*, y sólo *evidentement*. Gento y yo nos sentábamos siempre juntos y, en las cenas oficiales, solían regalarnos un purito y lo encendíamos para fastidiarlo. Nos preguntaba para qué lo encendíamos si no nos lo fumábamos... Le molestaba porque quería controlar todo. Y nosotros le contábamos las veces que decía *evidentement* en los discursos. Gento agarraba el bolígrafo y en el mantel o en la servilleta hacía una rayita. Y decía: "Alfredo, van una, dos, tres, cuatro... siete". Un día llegó hasta once. Pero todo lo hacíamos siempre dentro de la educación y el respeto.

Don Santiago era muy humano. En algunos viajes que fuimos a países de mucho frío, como Alemania o Austria, íbamos con el autobús desde el aeropuerto. Él paraba en una tienda y compraba dos, tres o cuatro abrigos para los jugadores que no tenían. Decía: "¿Cómo vas sin abrigo?" Eso le ocurría a Didí, que no se compró nunca ropa de abrigo en España, con el frío que hace aquí en invierno. Él siempre con la ropa de Río de Janeiro y siempre andaba acurrucado.

Siempre trató a los muchachos muy bien. Era muy educado y cariñoso. Luego estaba Saporta, siempre pendiente de nuestras necesidades. Desde regalar una muñeca a la niña, a mandar un ramo de flores a la señora. El club en ese sentido estaba humanizado. No era de casa al trabajo y del trabajo a casa, quiero decir que había comunicación. Bernabéu también sabía lo que se traía entre manos, tenía un equipo que le estaba dando triunfos por todos los lados y había que mantenerlo. Y eso se mantiene a base de cariño, no se mantiene a base de látigo ni nada por el estilo. La unión es fundamental en un equipo de fútbol. No nos preocupábamos de si uno de nosotros ganaba más o menos. Lo único que nos molestaba era que los del baloncesto ganaran más. Eso sí era injusto. Nosotros llenábamos el estadio y en los partidos de baloncesto a veces no iban ni las novias de los jugadores.

Particularmente nunca me he preocupado del asunto financiero. En este sentido era un gilipollas de Primera división. Siempre pensé más en el club que en mí. Me gustaba jugar al fútbol y "sarna con gusto no pica", pero eso de que los del baloncesto ganaran más que algunos muchachos del equipo me sentaba muy mal. Nosotros éramos los que habíamos hecho todo con nuestro esfuerzo y nuestros títulos. Después, cuando pasa a llamarse Real Madrid Club de Fútbol, daba pérdidas. Reconociendo que este gran deporte lo practicábamos como parte de nuestro entrenamiento semanal y es muy lindo jugarlo. El club dio de baja tres o cuatro disciplinas del gimnasio, porque era deficitario y había que hacer tribunas para el estadio.

Arbitrajes escandalosos y primera derrota en Europa

[Alguna vez tenía que llegar. Después de cinco años gloriosos, el Real Madrid sufrió su primera derrota en la Copa de Europa. El rival, no podía ser otro, el Barcelona, y el escándalo acompañó los dos partidos. Cuentan las crónicas que los colegiados ingleses perjudicaron al "pentacampeón". Sin embargo, en la Liga el equipo de Muñoz se tomó la revancha y conquistó el título con autoridad, doce puntos de ventaja sobre el segundo, el Atlético de Madrid. Puskas volvió a ser máximo goleador. A Alfredo la eliminación en la Copa de Europa le recordó la letra de un viejo tango titulado *Bronca*.]

> *Por seguir a mi conciencia*
> *estoy bien en la palmera*
> *sin un mango en la cartera*
> *y con fama de chabón.*
> *Esta es la época moderna*
> *donde triunfa el delincuente*
> *y el que quiere ser decente*
> *es del tiempo de Colón.*
> *Lo cortés pasó de moda*
> *no hay modales con las damas,*
> *ya no se respetan canas,*

ni las leyes, ni el poder.
La decencia la tiraron
en el tacho'e la basura
y el amor a la cultura
todo es grupo, puro bluff.

Nos tocó el Barcelona en octavos de final. Siempre se ha hablado de robo cuando se recuerda aquella eliminatoria, pero no es una palabra que me guste, porque el Barcelona tenía un equipazo. Lo que sí es verdad es que los arbitrajes fueron escandalosos. No nos benefició nadie y nos perjudicaron bastante. Nos anularon goles y hubo penaltis que no pitaron. En el partido de vuelta fue increíble. En una misma jugada nos anularon un gol y hubo un penalti a Del Sol. "Penalti o gol, es gol", decía yo. Al menos, una cosa o la otra. Pues nada. La realidad es que los arbitrajes nos desquiciaron, nos pusieron más nerviosos de lo normal, y eso a un equipo como el nuestro no le debería haber pasado.

En el Bernabéu nos arbitró Ellis. Ganábamos 2-0 y nos empataron 2-2 con un penalti que no fue, porque había fuera de juego. Lo marcó Luisito Suárez. Allá perdíamos 2-0, el segundo tanto fue aquel cabezazo de Evaristo, cuya foto dio la vuelta a España. Era preciosa. Nos anularon por lo menos tres goles. El árbitro era el otro inglés, Leafe. Siempre te quedas con la duda de si se equivocan queriendo o sin querer, pero la realidad es que te descentran y terminas perdiendo el partido tanto por los errores arbitrales como por los nervios, reconociendo que el Barcelona ha tenido siempre un gran equipo y siempre ha estado a la sombra de nosotros, y nosotros a la sombra de ellos. Nos dio rabia la eliminación, era la primera.

Después del partido hubo una cena con intercambio de regalos con el Barcelona. Cuando localizamos al árbitro, fuimos y le dijimos de todo. Ellos se daban cuenta de que les estábamos insultando y querían saber quiénes éramos exactamente. Preguntaban a los del Barcelona y ellos, muy deportivos, decían que éramos aficionados. Gento, Del Sol y yo estábamos, la verdad, bastante quemados, tanto por el arbitraje como porque habíamos fallado unas oportunidades terribles; y cuando fallas, lo pagas. Después vi la final del Barça contra el Benfica por televisión. Ramallets no tuvo su tarde. El Benfica, hay que reconocerlo, tenía un buen equipo, pero tuvieron suerte en los remates, todos les iban a los ángulos.

[Sin embargo en la Liga, el Real Madrid se proclamó campeón en la jornada 25, a seis del final del Campeonato, con doce puntos de ventaja sobre el segundo, el Atlético de Madrid. Puskas volvió a ser el máximo goleador con veintisiete tantos, por los veintiún de Di Stéfano. La temporada siguiente, la 1961-1962, la Liga volvió a caer del lado blanco, mientras en la Copa de Europa, el equipo volvía a vivir una gran desilusión. En la final, el Benfica impuso su ley y por segundo año consecutivo el pentacampeón no podía mejorar su récord.]

La realidad es que al comenzar esa temporada 1961-1962 estábamos más pendientes de la Copa de Europa que de ninguna otra cosa. Nos sentíamos ofendidos por cómo habíamos perdido ante el Barcelona y considerábamos esta competición como nuestra competición. El estreno en la séptima fue contra el Vasas de Budapest. Allá ganamos 2-0. Puskas no pudo jugar porque, como había huido del país, no le dejaban entrar. Los dos goles los marcó Tejada. Otro hombre que recomendé yo. El Madrid buscaba un extremo derecho. Canario tenía una oferta del Sevilla. Herrera había enfermado y estaba medio tocado el chico. Me dicen que quieren un extremo. Y me acuerdo de Tejada, que en un partido de la Selección contra Irlanda del Norte, precisamente en el Bernabéu, había marcado cuatro goles. No era un jugador vistoso, pero para ser extremo era goleador.

Siempre estaba con la caña preparada. Por la Prensa, sabía que tenía problemas con el Barcelona, no llegaban a un acuerdo para renovar y quedaba libre. Entonces me llama él y me dice: "Alfredo, ¿no necesitan ustedes un extremo por ahí? Me dejan libre, me parece". "¿Te dejan libre? Bueno, hablaré con el club". Y hablé con el presidente: "Si un jugador juega en la Selección española de extremo derecho, también puede jugar en el Madrid, ¿no?". Don Santiago contesta: "Bueno, si viene con el pase libre, que venga".

Cobraba 250.000 o 300.000 pesetas, no más. Vuelvo a hablar con Tejadita, yo siempre le decía Tejadita, y le digo las condiciones. Él se mueve con el Barcelona y parece que le dan la libertad, pero le preguntan que dónde va. Cuando dijo que al Real Madrid, no le dieron el pase. Entonces tuvo que pagar algo, que supongo que luego se lo daría el Madrid. Acá tuvo un buen rendimiento hasta que se lesionó en el tendón de Aquiles y regresó al Barcelona. Después se fue al Español.

En la vuelta yo marqué dos goles y otro Tejada. Jugó Manolín Bueno porque Gento no podía jugar ese día, fue uno de los pocos días que fue titular, porque Gento no se lesionaba nunca. ¡Y mira que era buen jugador Manolín Bueno! Estábamos en la ducha y si le tirabas un jabón, con el empeine casi lo paraba. Tenía una habilidad fenomenal, técnicamente era extraordinario y tenía velocidad. Su único problema fue Gento.

Después nos tocó el Odense, lindo lugar ese. Unos aficionados españoles llevan una pancarta con una calavera y los nombres de Leafe y Ellis tachados. En el Bernabéu les metimos nueve y yo hice tres. Fue como un entrenamiento para los cuartos de final, en los que se cruzó la Juventus en nuestro camino. Allí estaba Sivori.

El primer partido fue en Torino, había una manifestación y no nos dejaban salir del hotel para ir al estadio Comunale. Había como cinco mil personas en la calle. Era por una cuestión política nuestra, algo contra el régimen de Franco. Los cabecillas preguntaron por mí y querían que hiciéramos algo. Yo les intentaba convencer de que era un jugador de fútbol y que mi obligación era jugar. Le dije que hablara con el delegado del equipo, que era Lusarreta y estaba escondido detrás de una columna del hotel Príncipe del Piamonte. Creo que era por la condena a muerte a Julián Grimau, y hasta la Iglesia intervino para que Franco le indultara. No querían que se jugara el partido. Tuvo que llegar el Ejército para abrir paso al autobús.

Les ganamos bien. Sivori estaba desquiciado. Se pasó el partido protestando contra todos. En la vuelta, ellos salieron al campo vestidos de negro, como el árbitro. No se querían cambiar el uniforme. Decían que no tenían otro. Tuvo que ser el árbitro el que, en la segunda parte, se pusiera un pantalón morado. Yo tenía órdenes de no sacar de centro hasta que no se solucionara el problema. Semanas más tarde nos enteramos de que el árbitro francés había reconocido su error por permitir que ellos jugaran de negro y renunció. Ganaron ellos con un gol de Sivori. Jugaron un *catenaccio* absoluto y no pudimos entrar.

El desempate se juega en el Parque de los Príncipes, de París. Recuerdo que colocaron al galés Charles de central, medía casi dos metros. Jugamos muy bien, muy bien y ganamos 3-1. En la cena posterior al partido hubo una gran discusión. Sivori, que se había pasado el partido a trompadas con todos, decía que Del Sol le había dado una patada. Se querían pegar, se citaban en la calle. Me tuve que poner entre medias de ellos y dije: "¿Dónde van?, si esto ya se terminó". Después fueron compañeros en la Juventus. Del Sol estaba como poseído. Se fue al autocar de los italianos y quería que bajaran de uno en uno para pegarse con ellos.

Primer fiasco del Real Madrid en la Copa de Europa

Las semifinales contra el Standard de Lieja fueron mucho más fáciles de lo que esperábamos. En el Bernabéu sentenciamos 4-0. Allí, 2-0. Un paseo militar. Los reyes Balduino y Fabiola estuvieron en el palco en los dos partidos. En la final nos esperaba el campeón, el Benfica. El partido fue en Amsterdam y el árbitro, un holandés cuyo nombre nunca olvidaré, Horn, nos quitó la sexta.

Reconociendo que el Benfica era un buen equipo, tuvieron una suerte bárbara. Hicieron dos o tres goles que no se lo creían ni ellos. Nosotros les veíamos las caras. Nos pusimos por delante en el primer tiempo. 0-2 y 2-3, los tres de Puskas. Y aún pudo haber un cuarto que pegó en el travesaño y en el palo. Luego vino un gol de tiro libre de Eusebio. Yo salgo de la barrera, me pega la pelota en los tacos abajo, pega en el suelo, se levanta y Araquistáin, que ya se había tirado, no puede hacer nada. Al principio le eché la culpa al portero, pero luego me di cuenta de que no podía hacer nada.

Estábamos jugando de maravilla, mirábamos el banquillo del Benfica y todos tenían las manos en la cabeza cuando íbamos ganando 2-0. Después se levantaban como locos cuando marcaban. Además se nos lesionó Casado y jugamos toda la segunda parte con uno menos, y sin ningún cambio de jugadores.

El Benfica era prácticamente la Selección portuguesa. Pero a un equipo con nuestra experiencia no se le puede escapar un partido así. Al árbitro nunca le perdonaré su comportamiento. De hecho, años después, le vi. Osterreicher me dijo quién era y que le saludara. Me negué. Su arbitraje estaba dirigido. A mí me hicieron un penalti clarísimo y después del partido comentó que no lo había pitado porque yo habría tenido tiempo de tirar pero había preferido caerme. Al margen de que el árbitro se equivocara, que nos metieran cinco goles a nosotros era mucha tela, aunque nos quedáramos con diez.

Nunca he sido muy amigo de los árbitros; los he soportado, pero me desquiciaban sus equivocaciones, sus miradas, sus interpretaciones del reglamento. Reconozco que protestaba mucho, pero era por impotencia, por rebeldía. Pienso que la mejor solución para mejorar el arbitraje es que los futbolistas cuando se retiren se hagan árbitros. Nadie como ellos comprendería después el juego y las situaciones que se dan en un terreno de juego.

[La temporada 1962-1963 va a significar el primer fiasco del Real Madrid en la Copa de Europa. No pasa de la primera ronda, donde les elimina el Anderlecht. Sin embargo, en la Liga la hegemonía del equipo de Miguel Muñoz es elocuente, cae el noveno título, tercero consecutivo.]

En esa primera eliminatoria contra el Anderlecht es la primera vez que veo a un equipo hacer perfectamente la táctica del fuera de juego. Nos dejaban clavados. El fútbol es una cuestión de artimañas. A mí me da risa cuando un delantero hace un gol y se dice "ante la pasividad de la defensa". ¿Qué pasividad? La defensa no tiene pasividad, lo que ocurre es que se encuentra superada por la virtud del atacante. Alguna virtud tiene que tener el que hace gol. La pasividad no entra en el fútbol. Es como una partida de ajedrez, que tú buscas la manera de atacarle el flanco a donde el tipo lo tenga más débil y después contrarrestarle, por ejemplo, el contragolpe del adversario.

Toda mi vida me acordaré de un Real Madrid-Milán en que le metieron a Butragueño veintitrés o veinticuatro fueras de juego. Listos que eran los defensas y poco listo que estaba el delantero. Cuando era joven, me decían: "Alfredo, no te vayas a meter en fuera de juego, porque hundes el movimiento de todo el equipo". Me lo decía Peucelle, en el River. "Millenita, tienes que tener la inteligencia de no meterte en fuera de juego, correr en diagonal, no se puede correr, en profundidad, para arriba, sin mirar". Provocar el fuera de juego es parte del juego. Como entrenador lo llevé a la práctica en el Valencia y en Boca Juniors. La gran calidad del jugador es saber jugar sin pelota y saber dónde está colocado en cada momento.

En los vestuarios de Bruselas muchos jugadores lloraron. Era la primera vez que nos barrían en la primera eliminatoria. Amancio, que acababa de llegar al equipo, era de los más desconsolados. Algún jugador se comía el jabón de rabia. Yo una vez, años más tarde, jugando con el Español, le pegué un puñetazo a la puerta del vestuario y me rompí un dedo. Otro día, Pazos, en Valladolid, rompió un armario de una *trompada*. Íbamos ganando 3-1, faltaban diecisiete minutos y perdimos 4-3. Esa tarde podíamos haber salido ya campeones. Al año siguiente volvimos a Valladolid y el armario seguía abollado. "Mira, eso lo hizo Pazos de una trompada."

La grandeza de aquel Real Madrid era que, aunque perdiera un partido, como esa eliminatoria contra el Anderlecht, siempre salía a ganar. Y, por lo general, en un 80 o 90% de partidos, triunfa el equipo más poderoso y que tiene jugadores de más calidad. A veces defendiendo, con cerrojos, también se gana, pero es arrastrarte como una serpiente. El fútbol bonito es cuando se defiende y se ataca. Cuando hay soltura, cuando hay combinaciones. El fútbol no puede ser una cuestión de pelotazo para arriba. La pelota tiene que estar en el suelo. Es como la historia de aquel técnico que estaba harto de que sus jugadores se pasaran el partido dando patadones para arriba y que el balón nunca estuviera en el suelo. Paró el entrenamiento y agarró la pelota y dijo:

—¿Usted sabe lo que es esto?

Y el jugador le contesta:

—Sí, una pelota.

—Muy bien, perfecto. ¿Y la pelota de qué está hecha?

—De cuero.

—Muy bien. ¿Y el cuero de dónde sale?

—De la vaca.

—Perfecto, muy bien. ¿Y la vaca qué come?

—La vaca come pastos.

—Perfecto. Bueno ahí es donde quiero la pelota, en el pasto.

El fútbol es una cuestión de organización y de belleza. El fútbol es una actuación. Cuando se juega bien es un arte. Tú ves las combinaciones y te gusta. El hincha, el aficionado, lo siente, lo palpita, lo mismo que el jugador en el campo lo saborea. Pero cuando el fútbol es enredado y embarullado y en el momento en que tienen que pasarte una pelota para adelante te la pasan para atrás... entonces no es fútbol.

Ahora cada vez se juega más para atrás. Suman diez metros y bajan cinco, suman otros diez y tardan siete minutos en llegar al área, vamos. Ahora quieren hacer sorpresa por pelotazos, pero eso no es fútbol. Colocan arriba un Robinson Crusoe o dos a lo sumo y venga, patadón... Si se gana, la afición dice: "Bueno, hemos ganado". Pero arte no hay, fútbol no hay. Lo bonito es ver tocar la pelota, movilizarse, moverse, ver regates, ver gambeteos, ver paredes.

El fútbol es picardía y cada cosa hay que hacerla donde se hace daño. Los regates son para el área, no para el medio campo. La grandeza de un equipo es buscar siempre el gol.

Primer fiasco del Real Madrid en la Copa de Europa

El medio del campo es para hacer correr la pelota, tocarla, llevarla al área contraria y, allí, ya cada uno saca sus habilidades, en el remate, en el gambeteo.

Yo, por ejemplo, con Rial tenía un entendimiento perfecto. En los saques de esquina nos hinchábamos a marcar goles. Entonces no se agarraba tanto como ahora, que te agarran y te atan con los brazos como si fueran cuerdas y los árbitros no pitan nada. Entonces había más libertad, y nosotros explotábamos el hecho de que nos entendíamos con la mirada. Yo me colocaba al lado de Rial y, cuando el balón venía por el aire, me despreocupaba por completo de él y me daba la vuelta, Rial me la tocaba y yo empalmaba.

Parecía como si esa Copa de Europa hubiera estado gafada para nosotros. Cuando fuimos a jugar a Torino contra la Juventus, nos pasó una historia rocambolesca. Estaba cerrado el aeropuerto de Torino y tuvimos que aterrizar en Niza. Nos fuimos al hotel Rhul, en la Promenade des Anglais y allí pasamos el día discutiendo cómo íbamos hasta Torino. Yo aconsejé que en tren, pero los directivos decidieron después de muchas horas que en autobús. Salimos como a las seis de la tarde y llegamos casi de día... Nunca pasé tanto frío en mi vida. Tuvimos que atravesar los Alpes y no se veía nada con la niebla. Cómo sería que nos íbamos bajando los jugadores de dos en dos y corríamos delante del autobús para que el conductor pudiera ver algo. Corríamos un par de kilómetros, nos subíamos y bajaban otros. Pensé que nunca llegábamos a Torino, que nos quedábamos allí perdidos.

Y después, la noche de la final en Amsterdam, vivimos una situación de película del Oeste. Nosotros estábamos todos enfadados por haber perdido. Pachín siempre dice que es que teníamos ganas de pelea y la buscamos, pero yo no creo que fuera para tanto. Ya he contado cómo nos ganó el Benfica y no estábamos para muchas fiestas, pero decidimos salir por la noche a dar una vuelta, más que nada para no amargarnos en el hotel. Además habían venido nuestras mujeres y lo suyo era salir a tomar algo con ellas.

Fuimos a una sala de fiestas. Estábamos Santamaría y yo con nuestras esposas y se nos acercaron unos hablando medio español y se metieron con ellas. Que si las querían sacar a bailar, que si tal, que si cual... Tuvimos unas palabras, pero decidimos retirarnos para que la cosa no fuera a mayores. Cuando salíamos del establecimiento llegaban más chicos, que también habían salido, Felo, Del Sol, Marquitos, Pachín...

Nos fuimos Pepe Santamaría y yo al hotel, dejamos a nuestras señoras y volvimos. Allí estaban los compañeros tomándose algo y, en cuestión de segundos, se lio la que no está escrita. Yo me dirigí al que se había metido con Sara, discutimos, le di un cabezazo porque me quería agarrar un guantazo y se lio. Parecía el Oeste. Las botellas corrían por encima de las cabezas. Era una batalla campal. A Pachín estuvieron a punto de abrirle la cabeza con una silla, pero Santamaría estuvo atento y le quitó al tipo de encima. Yo siempre recuerdo que había una pareja de enamorados allí y cuanta más bronca había, más se abrazaban. El piso estaba resbaladizo y patinábamos continuamente.

Alguien comenzó a gritar: "¡la Police!", y el dueño del local nos sacó a todos por una puerta de emergencia que había detrás. Cuando salimos a la calle, vamos andando y nos encontramos de frente con los que nos habíamos peleado. Eran más que nosotros. Santamaría nos pidió calma y que nos abriéramos para intentar defendernos si nos volvían a atacar. Felo cogió una botella del suelo y la cascó... como en las películas. Cuando nos acercamos a ellos, comenzamos a hablar y resulta que eran unos españoles que habían ido al partido y que estaban tan cabreados como nosotros por la derrota y se desahogaron de esa forma. No sé si eran de Cádiz, no nos habían reconocido, pero montamos una buena. Los chicos estuvieron bárbaros, se defendieron como pudieron.

Primer fiasco del Real Madrid en la Copa de Europa

No me cansaré de repetir que una de las virtudes de aquel equipo era el compañerismo. Y hasta en situaciones como la que he contado se notaba. Todos estábamos pendientes de todos. Cuando a alguien le pasaba algo, rápidamente se encontraba con el apoyo del compañero. Los más jóvenes nos respetaban y nosotros agradecíamos ese respeto con nuestra ayuda, tanto dentro como fuera del campo. Santamaría y yo éramos un poco los protectores de todos. Ellos se quejaban de que les chillábamos mucho en el campo y les *puteábamos*, pero eran necesarios un orden y una solidaridad.

Tres días secuestrado en Caracas: "Pensé que me liquidaban"

[La madrugada del 26 de agosto de 1963, el Real Madrid estaba concentrado en el hotel Potomac de Caracas y Alfredo di Stéfano fue secuestrado por el Frente de Liberación Nacional venezolano. Casi cuarenta años después, el cabecilla que llevó a cabo la operación, Canales, también ha dado su versión de los hechos.]

"La operación tuvo como norte dar a conocer nuestras exigencias, nuestro planteamiento político a nivel internacional. Ya habíamos hecho alguna otra operación a nivel local, pero pensamos que la presencia de Di Stéfano como protagonista de nuestra acción sería, como así fue, un escándalo a nivel europeo. Nos presentamos en el hotel como policía secreta y les dijimos a Di Stéfano y Santamaría que nos tenían que acompañar, pues se les acusaba de estar metidos en un asunto de tráfico de drogas.

En todo momento le tratamos muy bien, y en esas setenta y dos horas hicimos una amistad muy especial. Hay que tener en cuenta que nosotros éramos jóvenes que le molestábamos, pero, como ya le dije en su momento, nunca hubiéramos puesto en peligro su vida. No entraba dentro de nuestros cálculos, no estaba planteado un enfrentamiento armado para defender la operación. Nuestra intención, en caso de haber sido descubiertos, era entregarnos a la Policía y correr con nuestras detenciones y no enfrentarnos a ellos, principalmente para que Di Stéfano no sufriera ningún peligro".

[Treinta y siete años después, Canales, ahora pintor, hijo de asturianos, ya se ha olvidado de sus tiempos de guerrillero y se considera un honesto trabajador que siempre siguió muy de cerca la carrera profesional de su secuestrado de entonces.]

Era el mes de agosto, a finales ya. Fuimos a jugar a Caracas la Pequeña Copa del Mundo. Estábamos una noche cenando en el hotel y, desde las mesas, vemos cómo el *maître* no deja entrar a un señor que hace señas de que quiere hablar con nosotros. Se levantó nuestro directivo, Luis Moraleja, y se armó un medio tumulto. El señor en cuestión quería hablar conmigo.

Cuando acabamos de cenar, me fui al bar del hotel a ver qué quería. Yo le quería tratar de conformar porque no le habían dejado pasar al comedor, pero no quería saber nada más de él. Me dice que nos vayamos a dar una vuelta y le digo que no, que me voy a acostar.

Siempre pensé que ese incidente tuvo que ver luego con el secuestro. Estaba claro que me tenían vigilado los hombres del Frente de Liberación Nacional. Al día siguiente, fuimos a dar un paseo y en ningún momento me sentí vigilado. Una o dos noches después, casi a las seis de la mañana, llaman al teléfono de la habitación. Yo creía que era algún compañero que había salido de juerga y me quería gastar una broma porque traía unas cuantas copas de más. "Déjenme de embromar...", digo al que tengo al otro lado del teléfono. Él me dice que baje a recepción, que hay unos policías que preguntan por mí. Yo le digo que no bajo y entonces me dice que suben ellos. Santamaría, que estaba en la habitación de al lado, pero se comunicaban, se despierta. Le cuento lo que pasa. Yo estaba con un pijama verde y me pongo una chaqueta por encima para abrirles.

Suben y se presentan como policías que estaban haciendo una investigación. Iban muy arregladitos, con chalecos y dejando ver el pistolón. Hasta me enseñaron la chapa. Me dicen que tengo que acompañarles a comisaría. Eran tres o cuatro, además del conserje, que una y otra vez me repetía que tenía que ir, que no me iba a pasar nada. Me lavé los dientes, me vestí y les dije que hablaran con Lusarreta y Agustín Domínguez para que me dieran permiso para salir del hotel. No me hacen caso y bajamos a la calle.

Había un coche en la puerta, uno entra por un lado, otro por otro y me dejan a mí en medio. Comencé entonces a sospechar por la forma que tuvieron de meterme en el coche. Me dicen que es un secuestro y me vendan los ojos. "¿Ve algo?", me preguntaron. Yo me veía los pies, mis zapatos blancos y una metralleta, pero dije que no veía nada.

Primero me llevaron a un piso, pero allí no me tuvieron más de una hora. Vinieron otros vehículos y me llevaron a una finca en una camioneta. En la finca había dos chicas. "Se va a quedar unos días con nosotros", me dijeron. Me dan dos paquetes de Viceroy y un zumo de naranja. Pero tampoco allí estoy mucho. Enseguida me llevan a un apartamento que estaba en el centro de Caracas, deduje por los ruidos que escuché durante los días que estuve allí. Se quedaba siempre un hombre vigilándome y se dormía. Daba unas cabezadas tremendas. Y yo le decía: "¿Quién es el vigía, usted o yo?"

La puerta estaba siempre cerrada con llave. Era un apartamento minúsculo. No había cama, ni nada. Cuando iba al baño, tenía que dejar siempre la puerta abierta. Me daban unas pastillas para tranquilizarme, pero yo no las quería, y para beber unas cervezas que se llamaban La Polarica.

Esa tarde-noche ya llegó uno, que parecía el jefe, y resultó llamarse Canales. Me lo explicó todo: "No le va a pasar nada, esté tranquilo, queremos que el mundo nos reconozca, sepa quiénes somos. Nuestro país, Venezuela, está explotado por las grandes potencias en el negocio del petróleo". Yo no me quedé tranquilo. Todo lo contrario, esa noche llegaron tres que se quedaban siempre por la noche con una metralleta cada uno. Yo no tenía ni sueño, ni nada. Estaba siempre sentado en el tresillo y me pasaba las horas muertas mirando los zapatos blancos que llevaba. Pasó un día y pensé que me iban a liquidar, que me iban a matar. Mi cabeza se rindió, asimiló todo lo que estaba pensando y pensaba que en cualquier momento venía uno y me pegaba un tiro. Muchas veces tenía intención de saltar por la ventana, era un primer piso, pero siempre tuve miedo, porque pensé que tenían orden de disparar.

En total el secuestro duró tres días, casi setenta horas. Se me hicieron eternos. Ellos se portaban bien conmigo, jugaban a las damas, al ajedrez, decían que eran estudiantes. Me ponían la radio, me traían los periódicos. Me preguntaban qué quería comer, pero el miedo me había quitado el apetito. Un día hasta me ofrecieron una paella: "La compramos en El Silencio". El Silencio es el barrio céntrico de Caracas. "Pero cómo van a ir hasta allí, si allí está toda la policía", les dije. "No se preocupe, tenemos quinientos o mil elementos metidos en la Policía..." Cuando oí eso también pensé que me liquidaban.

No comía casi nada, sólo perritos calientes. De cuchara y tenedor, nada. Tenía cerrado el estómago del miedo. Esos días agudicé al máximo el oído. Ya sabía que había un bar cerca, que en la calle había un negocio de algo... Yo les decía que me soltaran, que habían hecho mucho ruido, pero ni caso. También les decía que mi padre padecía del corazón y que la noticia le podía costar la vida. No era verdad, pero tampoco conseguí nada.

Me comentaron un día que querían haber secuestrado al compositor ruso, a Igor Stravinski, que había viajado a

Venezuela, pero que, como era un hombre de poca salud, no se quisieron arriesgar a que se les quedara muerto. No querían asesinatos. A la tercera mañana veo que llega Canales y hacen un aparte en la misma habitación. Rápidamente me doy cuenta de que me iban a soltar. Me quieren cambiar de ropa y me dan un sombrero para que nadie me reconozca. Yo no quería quitarme un camisa verde, muy bonita, pero al final me dieron una de cuadros. Me regalaron un maletín con un banderín de su organización, un juego de dominó, una boina de guerrillero y algo más que no recuerdo. Querían dejarme cerca del hotel y yo les dije que era peor, que habría mucha Prensa y Policía, y que era mejor que me llevaran cerca de la Embajada española. Me querían vendar los ojos, pero logré convencerles de que con el sombrero bien calado, bastaba. Seguía teniendo miedo de que a última hora todavía me dieran el balazo. Incluso les dije que si veían que llegaba la Policía e iba a haber enfrentamiento, que me dieran un arma. "Al menos yo muero matando." Siempre que podía intentaba ganármelos para mi causa. Les prometí que nunca diría nada sobre ellos y que no les haría ninguna jugarreta al soltarme.

En el coche iban el conductor y otro armado. Yo iba atrás. Damos una vuelta grande y cuando llegamos a la Avenida Libertadores me dicen que me baje. Me despido de ellos y doy un salto del coche para esconderme detrás de un arbol. Cruzo a cien por hora la calle, gambeteando coches, y paro un taxi. Me tiré encima de él. El taxista no sabía dónde estaba la Embajada, menos mal que yo sí sabía el camino. No me quité el sombrero y no me reconoció.

Llego a la puerta de la Embajada y veo un cartelito que dice: "Abierto de 10 a 14 horas", miro el reloj y era las dos y cuarto. Metí el dedo en el timbre y casi me lo cargo. Apareció a lo lejos un matrimonio joven que trabajaba allí. "Abrí, abrí, rápido...", grité. El tipo me reconoció. No paraban de llorar los dos. Yo me quité de la vista de la ventana y llamé al embajador por teléfono. Me aconsejó que no me moviera y que no abriera la puerta a nadie.

A los pocos minutos me llamaron Lusarreta y Moraleja, los dos directivos. Habían escuchado en la radio un comunicado de los secuestradores diciendo que me habían liberado. Me quedé en la Embajada. Por la tarde di una rueda de Prensa y, al fijarme en un periodista que me hace una pregunta, veo que hay dos de los secuestradores entre los periodistas. Me volvió a dar un ataque de miedo y conté lo mejor que pude lo que me había pasado en esos días.

Quería volverme a casa a ver a la familia, pero don Santiago dio orden de que jugara el siguiente partido. Salí medio tiempo, pero no estaba en condiciones. Nunca entendí que me obligaran a jugar, si tenía la cabeza en todo menos en el fútbol. Al hotel no volví, me quedé en la residencia del embajador. Cuando salí para ir al estadio, me acompañaban unos de la policía secreta y no me quería ir con ellos, porque desconfiaba.

Por fin llegó la hora de volver a España. La mujer del embajador me regaló un loro y lo llevaba encima. Según iba por la pista, camino del avión, uno de los teóricos policías secretas que me acompañaba se acerca y me dice al oído: "Alfredo, lo hiciste fenómeno". Me pegué un susto tremendo, pensaba: "Hasta en el mismísimo avión va a ir uno dentro". Comencé a sudar del miedo.

Fue la primera vez que quería ser el primero en subir al avión. Estaba sudando y puse el aire acondicionado, sin darme cuenta de que llevaba el loro y, a las tres o cuatro horas, le entró una descomposición al pobre que terminó muriéndose. Los tres días me parecieron tres años y ahora, cada vez que hay un secuestro, pienso en lo que me pasó. El trato fue siempre cordial, si hasta jugaba con ellos a las apuestas de los caballos y no me dejaban pagar, pero yo decía que entonces no me darían la mitad si nos tocaba. Los primeros días en la residencia del embajador tenía sobresaltos.

Escuchando a Pemán.

Pasan los años, pero el estilo permanece.

La increíble final de la quinta, en Glasgow. Puskas marcó cuatro y Alfredo, tres. Ahí va uno.

¡Cinco! Di Stéfano las jugó todas y marcó en las cinco finales.

Campeones del mundo. Gento, Zárraga y él fueron titulares durante todo el ciclo glorioso.

Agarraba el balón y era un imán para todas las miradas.

Su última gran noche europea, ante el Milan en el Santiago Bernabéu.

Con el ídolo de River Plate de los años 30, Bernabé Ferreyra "El Mortero de Rufino" (1947).

Una de sus últimas ligas con el Madrid. Di Stéfano y Gento llevan la copa. A su derecha, Tejada. Detrás, Del Sol, Santamaría, Puskas y, medio tapado, Isidro.

Tomando las medidas al banquillo para cuando las piernas no resistan y haya que entrenar.

Homenaje a Kubala, viejo y entrañable amigo.

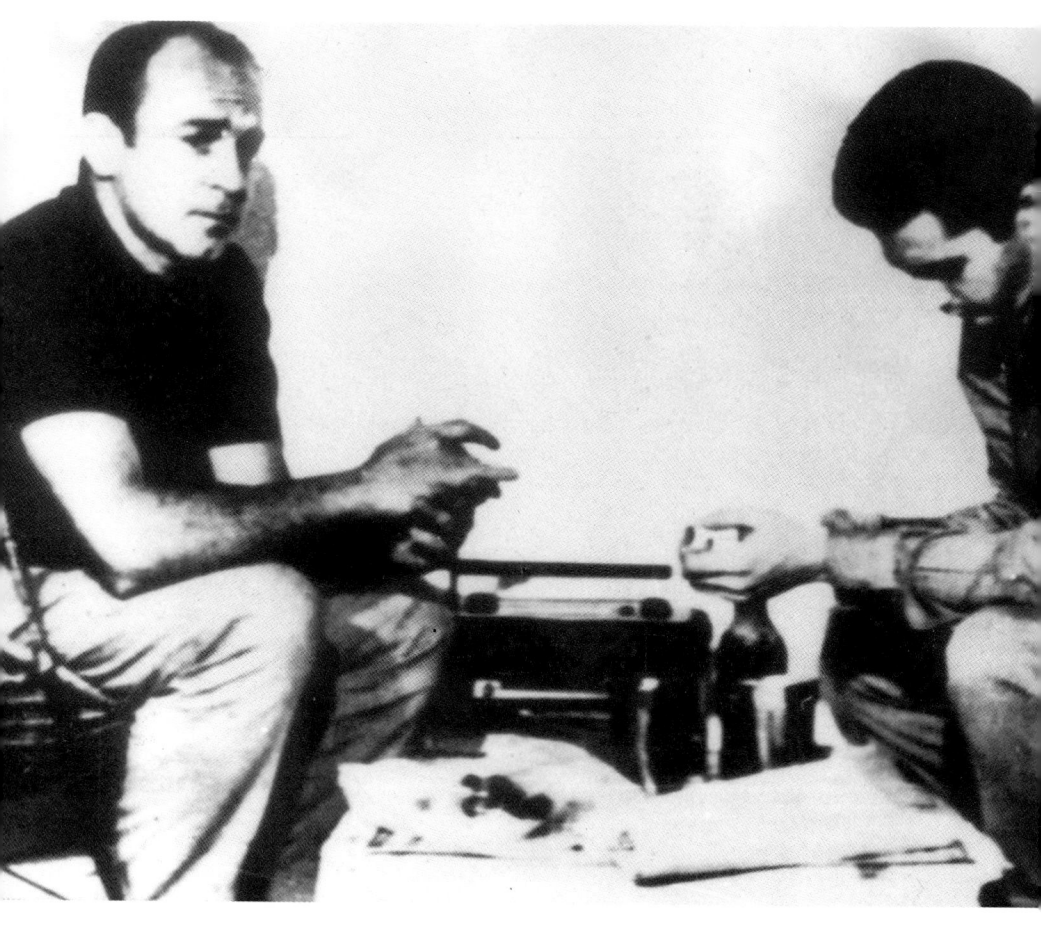

Una bomba sacude el mundo: Di Stéfano, secuestrado en Venezuela.

La primera conferencia de prensa tras la liberación.

En él Vaticano, mayo de 1949.

En la cima del mundo: el fútbol cumple cien años y Di Stéfano es capitán de la Selección Mundial que se enfrenta a la de Inglaterra en Wembley.

Junto al maestro Peucelle (con tirantes) y varios jugadores del Millonarios (Cali, Colombia, 1950).

Deja el Madrid y firma por el Español. Tras él, Kubala y a la izquierda de éste, el mítico Ricardo Zamora.

Su ficha como jugador del Español de Barcelona.

En un *derby* barcelonés. Al fondo, el paraguayo Re.

Verano en la Costa Brava. En la proa va el joven Alfredito.

Se acabó. Dejó el Español y se despidió en Madrid, ante el Celtic. ¡Gracias, viejo!

Entrenador del Valencia en Sarriá. ¿Uno a uno? Sí. Uno a uno en el Manzanares ¡y el Valencia, campeón de Liga!

De vuelta en Argentina para entrenar al Boca. Una foto de todo el clan. En el centro, sentado, el patriarca.

Con su mujer, Sara, en Bogotá, en 1951.

Las viejas confidencias entre la madre, Eulalia Laulhé, y su hermana.

Con Sara, cuando le concedieron el Balón de Oro de los 25 años. París, 1989.

Entrenador del Madrid, en el frío de Moscú.

Bromeando con el inolvidable Juanito en presencia de Antonio Mata.

Su último legado al Madrid: La Quinta del Buitre. Él los elevó al primer equipo. Al fondo, Camacho.

Con los veteranos, a la puerta del Asador Frontón.

Alfredo y Sara. Bodas de Oro. Seis hijos, cuatro nietos y los que vengan.

Entrega de la Real Orden al Mérito Deportivo
(9 de febrero de 2000).

El fútbol cumple cien años

[Dos meses después, el 23 de octubre, el fútbol cumple cien años y la FIFA lo celebra con un partido internacional amistoso entre Inglaterra, cuna del balompié, y una Selección resto del mundo de la que Di Stéfano es el capitán. Ganó Inglaterra 2-1 con tantos de Paine y Greaves; el escocés Law marcó el tanto del honor de la Selección mundial. Por Inglaterra formaron: Banksale; Armfield, Wilson; Milne, Norman, Moore; Paine, Greaves, R. Smith, Eastham y Bobby Charlton. De sus hombres se acuerda perfectamente Alfredo.]

Ese mismo año del secuestro, 1963, juego el partido del centenario del fútbol en Wembley, como capitán de la Selección resto del mundo. Recuerdo que había un amigo mío que estaba en el estadio. "¡Alemán!" —me gritó cuando fui a buscar una pelota que salía a banda—. Era un argentino, se llamaba Pepe Peña. Desde entonces me ha dicho: "Alfredo, alemán".

Ese día me hizo mucha ilusión ser el capitán. Por lo general nunca me gustó tener la capitanía. Primero, que si te amonestaban era doble amonestación, así que era más peligrosa. Y segundo, que yo con la ropa negra no andaba bien, con los árbitros siempre tenía dificultades.

Recuerdo que los ingleses desayunaban bacon con huevos y a mí eso me parecía una barbaridad. Pero debían de estar acostumbrados y seguro que les sentaba bien, porque no veas luego cómo corrían todos los ingleses, escoceses, irlandeses...

Cómo comían bananas los alemanes, que los veía comer unos desayunos con yogures y con toda clase de fiambres. Y nosotros, los españoles, siempre con el régimen: sopa, pescado y carne, o sopa, carne y pescado, también pasta, aunque yo comía muy poco, un consomé y un poco de jamón de York.

En Wembley ya había jugado, es un gran estadio, pero cansa mucho. El césped es muy acolchado y se cansan los gemelos. A los veinte minutos ya empiezas a sentir que te pesan una barbaridad. Hay que estar acostumbrado a jugar en ese césped. Las dimensiones también eran muy grandes, sobre todo de ancho.

Era muy difícil formar una Selección mundial, tienes que llamar a quince y puedes hacerlo con sesenta. Todos quieren salir en la foto. Fuimos Gento, Puskas y yo. Eusebio me decía que estaba lesionado pero que no se perdía ese partido por nada del mundo. Comprendo que el asunto del banco es muy complicado para los jugadores. Hay algunos de una clase ya mayor a los que no les hace gracia tener que ir al banco, a mucha gente no le gusta.

Antiguamente no había cambios. Y era mejor. Estaba más aliviado el técnico y responsabilizados los jugadores. El que jugaba mal, al siguiente domingo no jugaba. Además el jugador tenía que estar preparado físicamente, sabía que tenía que rendir los noventa minutos, no sesenta o setenta como ahora. Jugar antes quinientos partidos significaba jugarlos enteros.

Nuestra delantera en ese partido fue: Kopa, Law, Di Stéfano, Eusebio y Gento. En la segunda parte entró Puskas por Law. El portero era Yaschine; los defensas Djalma Santos y Schnellinger; en el centro jugaban los tres checos: Poluskal, Popluhar y Masopust. En la segunda parte entraron los cuatro reservas, además de Puskas, el portero yugoslavo Soskic, el defensa chileno Eizaguirre, el escocés Baxter y el alemán Uwe Seeler. El entrenador era un chileno.

La final de Viena cuesta muy cara

[Lejos estaba Alfredo de pensar que después de capitanear a la Selección resto del mundo esa temporada 1963-1964 fuera a terminar de esa forma. De nada valió que el equipo encadenara su cuarta Liga consecutiva. La final de Viena contra el Inter iba a traer consecuencias fatales para el jugador. Nadie pagó como él aquella derrota de la novena Copa de Europa.]

Teníamos ganas de volver a ser protagonistas de la Copa de Europa. El primer rival fue el Glasgow Rangers. Ya les ganamos en Ibrox Park y acá resolvimos con goleada, 6-0. Esa temporada había llegado al Madrid Evaristo. Era un tipo original, un entendido en quesos: que no había que ponerlo en la nevera, pero que había que tenerlo en frío, a tanta temperatura... Un buen jugador, pero no se adaptaba al puesto de extremo derecho, no quería jugar tampoco ahí, además esa era la posición de Amancio, que ya era indiscutible.

El siguiente partido contra los rumanos del Dinamo de Bucarest tenía sorpresa. Nos colocaron una chica en cada habitación contigua, pero Amancio, que había ido a jugar allí con la Selección B, dio el cante. Según me contaron más adelante, era una costumbre de los rumanos con los equipos visitantes. Nosotros nos reunimos, hablamos y nos hicimos los *gilis*. "Aquí venimos a jugar al fútbol y, después del partido, el que quiera salir a algún lado, que salga. Pero antes, todos pensando en el partido." Eran chicas guapas, de veintidós o veintitrés años. No caímos en su trampa.

Cuando terminó el partido, algunos decían: "Vamos a cambiarnos rápido, para volver al hotel". Fueron corriendo pensando que iban a estar allí las chicas, pero las palomas habían volado. Muñoz ni se enteró, porque entre los jugadores solucionamos el problema. Cuando íbamos a jugar de visitante, siempre tomábamos nuestras precauciones. Teníamos nuestro termo, el café lo llevábamos hecho y no tomábamos otra cosa. Teníamos miedo de que, para ganarnos, nos pudieran echar en el café cualquier pastilla o somnífero. El fútbol ya se iba maleando en este sentido. No catamos las chavalas, pero a los rumanos les ganamos en los dos campos.

En cuartos nos tocó el Milán. Palabras mayores, eran los campeones en ejercicio y además habían fichado a Amarildo, que era el brasileño que había sustituido a Pelé en el Mundial de Chile y que a España le hizo los dos goles. No era Pelé, pero yo no le quería ni ver. El Milán tenía un gran equipo. Estaban también Altafini, Lodetti, Fortunato, Gianni Rivera, al que luego llamarían *El bambino de oro*... Les barrimos en el Bernabéu. Llegamos a estar 4-0 y su gol fue culpa mía.

Se lesionaron Félix Ruiz y Rivera. Félix se rompió la clavícula. Nunca más levantó cabeza. Le pasó de todo. Cuando reapareció, se rompió otra vez la clavícula en un partido de la Selección. Acá hicimos un gran partido. Faltando un minuto, una pelota que me mete Puskas de cuarenta metros, y yo, en vez de dominar la pelota, me tiro de cabeza y pega en el palo. Era el 5-1.

Me acordaba después en Milán de esa jugada. Hay que ver cómo sufrimos allí en San Siro. Zoco fue a parar una pelota a los dos o tres minutos del segundo tiempo, se le mete entre las piernas, la agarra Altafini y la clava. Era el 2-0 y quedaban cuarenta minutos. Nos pasamos el resto del partido desesperados defendiendo, cubriendo, tapando, cubriendo, tapando, cubriendo... hasta que llegó el final. Después vino el banquete de rigor y fue donde me robaron el recuerdo conmemorativo del partido. Daban una copita, como la Copa de Europa, era como un llavero, muy bonito. Y desapareció del mapa. Yo estaba en la misma mesa con los italianos y no sé si el masajista o quién se llevó mi copa sin que nos diéramos cuenta nadie.

En seminales jugamos contra el el Zurich, que no sé cómo se coló hasta ahí. En el Bernabéu vistió de naranja, con tres tonos de naranja distintos. Les metimos seis. Del partido de ida tengo el recuerdo de que íbamos paseando por la calle y yo siempre tenía la costumbre de comer caramelos. Un compañero me pidió uno y se lo di. Le quitó el papel y lo tiró al suelo. Comenzamos entonces a escuchar cómo una pareja que iba detrás de nosotros comienza a chistarnos... Nos dimos la vuelta y no les entendíamos lo que nos decían, hasta que nos marcaron con el dedo el papelito del caramelo. Lo agarramos, lo metimos en el bolsillo y después lo tiramos a una papelera. Nunca se me olvida esa lección de urbanidad y orden.

La final fue contra el Inter de Helenio Herrera. He visto después la película del partido y dominamos el 60% del partido y nos ganaron 3-1, con sus características y su técnica, al contragolpe. Jugaban siempre con un libre, que lo tenían allá al fondo, al lado del área, tan al fondo que, si había un poquito de niebla y te creías que ya habías pasado a todos, te aparecía uno. "Pero de dónde salió este gachó, ¿pero jugaban con doce?", te preguntabas. No, no, es que siempre había un libre ahí. Para colmo, lo armonizaban tan bien que lo hacían fenómeno, hacían una línea de cuatro y después el libre, que era el problema que teníamos nosotros. Helenio Herrera lo hizo de maravilla. Además, tenía jugadores velocísimos: Jair-Mazzola-Milani-Suárez y Corso. ¡Ah, Jair! Jair era rapidísimo. Milani jugaba de delantero centro y se abría a los costados, por lo general a la izquierda. Ahí fue donde nos hicieron el truco del almendruco. Nos ganaron el partido ahí.

Fue la única vez que Bernabéu antes del partido pidió la alineación. Nosotros estábamos concentrados en las afueras de Viena y, después de comer, el presidente dice que se quiere reunir con nosotros para hablar del partido. Seguro que había ya sentido rumores de que había acuerdo y desacuerdo con la táctica del equipo y, aparte, por la importancia que tenía el encuentro.

Muñoz, en su charla, nos había puesto locos con Facchetti, el lateral izquierdo, que había hecho goles con la Selección italiana y le había dado una importancia bárbara, como si fuera Gento, vamos. Nos dice que Pachín va a marcar a Jair. Ahí no teníamos miedo, porque Pachín era velocísimo y recuperaba muchos balones. Santamaría marcaba a Milani, pero no decía nada de Corso, el extremo izquierdo, que se tiraba atrás a jugar como interior, como hacía yo, y que era muy peligroso. Entonces don Santiago me dice: "A ver, Alfredo, su opinión". "No, no, yo no—le respondí—. Primero su capitán, Gento, que es el capitán, que hable el capitán." "Muy bien, hablará, que hable Gento a ver qué opina." Y, más o menos, Gento expone lo que entre nosotros, todo el equipo, habíamos hablado antes. Porque a nosotros, además de jugar, nos gustaba hablar de fútbol, de los rivales. Termina Gento y me dice: "Bueno, Alfredo, y tú ¿qué?". Digo: "Mira, a mí me parece que nosotros con Isidro de lateral derecho no tenemos nada que hacer, porque vamos a tener un libre en una banda y ellos nos van a ganar la partida en el centro del campo, con Corso, con Suárez, con los dos volantes, Picchi y Tagnin, con Mazzola de enganche". Ellos iban a tener a los hombres libres en el centro y nosotros en una banda y de defensa muerto de risa.

La final de Viena cuesta muy cara

Muñoz se aferraba a que había que vigilar a Facchetti y nosotros decíamos: ¿Y quién agarra a Amancio? Amancio era como la luz de rápido y estaba jugando fenomenal. Al final ¿qué pasó?, que Facchetti no se fue arriba casi nunca en el transcurso del partido... Jugamos el partido con uno menos, pero Muñoz me mandó a la mierda y me echaron a mí del club porque lo mandé a la mierda yo también.

La salida del Madrid

Yo siempre había respetado a los técnicos. Teóricamente sabían más que nosotros porque tenían que estudiar a los rivales, pero nosotros también estudiábamos, éramos ya gente experta y sabíamos lo que era el partido. Muñoz tenía la sartén por el mango y era quien mandaba. Sabíamos que ellos nos iban a meter una línea de cuatro en el medio del campo, uno de enganche, cinco; dos delante, siete, y tres atrás, con los dos laterales que tenían ellos, nos tenían copado el asunto.

Entonces, una ocurrencia mía, que le dije: "Bueno, ¿y si ponemos a Amancio de extremo izquierdo?" "¿Cómo de extremo izquierdo? ¿No está Gento?", me contestó Muñoz. "Lo ponemos de extremo izquierdo, a ver si va Facchetti ahí. Jugamos con la táctica de los dos extremos izquierdos..." Se rieron de mí. Lo único que quería era demostrarle que Helenio Herrera no iba a llevar a Facchetti a la izquierda si allí se iba Amancio.

La prueba evidente fue que cuando íbamos perdiendo 2-1, cuando marcó Felo y quedaban veinte minutos, le dije a Muñoz que pusiera a Isidro en el medio, y entonces uno de los que estábamos en el centro, yo mismo, que tenía que bajar a ayudar, nos podíamos ir arriba en busca del gol del empate. Pero qué pasa, que Isidro no tuvo las pelotas para hacer lo que le gritábamos nosotros en el campo, porque le dijimos que subiera y él nos decía: "No, no, si a mí me mandó Muñoz esto, esto es lo que hago". Y nosotros le decíamos: "¿Pero no te das cuenta de que no tienes ninguno?" ¿Y qué hacían ellos? Milani se iba a la izquierda, donde estaba Isidro, pero Santamaría le tenía que acompañar en sus movimientos y lo sacaban del medio del área, y entonces tenía que bajar Zoco, y a Zoco lo tuvimos en defensa casi todo el partido, en vez de tenerlo en el medio del campo. El resultado es que teníamos una línea de cuatro para marcar a dos. Isidro, Santamaría, Zoco y Pachín.

Entonces vino el lío. Nosotros sabíamos también de táctica, muchos de nosotros habíamos hecho cursos de entrenadores y todo eso. Ellos siempre tenían superioridad numérica en el medio del campo. Al libre de ellos lo único que le faltaba era agarrar una silla y tocar el violín en el medio de la cancha. Cada vez que me acercaba por la banda, y viendo que cada vez quedaba menos tiempo, le decía a Muñoz que hiciera eso y, en una de esas, me dijo: "Vete a la mierda". Y entonces le contesté: "Andá a la mierda tú, cojones, nos estamos jugando la vida aquí, estamos a cien y encima me mandás a la mierda". Para colmo, nos meten el tercero. Y después la culpa la tenía Vicente, la culpa la tenía Alfredo y la culpa la tenían... los jugadores.

Me marché a la caseta desesperado. Corrí sin sentido todo el partido. No sabía si tenía que estar arriba, en el medio, en el costado o dónde carajo. Zoco hizo un partido maravilloso, ¡lo que pudo correr para arriba y para abajo! Era joven, pero si nosotros hubiéramos metido ahí un buen medio, a Isidro, y a Zoco lo metemos más adelante, la podíamos haber armado. Así los habríamos acorralado a ellos.

Después fuimos a cenar. Estaba Moratti, el presidente del Inter. Había como cuatrocientas personas y no nos daban de comer. Don Santiago se cabreó, se levantó y se fue. A Bernabéu no le gustaba Moratti, porque decía que si nosotros regalábamos bolígrafos o banderines a los árbitros, ellos regalaban medallas de oro. Tenía el Inter un ojeador, Zolti, que conocía a todos los árbitros de Europa. Se fue el presidente y entonces alguien dijo que nos teníamos que ir todos. Nuestro médico, López Quiles, estaba intentando hablar por teléfono con su domicilio porque iba a tener familia esa noche y no querían ni que esperara el autocar. Yo dije que había que ser un poco más educado. Entonces Lusarreta dijo: "Vámonos..."

—No, mire, que está el doctor ahí...

—Que venga o nos vamos sin él.

—Es que está la mujer en el sanatorio, vamos a esperar cinco o diez minutos.

—Oiga, don Francisco, ¿qué pasa? Hemos ganado tantos títulos y tantos partidos y ahora, porque perdemos, ¿es tanta la urgencia que tenemos para volver?

Y no le quise decir nada más de que habíamos hecho un gran esfuerzo y nos íbamos sin cenar. Termina todo, regresamos y el viernes había entrenamiento porque el domingo jugábamos contra el Atlético.

Fui a firmar el parte de asistencia a la convocatoria y no me encuentro. Le pregunto a Muñoz: "¿Qué pasa?", y me dice: "No estás concentrado". "¿Por qué?" "Porque no estás". En ese momento me di cuenta de quién era Muñoz. Por lo menos, después de tantos años juntos, te podía dar una explicación: "Mira, pasa esto..." Yo había visto que el gerente del club, Antonio Calderón, había estado ese día en el entrenamiento y había hablado con él. Seguro que habían hablado de eso y seguro que traía una orden de arriba, de la presidencia. Vicente, el portero, tampoco estaba en la lista.

Me fui a mi casa. Pasó el sábado, el domingo y el lunes fui a hablar con Saporta. Mi contrato acababa a finales de temporada y a mí me renovaban año por año. Tanto das, tanto te pagamos. Ese era el justiprecio que teníamos. Regalar, no te regalaban nada.

Cuando voy al despacho de Saporta, también estaba don Santiago, aunque no hablaba. Me dice don Raimundo que esté tranquilo, pero que los técnicos le habían dicho que tenía un problema de la columna, que esto, que lo otro... Entonces yo miro a don Santiago y le digo: "Mire, yo me encuentro fuerte y me encuentro bien, ahora, si usted no me quiere renovar el contrato, no me renueve el contrato..." Su respuesta fue inmediata. "No, te quedas en el club de cualquier cosa." Entonces fue cuando salté: "Yo en el club no me puedo quedar de cualquier cosa, no me voy a quedar de portero ni de administrador, ¿de cualquier cosa? ¿Qué es ese cualquier cosa?..." Y no me daba ninguno de los dos una explicación.

Me daba cuenta de que Bernabéu me quería retener en el club, así que le hice una contraoferta: "Usted me renueva el contrato y, si en el mes de octubre o noviembre, ve que no doy lo que tengo que responder al club, me voy a casa y si me quiere dar un trabajo en el club de lo que sea, pero que me interese, muy bien, perfecto. Conmigo no va a tener problemas, pero por lo menos hablen conmigo las cosas después de tantos años de sangre, sudor y lágrimas..."

[Antes de la llegada de Di Stéfano, el Real Madrid había ganado dos Campeonatos de Liga en veinticinco años. En los once años que estuvo Alfredo defendiendo la camiseta blanca ganó ocho, además de las cinco Copas de Europa, una Copa de España y una Copa Intercontinental. A nivel individual conquistó el trofeo de máximo goleador en cinco ocasiones y fue elegido mejor jugador de Europa en 1957 y 1959. Treinta años después, en 1989, fue reconocido con el Superbalón de Oro. El último partido de Liga con el Real Madrid lo disputó el 26 de abril de 1964 en el Bernabéu contra el Oviedo (1-0). Con el Real Madrid disputó 510 partidos y marcó 418 goles.]

Quinta parte
El fútbol desde la barrera

Dos años maravillosos en el Español

Me despidieron con nocturnidad y alevosía. No se puede actuar así después de tantos años. A los pocos días me vinieron a ver los del Celtic de Glasgow. Me ofrecieron dos años, un contrato muy bueno y una semana para pensármelo. Empecé a pensar, a darle vueltas, vivía en el El Viso, ya tenía los cuatro hijos, uno en el colegio... Me horrorizaba tener que mover otra vez a la familia. Había estado en Buenos Aires, en Colombia, era feliz en Madrid... Y en eso apareció Osterreicher, que estaba en el Español, y me dice: "Alfredo, ¿por qué no te vienes conmigo al Español?" Y dije: "Bueno". Decidimos que lo mejor era que la familia se viniera conmigo.

Mientras, Saporta me llamó un día para ver si arreglábamos la situación y fui a la casa de don Santiago, en la calle Jericó. Me recibió en pijama. Me ofrecía lo mismo que me había ofrecido unos días antes. Yo pensé para mí: "Este me quiere limpiar". Le dije que tenía la oferta del Español y nada más. No discutimos. Donde hay patrón no manda marinero. No quedamos mal. Ellos juraban que querían que me quedara, pero no había definición de dónde querían que me quedara.

Ese último año habíamos ganado la Liga, la cuarta Liga consecutiva. Pero así es la vida. Siempre he pensado que todo vino de la discusión con Muñoz, aunque era una discusión de planteamiento, nada más. Quien se había equivocado era él, no me había equivocado yo. Yo no me quería salvar a mí mismo, yo quería salvar el barco. Si hubiera pensado en mí, me hubiera plantado de delantero centro y ya está. Durante el partido se impuso el criterio de la cabezonada, pero nosotros hicimos lo posible para ver si podíamos ganar. Estábamos desencuadrados, estábamos en una cuadratura redonda. Y nada, y Alfredo fuera, y al Español.

Vila Reyes, que era el presidente del Español, me ofreció un contrato por dos años. Kubala era el entrenador. Había jugado hasta la temporada anterior y el equipo se salvó a última hora del descenso. El Español no tenía mal equipo. De portero estaba Carmelo, me reencontré con Tejada. Estaba Ramírez, del Valladolid, que era un gran jugador, un jugadorazo, de los mejores jugadores que he visto jugar. Ese sí que le tenía un pánico al avión...

Un día estábamos ya arriba, en el avión, estábamos en pista, y el chico este se bajó, se tiró del avión y se fue. Otra vez estábamos sentados, era de noche, y tenía una novela de estas de Estefanía, del Oeste. Yo estaba sentado así, en diagonal al asiento, detrás de él, y le digo: "Si no lo vas a leer, préstame el librito a ver cómo es". Y resulta que él ni leía ni nada, lo tenía al revés. Se movía como si estuviera montando a caballo del miedo que tenía. Y le digo: "Préstame el libro". Y lo agarró, se da la vuelta, lo parte por la mitad y me dice: "Toma, lee lo primero y después me lo das". A ese chico lo mataba el avión, porque jugaba... Cuando jugaba en casa, ya estaba pensando que el próximo domingo había que montar en avión. Es como el caso del holandés Bergkamp, que tiene en su contrato firmado que no se sube a un avión.

El miedo al avión no lo puede solucionar nadie, ni un psicólogo, ni con terapias de grupo, ni nada. Con lo único que se puede arreglar es que te inviten a la cabina con el piloto, con el comandante. Sí, ahí sí está uno más tranquilo. Muchas veces a mí me han llevado en la cabina. El comandante me llamaba y me invitaba. Iba, le hablaba un poco de fútbol, me sentaba con ellos allí atrás, en el asiento pequeño que tienen, el trasportín, y por lo menos te das coraje tú solo. Después pasaron los años y con ellos se me pasó el miedo.

Así pues, cuando terminé con el Madrid vino un encargado de Vila Reyes, que era el presidente del Español, y me tantearon. De la noche a la mañana, apareció el emisario con la oferta del Español. Y claro, me dijo "dos años" y, bueno, yo dije: "Lo que sea", porque era una buena oferta, la ciudad es linda, el clima, todo era bueno. En fin, que al final no me puedo quejar de haber ido allí, porque conocí una gente fenomenal, un club extraordinario, y verdaderamente la atención fue fenomenal. Además Kubala era el entrenador, que siempre fue muy amigo. Acababa de retirarse, después de pasar del Barça al Español. Se retiró en el Español y se quedó de entrenador.

Hicieron un equipo apañado. Había buenos jugadores, pero el equipo necesitaba tiempo, porque fuimos llegando cada uno de un lado, y un verdadero equipo se hace con tiempo, cuando los jugadores conviven, se van conociendo dentro y fuera y saben todos cómo piensan los demás.

Debut en el Español contra el Real Madrid

La jugarreta del destino fue que el primer partido de Liga nos tocó contra el Madrid, nada menos, en Sarriá. Lo pusieron por la mañana y lo televisaron. Había una expectación bárbara. Me acababa de ir del Madrid y me tenía que enfrentar a la primera a los muchachos de tantos años. Ganaron ellos 2-1, con dos goles de Puskas. Yo estuve a punto de marcar en un tiro libre. Se abrió la barrera, le pegué bien, por abajo, pero Araquistáin, a última hora, metió la mano y la sacó.

Me sentí raro, pero qué vas a hacer. Fue como cuando jugué con Huracán contra River o, peor, cuando jugué con la Selección española contra Argentina. Se hace extraño, porque tienes cariño y juegas contra eso a lo que tienes cariño. Contra Argentina jugué dos veces: una allí, en cancha de River, que nos ganaron 2-0, con goles de Sanfilippo, que era pequeñito pero muy listo y hacía muchos goles; y otra aquí, en Sevilla, que ganamos nosotros 2-0. Así que en paz. Eso fue lo que más extraño se me hizo. Pero al fin y al cabo es un juego, un deporte. No es cosa de fuego ni cañonazos, es un juego de fútbol, nada grave.

[Ese primer partido de Di Stéfano con el Español despertó enorme interés en toda España. Fue televisado en directo y, como la iluminación del campo del Español, Sarriá, no era muy buena y no podía televisarse por la noche, y a fin de que su atractivo no mermara la asistencia a otros estadios si se televisaba por la tarde, se colocó el domingo por la mañana.]

No salimos muy bien el primer año. Quedamos en el puesto once. Cuando se hace un equipo a fuerza de talonario pasa eso, que no es fácil, y eso que Kubala era un buen entrenador, y la prueba es que luego estuvo trece años en la Selección española. Pero alguna alegría sí le dimos a la gente.

En la Copa de Ferias, que es como se llamaba entonces la Copa de la UEFA, habíamos perdido 2-1 en el campo del Sporting de Lisboa. En el partido de vuelta, en Sarriá, empezamos mal y nos pusimos perdiendo 0-3 como a los quince minutos del segundo tiempo. Estábamos fuera. Pero arreamos y arreamos, tuvimos una reacción bárbara y nos pusimos 4-3, y no hicimos el quinto de milagro. Había un árbitro inglés, o galés, que dejaba el juego fuerte y, cuando nos fuimos dando cuenta, entrábamos con todo. Ellos no podían salir de su campo y les barrimos. Hubo sorteo para el desempate, porque entonces era así, y la moneda dio que el desempate era en Sarriá, y ganamos 2-1 y pasamos. Fue bárbaro.

Claro que, en otra ocasión, nos pasó al revés, que tuvimos que jugar el desempate en campo contrario. Fue contra el Brasov, un equipo de Rumania, en un pueblito que está ahí metido, en los Cárpatos. No me olvido nunca, porque nos quedamos sin entrenador y yo tuve que hacer de entrenador. Tuvimos que desempatar allí. Habíamos ganado 3-1 en casa, y allí perdimos 4-2 y cesó Argilés. Entonces cogieron a Espada de entrenador, pero para el partido de desempate tuve que hacer de entrenador yo. Había una nevada tremenda. Me acuerdo que los entrené en el pasillo del hotel.

Era un pueblo muy pobre, sin instalaciones apropiadas. Fuimos allí y dijimos: "Bueno, vamos al cine, como de costumbre". Entrás al cine por el pasillo y tenés que ir acoplándote para el centro, la gente va entrando y se va para el centro, no te puedes quedar ahí... es como un banco largo. Nevaba y no teníamos instalaciones. Había un barro impresionante en el campo, y la preparación del día anterior la hicimos con piques en el corredor del hotel del primer piso. Se quejaban de que hacíamos ruido. Tenían que agarrar la pelota los muchachos en el pasillo, vamos, la que armamos en el hotel... Increíble. Así fue el asunto. Y ganamos allí, y yo de entrenador. A silbidos iba colocando a los jugadores. Y ganamos el partido.

Es curioso: en mi segunda Liga con el Español, que fue la última de mi carrera, y en el último partido, nos ganó el Atlético en Sarriá y salió campeón. Si ganábamos nosotros, el campeón era el Madrid. Nada más empezar el partido, Griffa, el defensa central del Atlético, que era argentino, se fue a por mí, porque yo había hecho una jugada buena, en la que me escapé, y él me pegó después un rodillazo en el muslo, el clásico bocadillo, que me dejó seco. Me dijo: "Nosotros nos estamos jugando el título, ¡qué vas a venir tú ahora aquí a reventarnos, si te da igual...!" Y, sí, pero nosotros teníamos que ir a ganar el partido, jugábamos en casa, ¿qué querían?, ¿que nos dejáramos ganar?

Pero es frecuente en el fútbol, un truco viejo. Pasaba mucho. Te amenazan en el campo y entonces le preguntas: "Oí, ¿vos tenés algún cementerio particular?" Se creen que porque van primeros te vas a dejar ganar el partido. Si le puedes ganar, le ganás, esa es la ley del deporte. Y no es porque fuera el Atlético de Madrid. Pero Griffa era amigo, e iba a la suya, y hacía bien. Al final nos ganaron, y nos ganaron bien, y eso les debió de dejar más contentos que si nosotros hubiéramos aflojado, porque entonces tendría menos mérito. Y hasta Griffa marcó un gol. ¡Si tendría ganas de ser campeón! Ahí tenía un buen equipo el Atlético, bien ensamblado. Estaban ya Ufarte y Luis.

Yo había jugado contra Griffa mucho en el Madrid también. Era un jugador contundente. Vino aquí, vino a atropellar, creo que en el primero o el segundo partido que debutaba en el Atlético jugó contra nosotros, y a los dos minutos de juego me entra de atrás, me pega un codazo en la cabeza y la rodilla en la espalda, me di la vuelta y le tiré una trompada, que si lo cazo me echan del campo. Y le digo: "¿Qué hacemos aquí?" Es gente que te quiere impresionar para ver si te achicás. En el fútbol hay un poco de picardía y de viveza, y los defensas están para eso. Los defensas tienen que defender sus garbanzos, y los tipos actúan de la manera que pueden para defender. Y es normal, así es la cosa.

Periodista en el Mundial del 66

Después de acabada esa Liga, jugamos una gira. Mi último partido lo jugué en Saint Étienne. Mi recuerdo de ese partido es que saqué un gol bajo los palos. Tenía ya treinta y nueve años, y me dije: "¿Dónde voy yo?" Vila Reyes me hizo una oferta para que me quedara de técnico. Y no es que no quisiera, pero prefería regresar a Madrid. Ya me sentía como los del circo, que iba de un lado para otro con la casa a cuestas. Tenía cuatro hijos, y buscaba un poco de estabilidad para la familia.

Aún estaba bien para jugar, pero ya me empezaba a doler la columna, la espalda. Llegó un momento en que decidí tomar la decisión, aunque siempre es difícil, te cuesta... Recuerdo que una de mis hijas, que ya tendría trece años o así, me dijo un día: "Papá, te veo corriendo por esos campos en pantalón corto...". Y le dije: "¿Y qué pasa? ¿Y qué comen ustedes?" O sea, que yo tenía aún mi orgullo, y mi afición. Si tienes afición puedes tirar hasta muy tarde, y hay muchos ejemplos, desde Mathews a Mattaus. Pero treinta y nueve años empezaban a ser muchos. Bueno, casi cuarenta, porque el contrato terminaba el 30 de junio y yo cumplo el 4 de julio.

Decidí quedarme en España. Llevaba muchos años aquí. En algún momento pensamos regresar a Buenos Aires, pero ¿qué hacía yo en Buenos Aires? Tantos años desperdigado, casi cuatro en Colombia y trece en España... La vida la tenía hecha en España, los chicos igual. La idea era entrenar, porque de fútbol era de lo que yo sabía. Si te metes en un negocio, se te mete un socio y te roba por menos de nada, que eso les ha pasado a muchos compañeros. Largan el fútbol, se meten en algo, aparece un vivo y *chau*, te deja sin nada. Otros ponen un bar y se lo beben todo. Es difícil para el futbolista cuando se retira. Por mucho que hayas ahorrado, siempre hay uno lo bastante listo para quedarse con todo. Además, el fútbol no daba para tanto antes. Si podías comprar un buen piso ya era para tirar la manteca al techo.

Así que decidí que entrenador, que era lo mío. Bueno, primero hice un poco de periodista, para la Agencia EFE, en el Mundial de Inglaterra. Estuvo bien. Buena la gente, bueno el trato, fue una experiencia interesante. Era ver el fútbol desde fuera, por primera vez. Desde cerca, pero desde fuera, y se ven cosas que cuando tú estás dentro no reparas. Yo me puse de sobrenombre *El Topo*, porque andaba siempre en el metro. Agarrabas un taxi y tardabas una hora. Agarrabas el metro y tardabas diez minutos. Me invitó Calle, un buen tipo. Y después allá yo tenía que hacer la crónica y me iba después a EFE. Ya conocía yo la jugada de cómo iba la crónica. Hablaba por teléfono o la mandaba personalmente. Entonces, si había que estar en Wembley, salía a ciento veinte, y en lugar de agarrar el tren que iba directo para allá, que iba lleno, me agarraba otro para otro lado, que iba vacío, y luego otro de vuelta que también iba vacío y ¡zas! Les ganaba a todos. Llegaba antes y entonces me pasaban la crónica por el télex. Y si iba a Birmingham, que era el grupo de España, iba en el tren y veía a cantidad de gente amiga. Me quedaba a dormir con Rial, que estaba de asesor del Toto Lorenzo, con Argentina.

[España no pasó de la fase de grupo en ese Mundial, a pesar de que dos años antes, en 1964, había ganado el Campeonato de Europa de Naciones, con el célebre gol de Marcelino. España había tenido una larga y polémica concentración en Galicia que no contribuyó a su calma. Perdió con Argentina (2-1); ganó a Suiza (2-1) y perdió con Alemania (de nuevo 2-1). No pasó a la segunda fase. Argentina sí pasó, pero en cuartos se enfrentó a Inglaterra en un partido feo cuya gran noticia fue la expulsión de Rattin por protestar. Perdió 1-0, con gol de Hurst, el mismo que marcaría luego tres goles en la final.]

Lo pasé muy bien, aunque a España no le fue bien, se volvió pronto, con el buen equipo que tenía. Y con Argentina pasó lo de Rattin. Rattin se pasó de rosca, quiero decir las cosas como son. Quiso imponer la autoridad que hay en Argentina, porque él es un chico que tenía un prestigio extraordinario, porque aparte de ser un gran jugador de un resultado extraordinario para Boca Juniors, tenía una gran prestancia y era el patrón del equipo. En Argentina el medio centro siempre ha sido el patrón del equipo. Tenía una gran personalidad y creí que podía achicar al árbitro y a cualquiera. Se encaró con él, Kreitlein se llamaba el árbitro alemán. Hay una discusión hasta que se acaba la milonga. Pero el árbitro, cuando se va a iniciar la jugada, ve que Rattin le pega un bocinazo y le dice algo más. Yo estaba viendo el partido desde arriba. Entonces el árbitro se da la vuelta y lo manda afuera. Y ahí se armó el lío. Pena, porque Argentina tenía un lindo equipo.

Se habló de que si los árbitros, de que si Europa, América... Se dijo lo de la mano de Schnellinger contra Uruguay. Esas son cosas que pasan, como la mano de Maradona, que el árbitro no ve. Si el árbitro te quiere quitar un partido, te lo enfría y te saca de él. Que si una falta aquí, que si un *offside* allá. Te pueden matar un partido sólo con pitarte faltas a favor, porque te quitan el ritmo de juego.

Para un Mundial lo que vale es la entereza y el dominio. Yo estaba con Diego Lucero cuando Portugal perdía 3-0 con Corea. Conocía a los muchachos de Portugal, porque eran todos del Benfica, y las habían tenido con nosotros. Yo le decía a Lucero: "Estos le dan la vuelta". Y él: "Pero, Alfredo, ¿cómo le van a dar la vuelta a un 3-0?". Y sí se la dieron, claro que se la dieron. Con Eusebio, Coluna y la gente que tenían... Eso es fuerza mental.

Fue un campeonato bonito hasta el último partido. Fue entre Inglaterra y Alemania y fue espectacular. Duro y bien jugado. Ellos no son supergente, los ingleses y los alemanes, pero lo parece por cómo juegan al fútbol. No son armarios, son muchachos normales, como cualquier otro, lo que pasa es que están acostumbrados a las entradas con velocidad. Entran con una fuerza bárbara. No entran blando, entran de un modo bien pensado, bien tensos. Así parece que son más. Y eso que, como chocan tanto, van forrados, y cada vez más. Ya iban forrados antes, con vendas, espinilleras, de todo... Acabarán llevando un chaleco antibalas. Es increíble. Yo no sé cómo tienen movilidad en las piernas.

Yo no me ponía nada, sólo un calcetín finito y la media. A los otros jugadores los veía y decía: "¿Cómo se pueden movilizar así vendados?" Lo mismo pensaba Antonio Báez, que jugó conmigo. Había salido de las divisiones del River y después estuvo en Tigre a préstamo y en Millonarios, con nosotros, un extraordinario jugador. Ese me decía: "Alfredo, la venda elástica, ¿qué te hace si te duele el tobillo adentro? ¿Qué te va a hacer? No te va a hacer nada eso, es una cosa mental". Y tenía razón, cuando me dolía el tobillo, porque me habían metido una patada, la venda no me quitaba el dolor. "Sacátela, si eso se arregla solo", me insistía. Bueno, eso era a lo criollo, vamos, a lo que salga. Después decidí no ponerme nada nunca más. Así que llegaba al vestuario y en cinco minutos estaba cambiado. Me sacaba la ropa, me ponía la otra y listo.

Para colmo no me masajeaba tampoco. Agarraba un poquito de aceite y un poquito de linimento y me lo metía en la mano y me hacía automasajes. Ya de cuando estaba en el

River no me masajeaba casi nada... Y después, cuando me vine a España, que hacía las temperaturas más frías y todo eso, para calentar, me dijo Enrique Fernández, que era un entrenador del Madrid, uruguayo, una buena persona: "Alfredo, no te des masaje, aprende a automasajearte tú, antes de empezar el partido, te pasás un poquito de linimento y te conservás así..., y cuando te querés masajear te metés bajo la ducha, te jabonás bien, y empezás a estirar las piernas y todo, para colmo se mueve la espalda y se mueve todo, y está muy bien". Y tenía razón. Lo sencillo al final es lo que va a misa. Y hay algunos que si esto, que si el algodón, que si la tira de plástico, que si el esparadrapo... Hay gente que gasta esparadrapo que es un presupuesto para el club. Es increíble... Si lo tuvieran que comprar los jugadores de fútbol, me corto la cabeza a que ninguno se lo pone.

El Elche: la primera experiencia como entrenador

Al empezar la temporada 1967-1968 me llamó Luis Guijarro, un intermediario de la época, y me ofreció ir a entrenar al Elche. Y me gustó. Fue un poco de sopetón y un poco como de prueba, a ver cómo iba la cosa. A la familia no la podía mover de momento, así que tuve que ir solo, a vivir de hotel, pero la mujer venía cuando podía y, de cuando en cuando, yo iba a Madrid a ver a los chicos. Era un buen equipo el Elche. Tenía una juventud muy buena. Tenía fama de sacar buenos jugadores. Tenía una zona buena de afición para equipos juveniles y todo eso. Estaba Lico, después salió Marcial, salió Asensi, estaba Vavá, estaba Canós, que también llegó a la Selección, Ballester, que fue al Madrid y murió de cáncer de huesos, Llompart.

Estaba un pibe que jugaba muy bien, que se llamaba Gómez Burgos, pero en fútbol le conocían como Curro. Y yo le decía: "¡Y cómo te ponen el nombre de Curro! Ya me vas a contar, ese es nombre de toreros, no de futbolista. Imaginá, te llaman al hotel y hay que pedir por el señor Curro..." Y él nada, que quería ser Curro. Y tenía un nombre precioso, Gómez Burgos. Y jugaba bien el pibe. También salió de allá un medio centro muy bueno que luego jugó en el Sporting de los mejores años, Ciriaco. Y no sólo había jóvenes. Estaba Iborra, el central, que tenía cuajo, y Pazos, el portero, que lo había encontrado yo en el Madrid cuando vine. Era un caso de afición lo de Pazos. Luego jugó hasta los cincuenta años en el Abarán, allá por esa parte.

Fue un buen sitio para empezar, pero todo se torció. Ahí vi que lo del entrenador no es fácil. Me había llevado un presidente que se llamaba Martínez Valero pero resulta que sus directivos le hicieron la cama, no sé qué problema hubo, le hicieron la cama y él lo dejó. Y yo le decía: "Bueno, si usted se va, y el único que conozco aquí es usted, pues me voy yo también..." Crearon un ambiente malo en contra de él, y la repercusión vino para el equipo y para mí. Así hasta que él se va y yo renuncio.

Los que le liquidaron me vinieron a hablar a mí para que me quedara, me rogaban por favor, que esto, que lo otro... Yo les dije: "No, no, si están haciendo la cama media temporada para que se vaya a la mierda el equipo, ¡qué me voy a quedar yo con gente como ustedes! No puede ser que de la noche a la mañana estén diciendo negro y después sale blanco. Están hundiendo al equipo con manifestaciones". Porque eso es lo peor que puede haber en los clubes de fútbol. Esa tirantez entre el poder, eso mata al equipo.

Para mí, además, era una gran persona Martínez Valero, y el ambiente que había en el equipo era muy bueno hasta que lo estropearon esos tipos. Así que agarré y me vine. No pensaba ni cobrar, pero en eso se portaron bien y me pagaron. Para ellos la cosa era tirar a Martínez Valero. Y fue una pena, porque era un equipo en formación que tenía un futuro terrible. Era un club que sacaba jugadores y los vendía después, un equipo chiquito pero bien hecho, que jugaba muy bien al fútbol. Los muchachos tenían dieciocho, veinte, veintidós años.

Siempre ha sido un problema la cantidad de intrusos que se meten en el fútbol. Son directivos que se creen que

El Elche: la primera experiencia como entrenador

son ellos los que ganan los partidos o que juegan los partidos, que son los que saben, vamos, y hacen de técnico también. Por eso me gustó a mí cómo era Bernabéu. Había un socio de preferencia, muy pintón, que iba ahí con la familia y, cada vez que errábamos algo, o la tirábamos para afuera, se daba la vuelta, lo miraba a Bernabéu y hacía un ademán, como diciendo que el equipo no valía. Y ya le teníamos ojeriza. Y un día lo veo en la Directiva, y me extrañó, así que le dije a Bernabéu: "¿Qué pasa, don Santiago?" "Nada, que el enemigo en casa." Tenía cada salida Bernabéu que era espectacular. Picardía y viveza tenía para regalar. "El enemigo en casa. A ése lo siento yo al lado mío en el palco y ya no protesta más, y no nos levanta las masas."

Boca Juniors

De allí fui a Boca Juniors, en 1969. Me fui solo y después me llevé a la familia. Era encontrarme otra vez con los viejos, con los hermanos. Era vivir otra vez donde nací. De presidente estaba J. J. Armando, uno de los buenos presidentes que tuve en mi carrera, como persona y como presidente, un tipo que manejaba el club y no se metía en el equipo en su vida. Vamos, ni te preguntaba del equipo jamás. Yo había sido de River, y algunos me decían que si no me sentía extraño. Si el River nació en La Boca; mis padres eran de La Boca, mi tío y padrino mío de nacimiento era de Boca y había sido del Boca Juniors... Se llamaba Luis Pertini, y era pariente de Sandro Pertini, el presidente de Italia.

Y se dio bien. Salimos campeones. Hacíamos cosas como en el Madrid mío. A nosotros no nos interesaba el adversario, nosotros queríamos que el equipo adversario viniera al juego que queríamos nosotros. No queríamos adaptarnos al juego de los demás, porque el fútbol debe ser así. Si hay un equipo que te quiere freír el partido, no le dejés. Le tenés que parar que larguen la pelota.

Jugábamos un 4-3-3, más o menos. A mí me gustó siempre que el delantero centro se tirara atrás, hacia el centro del campo, para tener superioridad numérica de gente. Tenía dos punteros abiertos, que eran maravillosos. Aparte de la velocidad que tenían, jugaban bien. Y cuando agarrábamos la pelota, se iban los cuatro volantes y el lateral derecho, Suñé, que era un espectáculo. En ese sentido teníamos un equipo atacante. A nosotros no nos interesaba para nada el rival. Era lo mismo que en el Madrid, no nos interesaba nada cómo era el contrario, ni íbamos a verlo, ni teníamos vídeo, ni teníamos nada, ¿para qué queríamos verlo? Sabíamos los jugadores que tenían los adversarios por las revistas, los diarios. Y a veces veíamos el partido en televisión y sabíamos cómo era la característica del jugador.

Indudablemente había que tener cuidado, eso lo sabíamos, pero lo que teníamos era la gran ventaja de que teníamos un velocista en el medio del campo, en la defensa, que era Meléndez, el peruano. Extraordinario defensa. No le daba una patada a nadie, pero le daba una ventaja de tres metros y lo alcanzaba antes de llegar al área. Así que nosotros jugábamos con líbero y sin líbero. Y después hacíamos el fuera de juego también, que esa era una de las ventajas que tenía el equipo nuestro.

El campo lo teníamos bien cuidadito. El día que llovía no entrenábamos, entrenábamos en la Candela, que es como se llama la concentración. Y a la cancha del Boca íbamos cuando había sol, porque lo cuidábamos el campo que era una hermosura. De local, es fundamental ganar; hay que perder o empatar lo menos posible, y la prueba evidente es que los equipos que son campeones, en casa lo máximo que pierden es un partido.

El equipo lo teníamos armado con Roma, Suñé, Meléndez, Rogel, Marzolini, Madurga, Orlando Medina, Rojitas, Ponce, Novello y el pibe Peña. A Peña lo saqué a jugar y le hice debutar con el Independiente en la cancha del Boca. Y es que, en ese sentido, me tengo que elogiar a mí mismo: tenía ojo, ojo clínico para ver a los jugadores. Me fijaba mucho en las divisiones inferiores. Me iba los sábados y los domingos a la mañana y me veía a los equipos... Y veía quiénes eran los jugadores que jugaban en la quinta A, en la quinta B, en la cuarta A o en la cuarta C, y en la tercera y todos, y en la reserva. Conocía a todos los jugadores, y los muchachos que más o menos pintaban me los llevaba para los entrenamientos del miércoles y del jueves, y les daba moral. Y los mayores, los futbolistas más hechos, siempre aprecian a los jugadores, les ayudan, son maestros en el campo y les dicen: "vos movete de esta manera, corré así, ponete allí, ponete así..." Les van indicando, aparte de lo que les diga el entrenador, van ayudando a los compañeros en el campo.

Esta es una de las grandes virtudes de los grandes equipos, que tienen unas divisiones inferiores buenas. La prueba evidente es que el Madrid, al poco de irme yo, reconstruyó el equipo con chavales de la cantera y se llevó otra vez la Copa de Europa en 1966, a los dos años de marcharme yo. Y tampoco estaban Puskas, ni Santamaría, ni Kopa. Cuando el semillero es bueno, puedes hacer equipo y es lo mejor. Luego, lo que te falta, lo apuntalas si acaso con algún fichaje bueno y escogido, pero sólo lo que te hace falta. Fichar por fichar no hace un equipo, mueve dinero, pero eso no hace un equipo.

Recuerdo cuando debutó el pibe Peña y los hinchas del Boca decían: "Pero ¿quién es este?" Debutaba contra Independiente. Independiente tenía un lateral izquierdo que era uruguayo, que fue famoso, Pavoni. Al final del partido, me vino y me dijo: "Maestro, ¿qué me has puesto, un defensa central aquí al lado mío? Me cagó a patadas..." Esa era la personalidad que tenía Peñita con dieciocho, diecinueve años, y era potente, era fortísimo. "A ese Pavoni te lo tenés que comer", le contesté. Y vaya si lo comió. Y ganamos 3-1.

En fin, que se había armado un buen equipo ahí en Boca Juniors. Lo que pasa es que llegó un momento en que yo no me podía quedar cuando terminó el Campeonato. Ya me dije, yo me voy a parar, a ver qué pasa, a ver si en España me instalo de una vez y me organizo. Yo había vendido la casa en Buenos Aires, estaba de alquiler. Cuando estaba en el Español habíamos puesto con Santamaría e Isidro un matadero de pollos, que lo tuvimos que dejar por falta de atención de nosotros, pero era un negocio que iba bastante bien aunque veíamos la posibilidad de llegar a perderlo todo. Dependíamos de unos empleados que eran buena gente, pero depender de los demás no puede ser. Dicen: "Quien tiene tienda, que la atienda".

Así que decidí volver a España. Pensaba: O me pongo a entrenar o me pongo a hacer algo. Porque yo estaba dudando, todavía tenía esa edad de cuarenta, cuarenta y cinco años, y no tenía una carrera, ni era médico, ni dentista, ni nada... ¿Adónde iba a ir? Así que decidí venirme, aunque me daba pena por la felicidad que había, porque yo no he visto una cosa igual, una hinchada como esa del Boca Juniors. Era una cosa que te ponía los pelos de punta, lo que cantaban y lo que cantan, porque cantaban con una devoción que era indescriptible. El arrastre que tenía ese equipo era espectacular.

Aparte, hay que reconocer, y lo decían los demás, que el equipo funcionaba porque eran jugadores técnicos, jugaban muy bien. Me acuerdo que a Suñé, que era un chico, el lateral derecho, muy jovencito, capitán del equipo, yo le decía que le iba a atar, le iba a poner un collar, porque corría la banda... Tenía un sentido de la recuperación fenómeno, pero él atacaba, y atacaba perfectamente, jugaba muy bien.

Otro especial era Rojitas. Un chico caprichoso, de esos que quieren que les des cariño, que les pasés la mano por el cuello, porque son grandes personas, pero frágiles para otras cosas. Para jugador de fútbol era un caradura de primera división. Tenía un desparpajo... Le daba lo mismo enfrentar a tres en el área, se los comía, se los llevaba. Era un muchacho de barrio, gracioso, pícaro, en fin, que tenía un dominio de la carpeta de la calle extraordinaria. Y después de terminar los partidos, salía con la mujer, y se iba al barrio de Avellaneda, que él vivía por allí, aunque luego se marchó a vivir a Flores. En su barrio, siempre tenía problemas con alguien, y se peleaba porque alguno le decía algo a la mujer... Siempre tenía algo.

En cuanto jugaba tres o cuatro partidos, ya se agrandaba, y entonces, yo lo quitaba. Y lo dejaba sin jugar un partido o dos, y me decía: "¿Vos, por qué me querés matar?" Porque él era el ídolo, la cintura de Rojitas pocos jugadores la han tenido. Por ejemplo, el Buitre tenía buena cintura, o Molowny, que tenía una cintura espectacular. Esos jugadores tienen una característica: que en un momento dado tenés a uno o dos, que muy bien, son habilidosos, pero llega un momento en que el habilidoso tiene que ser habilidoso en el área, no en el medio de la cancha. En la cancha hay que hacerla circular la pelota, hay que correr. Entonces, a Rojitas lo tenía yo como excelente jugador, pero claro, yo lo que no quería era amanerar el equipo. La prueba evidente es que lo mandaba cabecear, saltaba extraordinariamente.

Estaba también el asunto de Madurga. Madurga iba en profundidad, agarraba y tenía el apoyo de sus compañeros, pero estaba en el medio del campo. ¡Cuidado!, que en eso siempre he admirado yo a todos los mediocampistas que van en profundidad y se meten en el área, no al lateral, a los que van en profundidad hacia la portería del adversario. Y ésa era la ventaja que tenía Madurga. Lo mismo que tenía a Novello, un delantero centro que se tiraba un poco atrás, que se lastimó en uno de los últimos partidos. Era un espectáculo de delantero centro. Lo saqué también de ahí, de la Tercera. Para colmo, era amigo de Madurga, se entendían de maravilla los dos, porque en el fútbol las parejas, los dúos, son lo fundamental. Y estos iban a comer juntos, a tomar un café juntos, al baile juntos... En fin, eran muchachos que se entendían ya con el hablar en el fútbol. Y entonces, Rojitas era otro sainete, tenía otro baile.

Toma de contacto en el Valencia

Vuelvo de Boca, me voy a comer a un restaurante con mi amigo Augusto Comas y la señora. Estábamos comiendo los dos matrimonios en el O'Pazo. Habíamos ido a las nueve o nueve y media de la noche. Y había cuatro individuos bien arreglados, muy empaquetados, venían muy bien tapizados, como digo yo, y tenían un escudo que yo no sabía de qué era, una insignia. Y entonces, cuando estábamos tomando café, qué sé yo, estábamos allá charlando, porque yo siempre hacía la tertulia un poquito después de comer y todo eso, nos mandan una botella de champán. El *maître* viene y dice: "De parte de esa mesa que mandan una botella de champán". Era de lo más raro del mundo. Entonces, llega la botella de champán y le digo: "¿De quién es?" Y el camarero: "De esa mesa". Y si te mandan, no le vas a decir que no, por lo general. Sed de desierto no teníamos, pero no venía mal tomarse una copa de cava. Y efectivamente, cuando me levanto, ellos seguían allí. Nos levantamos nosotros y yo fui a la mesa, y el otro se arrimó detrás de mí, y le dijimos: "Muchas gracias, muy atentos..." Estábamos nerviosos, en el sentido de que no les conocíamos y no sabíamos qué pretendían, a qué venía eso. Recuerdo que me dijo uno de ellos: "Bueno, ¿qué?, ¿cómo va eso?" Y dije: "Ya volví de Buenos Aires y estoy aquí..." Ellos hablaban como dando a entender "si tiene problemas, si tiene ganas de hacer algo, y tal, cuente con nosotros". Y entonces yo les dije: "Muy bien, encantado, porque antes o después tengo que trabajar". Y me quedé así, medio cortado, como siempre he sido.

Salimos y le digo a Cuqui, mi amigo: "Pero ¿quiénes son esos?" "No sé." Y entonces a las mujeres: "¿Tú sabes quiénes eran? ¿Viste en la insignia algo...?" Y ellas: "No, vimos una insignia muy parecida a la del Barça". Nosotros pensamos que serían de un equipo de segunda, vete a saber, no sabíamos quiénes serían. Nos vamos con el coche, nos lleva Cuqui para casa, y yo insistía, porque me había quedado inquieto: "¿Pero tú no sabes quiénes eran?"

Pasan cuarenta y ocho horas y me llama Sánchez Lage, que había conseguido mi número de teléfono no sé por dónde. Él había jugado en el River, y luego en España en el Oviedo y en el Valencia, y después se había quedado allí, ayudando en la secretaría del club. Yo había hablado con él varias veces cuando iba a Valencia, teníamos buen trato. "Sí, ¿qué pasa, Pepe?" Porque se llama Pepe. Y él me dijo: "¿Vos no estuviste hablando el otro día en un restaurante con unos señores...?" "Sí, ¿quiénes son?" Y me dice: "Son los del Valencia". "¡No me jodas! ¿Cómo del Valencia?" ¡Y yo no había identificado la insignia! Y me dice: "No, que quieren hablar contigo dentro de una semana, a ver si querés venir de entrenador acá".

Resulta que con los que hablé en el restaurante eran Julio de Miguel, que era el presidente; Vicente Peris, que era el secretario; Ramos Costa, que era directivo que llegó luego a presidente, y otro más. Casi nadie al aparato. Me dio una gran alegría, primero porque me hice la composición de lugar de lo que era Valencia.

Valencia sabía yo que era la tercera o cuarta ciudad de España, vamos a poner; siempre se caracterizó porque tenía un buen equipo, había sido un equipo copero, un equipo que siempre estaba ahí en la nebulosa de los primeros puestos, y tenía un historial muy bueno, y era un equipo que si salís terceros eso es fenómeno. Entonces, pues yo encantado. Para discutir no tenía nada, ni un representante ni nada. En mi vida lo tuve. Y agarré el primer dinero que me ofrecieron. Tampoco estábamos para tirar cohetes. Tiran cohetes en Valencia, en la ciudad, pero el club no tira cohetes en el sentido de dinero.

Y el tiempo tampoco lo discutía. Un año o como mucho dos. ¿Que están contentos? Te quedás. ¿No están contentos? Te marchás. Y ¿qué vas a hacer, si firmás por tres, qué pasa? ¿Vas a estar incómodo en una institución? Yo creo honorablemente que el asunto no es así. Si te quieren hacer la jugada te hacen la jugada, porque los directivos contratan a diez individuos, te sacan dos pancartas y te dicen: "Fuera del club". Y en otra ponen: "Caradura, fuera de la institución". Y vos mirás el cartel y ¿te vas a quedar? Si vos no tenés la hinchada a tu favor, por lo menos el 90%, no tenés nada que hacer. Y vos sabés que la presión de las pancartas es terrible, son las que manejan las instituciones. Así que a mí me daba igual: "Un año, ¿estás contento?" "Sí. Oiga, mire, hemos salido campeones, ¿me dan un poco más?" "Te damos un poco más".

Total, que me llamaron, acordamos, fui, firmé el contrato y empezamos a trabajar. Y verdaderamente tengo que reconocer que tuve una suerte bárbara con el presidente del club, Julio de Miguel. Era un espectáculo de presidente, porque era una persona muy ecuánime y sabía manejar. Tenía un buen brazo para manejar el club y, además, tenía un secretario técnico que parecía un torero, dominaba la izquierda y la derecha que daba gusto: Vicente Peris. Tenía una experiencia notable, dicen que había sido alumno de Colina, un tal Colina que tiene una fama en el Valencia terrible, en la Dirección del Valencia.

Era la temporada 1970-1971. Fuimos campeones de Liga el primer año y finalistas de Copa ese año y el siguiente.

Es curioso, yo relacionaba mucho al Valencia con la Copa, porque al poco de llegar a España le vi ganar una final de Copa contra el Barcelona, en el Bernabéu. Un día que el portero del Valencia, Quique, se subió al larguero, y se sentó arriba para festejar. Yo creo que desde aquel día me entró bien ese equipo. Aparte que en mi primer viaje a España, con Millonarios, jugamos en Valencia y ya me gustó.

Ahí fiché yo a Lico, que lo había tenido en el Elche. Tenía el pelo muy largo y le dije que se lo cortara. Se cortó un centímetro. Le vi cuando estaba al lado de la sede del club. Le dije: "¿Estuviste a cortar el pelo?" "Sí, acabo de venir de la peluquería... Pregúntele al peluquero..." Era extraordinario, buenísimo, de habilidad, un chico muy dado, muy buena gente, de estos jugadores que recuerdas toda la vida porque son jugadores que no tienes problema alguno con ellos. Aunque yo prefiero un jugador que tenga problemas particulares y que juegue bien a uno que sea un bonachón y juegue mal. Prefiero el buen jugador. En un equipo de fútbol el buen jugador es todo.

Indudablemente, una vez allí, el técnico tiene que tener la psicología para saber llevar a los jugadores al terreno que quiere uno. Ahora, el trabajo tiene que ser enérgico y hay que avisarles de que el que avisa no es traidor, que los entrenamientos, los miércoles, son más fuertes que nunca. Aunque no se juegue en miércoles un partido de competición, hay que estar preparados; y si tienen que ir a tomarse una copa y tienen que salir, que vayan a dormir el martes temprano porque hay paliza el miércoles. Y las palizas de los miércoles pueden repercutir en que te lesionés, porque ahí son a base de *sprints* y todo explosivo... Ese es el sistema que llevaba yo. A mayor velocidad, mayor técnica. Indudablemente cuesta más trabajo, pero rindes.

Estrategias de entrenador

El Valencia fue para mí un buen club, ese tipo de club en el que siempre tienes que tener las espaldas cubiertas. Y un técnico que no tenga las espaldas cubiertas está liquidado. Porque lo que tú no puedes hacer es una raya como en un papel y ponerte tú en un lado y en el otro la afición, los jugadores, los empleados del club, la Directiva, el periodismo, todo en contra. Entonces tienes que enfrentarte contra siete elementos y es imposible. Pero si tienes el respaldo de la Directiva, es otra cosa.

El Valencia era ideal en eso, gracias sobre todo a Vicente Peris, el secretario general. Un tipo fenomenal. Al llegar me dijo: "Alfredo, cualquier problema que tengas interno con los jugadores, me los mandas aquí". Y efectivamente, si había algo, yo les decía: "Vaya a ver a Peris, que yo voy a comentárselo a él". Hablo de detalles de estos que transcurren entre el vestuario y el trato entre los entrenadores y los jugadores. Entonces, Peris hablaba con el jugador que yo le había indicado y le tocaba los puntos que había que tocar y después le regalaba una insignia del Valencia, de estas de un duro, y se iba tan contento el jugador. De esta forma yo me libraba del *no*, de la palabra *no*, porque el jugador de fútbol, si le insistes con *no*, llega un momento en que se rebela. Así que de vez en cuando tienes que darle un caramelo para decirle que sí, por eso lo mejor es que el técnico esté para el *sí* y que tengas a alguien para el *no*. Así siempre quedas bien. Aunque no hay que olvidar que es preferible que el jugador diga que eres un tipo duro, fuerte, incluso un hijo de perra, a que te tenga por un tipo muy blando. Eso hay que medirlo.

Siendo técnico tienes que tener una conducta muy recta en todos los sentidos, en el trabajo y en el trato con los jugadores. No puedes hacer diferencias entre ellos. Hay que dispensar un cariño especial a los que no juegan. El problema es que los muchachos que se quedan sin jugar el partido y se van al banco, ¿qué haces?, ¿cómo los manejas? Y algunos ni siquiera van al banco. Eso está siempre... ¿Cómo lo organizas?

En Argentina había una buena compensación a eso, porque había un Campeonato de reserva y, los que no jugaban, jugaban los jueves, y se hacía un torneo y los muchachos estaban en actividad y les daban un dinero por el partido que ganaban. Esa era una manera de compensarles y de que, al mismo tiempo, estuvieran en movimiento. Porque un jugador parado es un desastre.

Yo sufría terriblemente con los muchachos que no jugaban. Estaba más preocupado por los que no jugaban que por los que jugaban. Y siempre quería hacer todos los cambios posibles para que, por lo menos, se distrajeran. Fui un luchador terrible para que les dieran la prima a todos los que viajaban, igual que al titular, y que no les dieran media prima, porque bastante es que se tengan que quedar en el banco y con cara de pocos amigos... Prefiero tenerlos contentos y que, cuando hace un gol el equipo, que salten y que vibren, y no tener a unos que están pensando: "A ver si perdemos y me ponen a mí el domingo que viene". De esos hay cantidad.

Lo del asunto del entrenador es difícil. Y por eso era bueno el Valencia, porque yo tenía un buen respaldo con el presidente y la Directiva, que se lo montaba muy bien, y así el equipo iba funcionando. Cuando funciona el equipo está contenta la hinchada, está muy contento todo el mundo. Los jugadores, si cobran los premios por domingo por partido ganado o por partido empatado, están felices. Es dinerito que se llevan para casa el fin de semana. Ahora ha cambiado todo eso, porque se acumulan todos para fin de año, según la clasificación. A algún equipo le vendrá bien, pero a otros les vendrá mal, porque yo pienso que el jugador de fútbol, cuando termina un partido el domingo, y el martes o el miércoles le dicen: "Pase por caja que le vamos a pagar el premio", eso le sirve para comprar siempre algo, un regalo a la mujer o lo que sea, y hay una alegría familiar, aparte de la alegría personal. Porque la mayoría de los muchachos cuando llegan a los veintitrés o veinticuatro años están casado o, mejor, recién casados. Y si no, les hacen unos regalos a los padres.

Cuando me hicieron la invitación, me fui a ver al Valencia jugar a Ferrol, en una eliminatoria de Copa que tenía. Me gustó el equipo. Había un barrizal que era impresionante, para jugar allí había que ser marino, y al Valencia le costó trabajo ganar la eliminatoria. Era el segundo partido, el primero había sido en Valencia, y salió 1-0. Yo lo vi y me pareció que había buen equipo. Luego se clasificó para la final, que fue en Barcelona, contra el Madrid. Y la ganó el Madrid, recuerdo. Se lesionaron pronto Amancio y Grosso y entraron Fleitas y Planelles, que fueron quienes hicieron los goles. Fleitas marcó un gol picado, desde lejos, que gustó mucho. El Valencia ese me gustó. Vi que había material bueno.

Vi el equipo y lo analicé con Sánchez Lage, y empecé a analizar los jugadores que había. En general, me gustaba, aunque había cosas que había que tocar. Pero tenían un sistema defensivo muy fuerte, potente, gente grande, rápida y que técnicamente eran buenos. Tenían a Sol, Aníbal, Jesús Martínez y Antón, que eran los cuatro defensas digamos titulares, y también tenían a Tatono, Barrachina y Vidagany, formidables. En la portería estaba Abelardo, un buen portero, tipo Juanito Alonso, de los que me gustan a mí. Tipos arrojados, valientes, que tapan lo que hay que tapar y lo que es imparable qué le vas hacer. Después en el medio campo estaban Claramunt y Paquito, que eran un espectáculo. Claramunt era tipo Madurga, tanto que yo cuando lo vi me dije: "Bueno, aquí tengo uno que es igual que el del Boca Juniors, que se iba para adelante y hacía gol". No sé si haría diez, doce o trece goles, pero eran goles clave, porque tenía un remate extraordinario. Y Paquito había estado en el Oviedo y era un medio extraordinario. Hacía una jugada que llamaba el melocotón, o el medio melocotón. Pisaba el balón y lo rodaba un poco para un lado y luego para el otro, ¡zac, zac! Te dejaba en el camino. Y eso te lo hacía en el área. Era un espectáculo ese jugador.

Hacíamos el fuera de juego, y la gente se divertía en el Mestalla contando uno, dos, tres, siete, ocho, ¡mambo!, fueras de juego. Lo hacíamos perfectamente. El que lo conducía eso era Antón, que no tenía nada de tonto, era el más pícaro que todos. Antón se inventaba las cosas y me dijo: "Míster, ¿y cómo hacemos la salida?" Y digo: "¿Qué sé yo?, decimos fuera..." Y él me dijo: "No, míster, si decimos fuera se entera el contrario, y vamos a ponerle ¡mierda!"

Así que él decía "¡mierda!" y salían todos disparados. Ese era el grito, y funcionó. Había una buena compenetración. Jesús Martínez era muy inteligente, Aníbal también. Aníbal tenía una ventaja, que hacía goles. Y un día, ¡pum!, un tiro libre. Y otro día un córner. Y otro día un rebote. Y marcaba fuera, así que era bárbaro, porque si tenés un defensa que en tres partidos fuera te hace tres goles y ganás por 1-0, tenés seis puntos. Aquello era fenomenal, porque la delantera era lo que teníamos un poco más débil, aunque también era buena. Pero si tenés un extremo derecha que te hace siete goles, y un extremo izquierda que te hace seis, por ejemplo, y un delantero centro que te hace catorce, tenés unos cuantos goles pero necesitás de los de atrás, y eso también lo teníamos.

También andábamos bien de delanteros. No quiero ser injusto. Chicos listos, rápidos, trabajadores. Recuerdo una cosa de Sergio que pasó en La Línea de la Concepción, que explica mucho cómo son los nervios de futbolista. Yo había dado la alineación del equipo por la mañana. Los muchachos estaban jugando a las cartas y yo estaba mirando cómo jugaban, y mientras tanto veía uno que pasaba por atrás, daba vueltas por detrás, daba más vueltas que un perro para acostarse. Entonces, uno de los muchachos que estaba jugando me dice: "Míster, ¿vio cómo está Sergio?" Digo: "¿Qué le pasa?" Dice: "Está pálido y está dando vueltas, algo quiere". De repente se va para más allá y entonces me levanto yo y me voy hacia él y le digo: "Sergio, ¿qué pasa?, ¿querés algo?" Y me dice: "Sí, míster, mire, estoy preocupadísimo".

Era su debut. Me senté con él y le dije: "Sentate, ¿qué pasa?" Yo le había visto en el entrenamiento, le había visto jugar en el Levante y le veía que llevaba dentro un jugador grande. Y entonces me dice: "Si me sale mal, ¿qué me va a pasar?, me van a meter en el Mestalla y yo no quiero, para eso estoy en el Levante, yo no quiero estar en Mestalla". Y el chico tenía una revolución en la cabeza, estaba perdido completamente, vamos. "¿Cómo? ¿Qué querés, que ponga a otro?", le tuve que decir. "No... Pero bueno... Si tiene a otro para jugar...", me contesta. Fui rotundo: "No, no, vas a jugar tú, no te preocupés, si pasa algo el responsable soy yo, no te preocupés. Tú vas a tener una oportunidad de cinco o seis partidos amistosos que estamos jugando y te voy a poner y no debés pensar si no da resultado. Tenés que jugar como jugabas en el Levante, y en el Levante lo hacías bien, y tan bien lo tienes que hacer acá también, además compañeros que te van a ayudar". Y bueno, le tuve que dar esta charlita y darle este juguete, este caramelo y bueno... Jugaba y después lo sacaba un rato, lo sacaba y entraba Poli o cualquier otro jugador, y fue un jugador que maduró y dio un resultado fenomenal.

También teníamos a Pellicer, que fue el primero que fiché. Yo estaba en Barcelona, en un hotel que está en la calle Muntaner, muy cerca de la oficina del que fue presidente de la Federación, el catalán Pablo Porta, en la Travesera de Gracia. Había ido a la final de Copa entre el Madrid y el Valencia, a ver al equipo. Estábamos en el hotel y veo a Pellicer en el fondo, cenando él solo. Y alguien me dice: "Mira, te voy a presentar a Pellicer".

Pellicer había jugado en La Coruña. Jugaba muy bien y se lo había llevado el Barcelona. Yo le había visto jugar y me gustaba cómo jugaba, pero estaba fuera del equipo, ni concentrado ni nada. Y entonces le pregunté qué pasaba y me dijo: "No sé, no sé, no me hacen caso, parece que me quieren dejar libre". Y nosotros nos sentamos al lado y pedimos un vaso de vino y le dije yo: "¿Si te dejan libre, te quieres venir al Valencia? No sé si libre o en las condiciones que te dejan, ya después consultaré con la Directiva..." Y me dice: "Sí, sí, yo me iría al Valencia encantadísimo". Al final vino, y yo no sé cómo vino, si vino libre o pagando algo el Valencia.

Pero dio un resultado bárbaro. *El Pulpo*, le llamaba yo. Era delgadito y ponía los dedos, los codos, las manos, los brazos... No le llegaba nadie al cuerpo cuando llevaba la pelota. Era un tipo que manejaba bien los brazos y estaba siempre aislado del adversario. Y tuvo el problema del tendón de Aquiles en un partido amistoso, que fue rotura de tendón de Aquiles, una pena.

Estaban también Poli y Ansola, que ya era un poco mayor pero estaba muy fuerte. Y Fuertes, fenomenal, Jara, un paraguayo que las enchufaba dentro, Nebot y Claramunt II. Todos fenomenales, muy dispuestos.

El Valencia, campeón de Liga

Y así, con aquel equipo, salimos campeones y fue una satisfacción tremenda, por los muchachos, por la hinchada, por la ciudad, y para mí. Porque después de sacar campeón a Boca en Argentina, salimos campeones en España con el Valencia, y eso fue bárbaro. Un gran prestigio como entrenador y, sobre todo, por los muchachos, y por la forma en que se dio.

El último domingo jugábamos en Sarriá contra el Español. En Madrid, en el Manzanares, jugaban el Atlético y el Barcelona. Íbamos todos apretados. Si ganábamos o empatábamos, salíamos campeones. Pero si perdíamos, era campeón el que ganara en Madrid, el Atlético o el Barcelona. Y si ellos empataban, salíamos campeones nosotros, aunque perdiéramos. Y fue lo que pasó. Los del Español iban muy primados por los dos: por el Atlético y el Barça. Nosotros estábamos un poco nerviosos y nos ganaron con un gol de Lamata, que había sido del Atlético. La peinó para atrás y la metió. Pero en el Manzanares hubo empate, y sudamos tinta hasta que acabó ese partido, y al final fue la fiesta completa.

Después nos fuimos a tomar una copa nosotros a una sala de fiestas y resulta que también estaban los muchachos del Español, y tan contentos todos, porque habían trincado de los dos equipos y habían tenido una prima para el verano. Los muchachos cobraron, estaban contentísimos. Y nosotros campeones, y allí un jolgorio, porque para colmo la muchachada del Español, indudablemente, prefería que saliera el Valencia campeón a que saliera el Barcelona, donde además muchos de los jugadores habían sido compañeros míos de equipo, cuando yo terminé como jugador allí. Así que ya la fiesta venía desde el campo. Terminó primero el partido de Madrid, 1-1, y nosotros terminamos al minuto. Pero ya antes los muchachos del Español tiraban la pelota a la mierda, tiraban a cualquier lado, vamos, les daba lo mismo, miraban para el banquillo y nos venían a dar un abrazo a nosotros, así que todo terminó cariñosamente, en familia, entre los dos adversarios, ellos porque trincaban el dinero y nosotros porque éramos campeones.

Se hizo un equipo muy bien compenetrado y tuvo unos resultados fenomenales. Lo único que me reventaba a mí eran las tracas que te metía el público de Valencia detrás, que la gente está acostumbrada, pero yo pegaba cada salto tremendo, y mi corazón más.

Al segundo año fichamos a Quino, delantero del Betis, que lo quería el Madrid. Y ya nos temían. Recuerdo que al sexto partido de Liga fuimos a jugar donde la Real y empatamos. Estaban de técnicos uno que había jugado en el Madrid conmigo, Segurola, y otro que era amigo mío también, Ibarreche. Y me vienen: "Alfredo, queríamos hablar contigo". Digo: "Bueno, decime, porque están todos en el autobús esperándome". Y entonces me dicen: "Pasa esto, nosotros teníamos premio hoy si ganábamos o empatábamos". Creo que les daban diez o veinte mil. Diez si empataban y veinte mil si ganaban. Y era el sexto partido de Liga. Entonces yo agarro y me voy al autobús, llamo al delegado, que era Ramos Costa, y digo: "A ver, ¿ustedes se lo quieren repetir al directivo?" Y se lo repitieron. Vino y se lo repitieron. Entonces Ibarreche le da a entender que igualmente cuando fueran el Madrid y el Barcelona, que nosotros le diéramos dinero a la Real para ver si les ganaban.

Querían champán. Indudablemente era una jugada buena. Pero en el Valencia no estaban para tirarlo. Y Ramos Costa les decía que tal y tal, todo promesas, pero ellos querían concretar. ¿Y qué les íbamos a dar? El Valencia tenía para dar a sus jugadores para ganar nuestros partidos, pero no íbamos a estar dando dinero por ahí. Pero la gracia es cómo estaban ya tocando el Madrid y el Barcelona a los otros desde el principio, el miedo que le tenían ya al Valencia.

Recuerdo que Ramos Costa me quería mucho y conocía mucho a la familia, y todo eso, y tenía que hacer el bautizo del niño pequeño, y me llama: "Alfredo, que quiero que seas el padrino". Y entonces para mí era un honor, cómo voy a ser yo padrino del niño, y tal y cual, pero bueno... Y sin embargo, de la noche a la mañana, me pasó dos o tres veces en el Valencia que, tras salir bien, no me renovaban el contrato. Terminaba la temporada y no me renovaban, pero el fútbol tiene esas cosas, y hay que tomarlo así. Y te deja malparado en el momento, porque ellos no te avisan ni en febrero ni en marzo, sino en junio, y te quedas entre Pampa y la vía, como dicen en Argentina, que quiere decir que te quedas en pelotas, sin nada.

[Para los Di Stéfano, Valencia es la segunda sede familiar en España. Dos de sus hijas y uno de sus hijos han montado su vida en esta ciudad, que él visita muy frecuentemente. En total estuvo en tres épocas en el Valencia. En la primera, obtuvo una Liga y fue dos veces finalista de Copa. En la segunda, fue sexto en la Liga y campeón de la Recopa, ante el Arsenal, en Bruselas. En la tercera, tomó al equipo en muy mal estado y no pudo evitar su descenso a Segunda, pero siguió y al año siguiente consiguió el retorno a Primera.]

Como suele pasar siempre en el fútbol, en lugar de saber dónde tiene que estar cada uno, a la temporada siguiente, por el mero hecho de haber ganado el título de Liga, comenzaron a exigirnos más de lo que realmente éramos. Para reforzarnos llegan Quino y Lico. Quino venía del Betis y había amenazado con dejar el fútbol si no le traspasaban al Valencia. Lo consiguió, aunque él mismo me dijo que tuvo que poner medio millón de pesetas de su bolsillo, porque el Betis pedía catorce millones, el Valencia ofrecía trece y al final para que se cerrara la operación tuvo que intervenir y pagar el jugador. La plantilla era más o menos la misma, pero los contrarios ya nos juegan con más respeto y es más difícil sorprenderles.

Aún así fuimos segundos a dos puntos del Real Madrid que es el campeón. Esa temporada se aumentó a dieciocho equipos en Primera división. También llegamos a la final de Copa contra el Atlético de Madrid, que también nos gana. Posiblemente la palabra subcampeón es la que más me molesta del mundo del fútbol, yo nunca la pronuncio, no existe para mí.

Keita y Cantoná

[Di Stéfano estuvo otras dos temporadas al frente del Valencia. Sexto en la 1972-1973 y décimo en la 1973-1974, que gana el Barça de Cruyff. Le sustituye Ciric. Siempre ha pensado que con una buena cantera y con una inversión en fichajes más cuantiosa y acertada, el Valencia podría haber marcado una época en esos años.]

El Valencia tenía el problema de las divisiones inferiores. No tenía tampoco la ciudad deportiva que tienen ahora, porque si la hubiera tenido habría fabricado más gente y se hubieran conseguidos objetivos mayores. El hombre más importante de la cantera era el cura don Elías, que era quien manejaba Benimar, una barriada de Valencia. Él maneja todos los niños y han salido de allí jugadores importantes, como Arias, *El Líbero*, que fue a la Selección. Tenía don Elías dos campitos de fútbol y muchas veces le tenía que decir: "¿Me prestás el campo?" Había llovido y no tenía adónde ir. Y don Elías sufría, porque cuidaba el campo que daba miedo, y se cabreaba. "Vamos a hacer un contrato con el club", le decía yo, y lo hacían, pero él tampoco lo permitía. Si nosotros no podíamos usar ni el campo ni los jugadores que sacaba, lo único que faltaba era entrenarse en la calle, en la avenida de Aragón.

Con los fichajes pasa lo mismo. El tercer año llegó Keita. Yo le había visto jugar con el Saint Etienne y me encantó por la velocidad y la profundidad que tenía. Me enteré de que estaba en conflicto con el Marsella y lo querían largar, y entonces le dije a Zárraga, que estaba de secretario técnico, que investigara. Estuvieron hablando con él y estaba decidido a venir. Para reforzar la situación, fui yo a Marsella con ellos para terminar de contratarlo. Estuve hablando con él y me sorprendió su naturalidad, su tranquilidad. Se estaba jugando el futuro y no estaba nervioso. Lo primero que pensé fue que como en el campo fuese igual, íbamos a fichar un gran jugador. Yo le había recomendado y tenía que responder, porque si recomiendas a un jugador y no responde, te van a decir que te llevaste la pasta.

El fichaje se hizo y cuando llegamos a Valencia uno de los dos diarios locales titula: "Fueron a buscar a un alemán y trajeron a un negro". Y el chaval, que no era tonto, que estaba ordenado, tenía una niña, y la señora simpática y muy guapa, vino y me dijo, medio en francés, medio en castellano: "Don Alfredo, ¿qué es eso?, ¿cómo me tratan a mí de esta manera, con racismo?" Y le digo: "No es nada, tú sabes cómo es la gente, hay de toda en el mundo. Es gente que quiere saber más que los demás y no le gustó la noticia de que vengas tú, pero como no te conocen aún —así le piqué yo—, indudablemente hablan por hablar".

Cuando salió a jugar se ganó a todos. Era un jugador eléctrico, tenía una velocidad impresionante, jugaba estupendamente; pero quizá a Keita lo matara que fuera introvertido.

Yo tenía buen ojo para los franceses y, unos cuantos años después, cuando estaba ya en el Real Madrid, Mendoza, que era el presidente, convoca una reunión-concilio en el club, en la que están Antic, que era el técnico, Molowny, Del Bosque... y también estaba yo. Decía Mendoza que el Madrid andaba regular y que quería traer un delantero centro en el mercado de invierno. Entonces, yo que le había visto jugar y había estado con Fontaine, y le había preguntado por él, saco el nombre de Cantoná. Me parece que Antic saca el nombre de un delantero inglés y al tal Cantoná nadie le conocía, o al menos no dijeron nada sobre él. Salió el nombre de Esnaider y nos pidieron a todos opinión sobre él. Cuando me toca, digo lo que siento: "Vamos a poner que sea un jugador extraordinario —porque había jugado un torneo en Miami y Del Bosque le había visto y le había recomendado—, pero tiene dieciocho años y estamos hablando de un jugador que llegue para sacar de un apuro al equipo en medio del Campeonato. No es lo mismo el fútbol español que el fútbol argentino. Me parece una temeridad también que lo traigan ahora para jugar". Al final lo trajeron, aunque se quedó en el Castilla.

Después me preguntan que quién es Cantoná. Y casi me muero. Miré así a Molowny y dije: "¿Pero cómo es esto, este criterio? ¿Para qué me mandan a buscar y me preguntan? ¿Pero quién lo conoce?, ¿quién lo vio jugar? Sólo yo, ustedes son los que no le han visto jugar". Y me dicen: "¿Dónde?" "Hace menos de un mes, cuando jugaron Francia y España en París, jugaron en la delantera Papin y Cantoná. ¿Cómo no lo vieron? ¿Ustedes vieron jugar a España sólo? ¿No vieron a los contrarios?" —les dije—. Es un jugador extraordinario, yo tengo unas referencias espectaculares de este jugador".

A partir de ese momento yo agarré, me quede chitón, me quedé callado, yo vi que podía haber intereses en algún sentido y me retiré a cuarteles de invierno. Ya no abrí la boca más, me callé y pensé, que traigan al que quieran, que ellos saben más que yo. Y después la prueba evidente es que Cantoná estuvo dos o tres años de mejor jugador de Europa y fue un extraordinario jugador. Que era un jugador rebelde, ya lo sabemos, era un jugador de carácter, como lo fui yo. Yo prefiero un jugador de carácter y rebelde que un jugador manso y alcahuete.

A Mendoza le pregunté si conocía a Tapie, el presidente del Marsella. Me dijo que sí, que más o menos lo conocía. Y le dije: "El Madrid le pega una llamada de teléfono y saca el problema que tiene el Marsella". Tenían un problema el técnico y el jugador y después con el presidente. Podía traerlo a Madrid a préstamo con la posibilidad de comprarlo si le respondía. "Hagan la tentativa", les dije. Nada, ni se movieron, vamos.

A mí nunca me gustó trajinar con el asunto del dinero, ni a cañonazos, nunca me metí; por eso, a veces, me costaba meter más a jugadores que consideraba que podían ser importantes para el equipo. Eso sí, cuando traían otros un jugador, hubo muchos casos que me los endosaron a mí y me los tuve que meter en la espalda, jugadores que después no triunfaron aquí, en el Real Madrid, o en el Valencia, y se los endosaban al técnico. Y yo decía: "Yo no lo traje". Nada más que decía esto y no me preocupaba más. Pero la Prensa insistía y yo lo dejaba estar, qué vas a hacer, no te vas a meter... ¿contra quién? Donde manda capitán no manda marinero, así que yo era marinero. Y así me ha pasado muchas veces.

Mi siguiente e inmediato destino fue el Sporting de Lisboa. No llegué ni a firmar contrato. Fui, estuve un mes largo y me volví. Me vine porque nadie sabía lo que querían. No estaban de acuerdo con nadie, ni con los directivos, ni con los jugadores y menos con el técnico que venía de fuera. Me fui a Lisboa porque conocí al presidente en Benidorm y me ofrecía tres millones de pesetas por *ano*, porque en portugués no ponen año con la eñe, ponen *ano*. Desde el principio ya le sentí mal tufo al asunto.

Efectivamente, así salió, salió rana. Estaba ahí un delantero Yazalde, argentino, que no firmaba el contrato porque quería un aumento de sueldo y tenía problemas. Él quería que yo presionara al club y resulta que yo ni cobraba ni nada, y tampoco tenía contrato. Entrenamos durante unas semanas y ya me cansé y les dije: "Hay que firmar el contrato". Lo único que me pagaban era el hotel, hasta que me enteré que tampoco era así, porque del hotel que estaba tuve que irme a otro porque no pagaron. Me fui al hotel Roma y me hice unos cuantos amigos extraordinarios.

La situación en el club era de caos absoluto. Hacía las citaciones a los jugadores para los entrenamientos o partidos amistosos y se presentaban seis, ocho, cinco, doce. Me dicen que nos tenemos que ir a Brasil a hacer una gira antes de comenzar la temporada. El desbarajuste era terrible, organizando todo a última hora en el mismo aeropuerto. Había jugadores que era el primer viaje que hacían en avión, y no sabían ni cómo rellenar los papeles.

Llegamos a Brasil y perdimos los tres partidos. Jugamos en Maracaná, en Belo Horizonte, una ciudad preciosa, contra el Cruzeiro, y siempre nos ganaban. No era porque hubiera mal equipo, que había buenos jugadores, pero había unos cuantos caprichosos que no querían jugar porque estaban retenidos. En Portugal entonces los jugadores estaban en peor situación laboral que en España. Había jugadores que eran medio *mañeros*, es decir, tipos con el colmillo retorcido. No comulgaban con la idea de que yo estuviera de entrenador ahí.

Volvimos y ya iba a comenzar la temporada. El primer partido era contra el Ferense, en Faro. Y cuando estamos a punto de subir al avión, me dice un directivo: "Viaja, pero usted no dirige. En su lugar lo hará Silva".

Silva era un brasileño que estaba de ayudante mío, un chico fenomenal. Y digo: "¿Cómo no me lo dijo antes?" Y me contesta: "Es que todavía no hemos presentado su contrato a la Federación". Y yo dije: "Uy, Dios, si éste no ha presentado el contrato, esto está feo". En Faro perdimos, yo estaba en el alambrado viendo el partido. Lo pensé bien durante todo ese día y, cuando volvimos a Lisboa, ni saludé al presidente. Agarré la ropa que me había llevado, me fui, pagué el hotel y me vine. Llamé a Madrid a mi señora y le dije: "Fracaso". Y me vine en coche y adiós muy buenas. Y no me pagaron ni un duro.

Rayo Vallecano y Castellón

No me importó que el Rayo estuviera en Segunda cuando, al año siguiente, temporada 1975-1976, me llamó su presidente, *El Panadero* como le llamaba yo después, Marcelino Gil. No lo pensé mucho, era un equipo de barrio y yo soy un hombre de barrio y además me quedaba en Madrid con la familia y seguía trabajando, que era lo que yo quería. La desgracia es que me tuve que ir antes de lo que me hubiera gustado porque mandaba más el preparador físico que yo. El Rayo no tenía campo entonces, entrenábamos y jugábamos en Vallehermoso. Siempre estaban con la misma cantilena, en tres o cuatro meses ya tenemos el campo de Vallecas... Pasaban los meses y nada. Lo de siempre, confías en la palabra de la gente y te engaña. Yo pensaba que con un campo propio, pequeño, te haces un fortín y con la barriada atrás apoyándote terminas haciendo buenas cosas. Como sucedió después, cuando el equipo estuvo en Primera y le llamaban el *Matagigantes*, porque en su estadio ganaba a todos. Pero había que hacerlo, había que formarlo, había que hacer divisiones inferiores...

Entonces resulta que..., sin nombrarlo, porque es innombrable, era el preparador físico el que estaba dominando la situación. El equipo temía más al preparador físico que al entrenador. No lo quiero nombrar para nada, no sirve para nada. Un tipo raro, rarísimo. Yo creo en los preparadores físicos, pero sobre todo para la pretemporada, después tiene que mandar el entrenador. Para eso haces el curso de entrenador y estudias preparación física, medicina, psicología... Además, hay que haber jugado al fútbol y saber de fútbol y el fútbol no es correr, el fútbol es jugar, no correr contrarreloj.

Era una persona que no te miraba de frente nunca. No me gustaba. Tenía una preponderancia notable sobre los chavales y a tirones salíamos con el equipo. Estaba Felines, que era un extraordinario chico, que más o menos componía el asunto. Había varios jugadores humildes fenomenales. Pero luego estaba el tema de los pagos. No había un duro. Me preocupaba más por los chavales que por mí. Hicimos lo que pudimos y, en el momento que vi que los jugadores no funcionaban, agarré y le dije al presidente que me iba, y adiós muy buenas.

Son cosas que me pasaron en el Rayo, después en el Castellón también, por hacerle caso a la gente, y más tarde en el Valencia, que estaba ya en el cementerio. Yo fui de patriota, de corazón, a sacar al equipo adelante. Te cuesta un trabajo..., estás en el tobogán, pero casi nos salvamos. Sobre el preparador físico quiero aclarar que después he trabajado casi siempre con uno de mi plena confianza, Jesús Paredes. En mi concepto, el preparador físico tiene que ser el segundo del entrenador, tiene un valor fundamental si el técnico quiere dejarle trabajar. Porque el técnico es el primero. Si el técnico quiere trabajar la preparación física, trabaja, y para eso tiene al preparador físico ahí, mirando o atendiendo a un sector de jugadores. El técnico tiene que saber. En el caso mío, yo sabía de preparación física. Entonces, te alivian el trabajo, pero que no lleven la conducta del equipo. El entrenamiento hay que hacerlo con pelota, el futbolista tiene que entrenar como futbolista, no como atleta.

Tiene su parte de preparación atlética, que es primordial; pero después, cuando el individuo está preparado, ya tiene que llevar una continuidad con la pelota. La pretemporada es para fortalecer a los jugadores y ponerlos físicamente a la altura de una competición, para que te dure el jugador por lo menos hasta los últimos meses de campaña. Pero lo que no puede ser es que un jugador de fútbol esté pendiente nada más de correr y correr, y empiezan a hacer maratón, y maratón, y maratón.

Yo fui un técnico al que siempre le gustó el entrenamiento explosivo a base de fondo en velocidad. En un equipo de fútbol el entrenador tiene que ser la primera batuta. El preparador físico tiene que ser el secundario. Porque tú tienes un segundo y el segundo se entera de oído de cómo ha jugado el equipo visitante, ya me dirás para qué tienes el segundo. El segundo tiene que ir contigo para saber qué es lo que pasa, qué es lo que sobra. Y estar comunicados. El que firma el contrato es el entrenador y lleva al segundo y el segundo se queda siempre de segundo. El segundo está para decir que no en los momentos críticos y el primero decir que sí cuando interesa.

Me surge una nueva oferta del Castellón, a la temporada siguiente, 1976-1977, por medio de unos amigos de Valencia, que querían que estuviera allí un año, para después volver al Valencia, y allá que me voy. Tampoco me importa que estén en Segunda. Es la temporada 1977-1978. Nos salvamos del descenso ganando el último partido al Córdoba. Me pasa lo mismo que en el Rayo y que en el Sporting de Lisboa, que no hay un duro y el presidente, Fabregat, dimite. Había jugadores que vivían por Oropesa, Benicasim y me decían que no podían ir a entrenarse porque no tenían dinero para gasolina, y yo les tenía que dejar quinientas pesetas. Después me las devolvían los muchachos, pobrecitos, hacían lo imposible por venir a entrenarse, pero siempre me faltaban tres o cuatro.

Aunque sólo estuve un año en Castellón, su gente dejó huella en mí. Fue un sitio donde se portaron maravillosamente, con respeto y cariño, que yo intenté corresponder. Fueron muchas horas a solas con Cela, el segundo mío, que había sido jugador allí y conocía el ambiente. Era difícil trabajar, ibas al club y veías todas las Copas por el suelo, negras porque nadie las limpiaba. Los meses tenían ciento veintidós días. ¡Qué sufrimiento! Ver que lo deportivo está en un segundo plano porque lo económico priva. Y no hay dinero y no hay dinero. Queríamos ascender y casi bajamos.

Lo peor que le puede pasar a un jugador es que no le paguen ni las mensualidades, como allí pasaba. Se deprimen. Y tienes que ir a trancas y barrancas, tirando para adelante, dándoles moral. Si no entrenas bien, no juegas bien. Había que convencerlos con palabras. Y la gente dice: "Sí, las palabras son muy bonitas, pero el bolsillo está vacío". Por amor sólo cantan las aves. Pero muchos jugadores se han sacrificado, todo no es rosas para los jugadores de fútbol. Que antiguamente había equipos, y máxime en Segunda división, y actualmente, que para cobrar..., para cobrar tienes que encerrarte.

El jugador hasta cierto punto da todo lo que tiene, pero después llega un momento que se cansa, porque tiene que pensar en una cosa o en la otra. Yo me acuerdo que los muchachos me decían: "Míster, ¿qué hago?" Y era una exageración. Me acuerdo que había dos o tres que vivían cerca del puerto y decían: "Mire, yo si bajo maíz o bajo esto yo me gano un dinero". Y a muchos les decía: "Bueno, mirá, el miércoles no te entrenes, no vengas". Dos o tres, o cuatro, y se iban al puerto, a trabajar en el puerto, y se ganaban el dinero ahí y por lo menos tenían para comer. Y eso es cuestión de un poquito de sensibilidad, en el sentido de que yo decía "no vengas a entrenarte". Lo mismo que esos muchachos que estudiaban, que tenían exámenes o tenían cosas: "Míster, que no puedo venir a entrenarme". "No vengas a entrenarte", que estudie, que es una carrera, porque el fútbol es pan para hoy y hambre para mañana, le digo: "Olvídate".

Rayo Vallecano y Castellón

En el fondo esa es la verdadera historia que nadie la cuenta de los futbolistas, como estos chavales que hay en los equipos, que no cobran ficha, que mal les pagan los sueldos con cuatro meses de retraso, que tienen familia, compromisos, ¿y qué sabor les queda de haber sido futbolistas? Ninguno. Y ahí es donde tiene que intervenir la Federación realmente. Obligar a que se cree un fondo de ayuda a los jugadores, porque no todos son jugadores del Barcelona ni del Madrid. En este sentido tienen mucha culpa esos individuos que llegan al fútbol sin saber nada de él. Son intrusos que quieren figurar en el fútbol sin saber nada. Ellos confunden una pelota de fútbol con un ladrillo, porque aquí la mayoría de los presidentes y los directivos de clubes, la mayoría, son constructores.

Con el tiempo pensé que tenía que haber sido más exigente conmigo mismo y con las ofertas que tenía. Jugaban con mi entusiasmo, yo tenía entusiasmo y me gustaba el fútbol, pero tenía que haber meditado un poquito para agarrar algunos equipos, porque el prestigio se te viene abajo. Pero ya a mí el prestigio me daba lo mismo. Eso me volvió a pasar cuando me llamó el Valencia por tercera vez porque se iba a Segunda y yo acepté sabiendo que era casi imposible que no nos cayéramos del tobogán. Nos fuimos a Segunda, pero después hicimos un esfuerzo enorme y el equipo se comportó extraordinariamente. Sacamos gente podrida que había ahí y entonces la caja de manzanas se mantuvo fenómena y salimos campeones y subimos a Primera división. Pero hay que imaginarse el sufrimiento del entrenador, la agonía. Pensé que había alguna posibilidad de salvarse, pero no. Miraba las tablas de posiciones y le quería dar la vuelta al periódico y no podía.

Cuando estaba en Segunda división fue cuando un periodista de *Las Provincias* me dice que llevábamos cuatro partidos ganados y cuatro positivos, pero que con el juego del equipo no se van a divertir nada. Recuerdo mi bramido perfectamente. "¿Divertirnos?, aquí lo que hay que hacer es subir a Primera como sea, porque si pasa otro año el Valencia después no puede subir más." Y encima me insistía: "Es que no se ve fútbol, no se ve espectáculo". Y el del autobús me tocaba ya el claxon para irnos, que nos teníamos que ir de viaje. Me tenía tan harto que le dije: "Si quiere espectáculo vaya a ver a Plácido Domingo o a los bomberos toreros". Y lo sacó en el periódico, y el lunes salió toda la plantilla en la tapa de *Las Provincias* disfrazados de bomberos toreros. Estos estarían muy contentos, porque la propaganda que les hicimos fue espectacular, pero los jugadores se cabrearon tanto que dejaron de hacer declaraciones a ese medio. Yo no. Pensé que tenía que hablar, era el entrenador. Además me causó risa.

En el 50 aniversario de su boda.

Con Julio César Ramírez, su compadre, sus hijos e Ignacio Di Stéfano (Asunción, Paraguay, 1999).

Acto oficial con Balduino de Bélgica y Santiago Bernabéu. Final de la Tercera Copa de Europa contra el Milan (1958).

Recepción de José María Aznar a los veteranos de España (1999).

Premio FIFA. Chicago, 1994. Con Villar, Puskas y Havelange.

En Barajas con su hijo Alfredo (1963).

Con los "Millonarios": Rossi, Pedunera, Cozzi y Báez (La Paz, Bolivia, 1951).

Cebando mate con los muchachos del River Plate (Playa de Mar del Plata, 1949).

Boda de su hija Sofía (1998).

Con Lola Flores y Antonio (Buenos Aires, 1969).

Con Luis Suárez en una tienta taurina.

Confraternidad entre empleados y veteranos
del Real Madrid.

Con los veteranos del Real Madrid, en Alemania (1998).

Vistiendo la camiseta de la Selección Española de Fútbol.

Reunión familiar: sus hijos Nanette, Sofía, Ignacio y su nieto Jorge. En medio, Sara.

Sus hijos pequeños con sus nietos mayores (1992).

Con sus hijos Alfredo y Sofía (abril, 1970).

Junto a Yiyo Carniglia y su hijo Alfredo Di Stéfano, en Niza, 1963.

Con el equipo del R.C.D. Español (1965).

Su nieta Silvana, en un concurso de equitación (1997).

En El Cairo en 1961.

En Ghana, con el presidente Krhrumah. A su lado, Santiago Bernabéu.

Con el Valencia F.C., en Copenhague, 1971.

Con Yacono, Loustau y D'Ambrosio (Buenos Aires, 1982).

La muerte de Samitier

Ese año tampoco se me puede olvidar porque murió José Samitier, Pepe, mi amigo Pepe. Era como si fuera el hermano mayor. Me trajo a España, fue el que me tiró el salvavidas para que viniera a Europa. Su gran visión fue traerme, luego no se pudo hacer el fichaje por el Barcelona, pero a mí me salvó y me hizo continuar en el fútbol, porque si no hubiera sido por él quién sabe si yo hubiera continuado en Buenos Aires, hubiera seguido con la orientación futbolística o me hubiera ido al campo y me hubiera olvidado de todo. Él se desvivió por mí. Sé que sufrió tanto como yo esos meses que no se arreglaba el asunto. Estaba tan preocupado que me llamaba *Percanta*, uno de los tangos de su íntimo amigo Gardel. Me decía: "*Percanta*, que me amuraste en lo mejor de mi vida". Después tuve la suerte de que Bernabéu lo trajo para acá también de secretario técnico, yo le debía ese gran favor.

Estuvo con nosotros un tiempo y no se adaptaba mucho, a pesar de que él tenía grandes amistades en Madrid, como en todos lados, la Peña Solera de Barcelona le tiraba mucho. Él iba a la Peña Solera y se entretenía, jugaba a las cartas, y tenía sus amigos de la juventud. No era lo mismo. En Madrid vivía en el hotel Sanvi, yo le iba a buscar casi todos los días y le invitaba a comer a casa para que se entretuviera por lo menos al mediodía. Siempre se quejaba del corazón: "El reloj no anda bien". Nosotros le decíamos que no tenía nada y al final parece que murió del corazón. En Barcelona, él vivía en la calle Calvet, fui a verlo y estaba medio tocado. Pensábamos que no era nada y me acuerdo que me regaló dos o tres fotos de Gardel, que venía con la madre y con Zamora, allá en Montjuich. "Guárdatelas para ti, no se las des a nadie". Cuando me enteré, estando en Valencia, de que había fallecido, fui a Barcelona al entierro. Pusieron el féretro en el Camp Nou. Lo sentí mucho, porque verdaderamente había sido el pionero, el que me descubrió.

Pepe tenía un ojo muy bueno con los jugadores. Era un entendido fenomenal, aparte de que había jugado, a él le llamaban *El Langosta* por la agilidad que tenía, una gran versatilidad de movimientos que me hacía recordar a Erico, el delantero de San Lorenzo. A él al mediodía no le gustaba comer, por lo general, pero comía. El vino lo rechazaba completamente; cuando le ponían las dos copas, ponía la de agua y a la otra le daba la vuelta. Íbamos a comer a El Túnel, un restaurante que hay en Barcelona, él era asiduo de comer allí en la noche, y le gustaba mucho el arroz blanco, y entonces le decía: "Pepe, pero cómo comes de noche y no de día, si las digestiones son más pesadas". Y entonces me decía: "Pero, Percanta, si no hay problema, si el estómago no sabe qué hora es, no sabe el horario". Aquello sí que fue una gran amistad y a la amistad es un jardín que hay que regar todos los días. Es mejor tener amigos que familiares; los familiares te los dan, a los amigos los buscas, los consigues. Tener amigos es tener una biblioteca espectacular.

La final de la Recopa y el premio del despido

[En la temporada 1979-1980, Di Stéfano vuelve al Valencia por segunda vez. El equipo viene de ganar la Copa al Atlético de Madrid en el propio Vicente Calderón con dos goles de Kempes y, como Pasieguito no quería seguir de entrenador, porque prefería la secretaría técnica, recomienda el fichaje de Alfredo di Stéfano. Ganan la Recopa.]

La campaña fue bastante buena. Mantuvimos el equipo que había ganado la Copa y creo que llegaron un par de jugadores, Giménez y Fabregat, el hijo del presidente del Castellón. En la Liga estuvimos en las posiciones altas, pero acabamos sextos, el equipo se volcó en la Recopa y la acabamos ganando. Nunca olvidaré la fiesta que se montó por el título. La ciudad fue una locura. Desde Barcelona bajamos en autocar y en los pueblos por los que pasábamos era una manifestación constante. Desde Castellón para abajo todos los valencianistas estaban en la carretera. Después hubo una fiesta del equipo y se me acercan un par de directivos y me dicen: "Tranquilo, Alfredo, que no olvidaremos esta Recopa". Y a los dos días me dicen que no me renuevan el contrato. No sabía qué decirles. "Pues ya saben, cuando quieran ganar otra Copa, me llaman".

El presidente era Ramos Costa, que era compadre mío. Pasó lo de siempre, que querían traer jugadores para la próxima temporada sin consultar conmigo. Yo sabía bien lo que necesitaba el equipo. Si necesitaba harina para hacer una pizza, compraba harina, no compraba lechuga, y como sabían que iba a decir que no, había intereses creados y me largaron. Quería fichar yo, no que llegara un intermediario con tres nombres que no interesaban, pero que se quedaban por lo que fuera. Yo nunca entré en ese juego.

Lo más lindo de la final de Bruselas contra el Arsenal fue que los jugadores tenían problemas por cuestiones de publicidad con las botas. Unos pintándose de negro, con betún, la raya; el otro poniéndola y el otro sacándola. Y yo decía: "Pero si tenemos que jugar la final, por favor, dejen los zapatos". Pero cómo iban a dejar los zapatos si les daban mil dólares o mil doscientos dólares, que ahora es una mierda, pero en ese momento era dinero. Yo estaba desesperado. Teníamos que salir a calentar y nada, ahí estaban con el betún. Les quería matar. Ya por la mañana en el hotel tuve que echar a los representantes de las marcas deportivas porque no dejaban tranquilos a los jugadores. Estaban más pendientes de la ropa o de los zapatos que del encuentro en sí y eso que era una final.

Durante el partido grité mucho. Tuvimos más oportunidades y no concretábamos. Kempes ese día estaba enfadado con el gol, jugó muy bien, pero cuando llegábamos a los tramos finales no lo convertíamos. Yo les dije que había que vigilar a Brady, un interior muy técnico que tenían. Con Bonhof tuve varias broncas. Se iba a lanzar todos los saques de banda y todos los córners y yo le gritaba y le decía que quién iba a correr en el medio campo si nos montaban un contragolpe. Hay gente que juega al fútbol sólo para sacar golpes francos. El ambiente era extraordinario. Fue medio Valencia y mi familia también fue casi toda. Pero el comportamiento de los directivos no me gustaba. Cuando después me dijeron que no renovaba me di cuenta de que antes del partido ya lo tenían decidido. Los jugadores me quisieron tirar al agua después de la final. Yo veía la pileta y pensaba que me ahogaba. No sabía nadar. A algunos no les importó que les tiraran, con tal de salir en la foto.

Al terminar el partido dimos una vuelta olímpica, yo no quería darla. Me gritaron los chicos: "Alfredo, vamos". Me di la vuelta y me agarró un dolor en el talón. Con los nervios ni me había dado cuenta de que le había pegado una patada a una cañería de riego. Al volver a España, me dolía, me dolía y nos dimos cuenta de que era producto de un golpe.

El partido lo sacamos bastante bien. Lo que pude gritar para que el equipo se compusiera y se pusiera bien. Después le di la receta al portero, a Pereira, *El Barbas:* "Mirá, te voy a dar mi opinión de cuando yo ejecutaba. No siendo un jugador que ya tenga una técnica muy depurada, por lo general el sistema nervioso está alterado, el que tira con la derecha, con la palanca, te la tira a la derecha del cuerpo tuyo, va a la derecha; y el zurdo te la tira a la izquierda, porque van a asegurar, la palanca es más seguro". Y efectivamente, le tiraron los dos izquierdos y les agarró la pelota. Y nosotros fallamos uno, que creo que fue el de Kempes, el primero, que estaba... Pero, en fin... dicen que unos nacen con estrella y otros nacen estrellados. Sufrí como una madre cuando va a tener el niño. Las finales son noventa minutos de sufrimiento y si tienen prórroga, treinta más de martirio. Como jugador no tenía la tensión que siempre tuve como técnico.

La llamada de River
y el regreso al Real Madrid

No estuve mucho tiempo parado. Me llamó River y acepté. Desde 1969, en que había estado en Boca, no había vuelto a Argentina. Me habían llamado varios equipos, pero me daba pereza. Era levantar todo. Yo decía entonces que yo era la máquina, el maquinista; mi señora la que echaba el carbón a la máquina, la fogonera; mis hijas, los vagones... Terminas aceptando porque tienes que estar. Porque el técnico ante la Directiva es un contratado y los jugadores son patrimonio del club, aunque ahora ya son menos patrimonio, porque el jugador cuando quiere se va siempre que ponga una cantidad, y antiguamente no te podías ir por nada, por más dinero que pudieras poner, sino que si ellos no querían venderte, no te venden. Cuando fichas por un equipo, tienes que ir con la fe de que lo vas a sacar adelante el asunto.

Para mí no fue ningún trauma entrenar al River después de haber estado en Boca, además yo había jugado en River y era de River. Mi llegada fue medio escabrosa. Hubo una reunión de todos los directivos, que eran treinta lo menos, para estudiar mi fichaje. El presidente era Aragón Valera, un señor que había nacido en Málaga, uno de los grandes presidentes que tuve, excelente persona, tranquila, tanto que le querían hacer la cama a cada momento para hacerlo volar.

Yo sabía el asunto de que había unas reuniones en la confitería de la cancha del River en las que se juntaban los que estaban a su favor y los que estaban en contra. Él me lo decía: "Mirá, todos esos son contras, es gente que está deseando que pierda el equipo, y tú estás jugándote el Campeonato".

Para colmo, era el año anterior al que Argentina tenía que hacer el Mundial del 82. Menotti tenía los jugadores desde el lunes hasta el viernes, y yo tenía en total ocho jugadores en la Selección, que al final ni los veía. Entrenábamos los viernes o los sábados a la mañana. Los tipos pasaban del equipo. Menos mal que tenía a Pasarella, que era el capitán y que era un fenómeno, tanto como jugador de fútbol como como persona.

A pesar de todo sacamos todos los problemas adelante y salimos campeones. Los jugadores tenían tanta clase que, a pesar de no entrenarse, de los problemas, al final ganaban los partidos. Estaba Fillol, Tarantini, Alonso —que no estaba en la Selección porque no se tragaba con Menotti—, Saporiti, Gallego. La final se la ganamos a Ferrocarril Oeste. Los muchachos de las divisiones inferiores fueron importantes, me vi obligado a llamar a gente de diecisiete y dieciocho años, Gordillo, Gorosito, Héctor... ellos también fueron campeones.

River organizó una fiesta para celebrar el Nacional, como se decía allí. Menos mal que pude llevar a la vieja una vez para que me viera. Vinieron mis hermanos, que estaban ahí. Una fiesta normalita. Salimos campeones, pero en el River estaban acostumbrados a ganar. Recuerdo que estuve con Fangio y salimos en la portada de *El Gráfico*. No me quedé, había muchos problemas internos y prefería volver para Europa, para Madrid.

[Una de las grandes ilusiones de su vida estaba por cumplirse, volver al Real Madrid y sentarse en el banquillo. Con Luis de Carlos de presidente, le llega la oferta y Di Stéfano se hace cargo del equipo para comenzar la temporada 1982-1983. Luis Molowny, que había acabado la temporada anterior como técnico después de sustituir a Boskov, es quien recomienda su fichaje desde su atalaya de secretario técnico.]

Llegué con toda la ilusión del mundo, pero no llevaba dos días y comenzaron con la lágrima del plan de ahorro. Parecía como si me persiguiera ese asunto. Ahorro, siempre ahorro. Te exigían, te exigen que seas campeón, pero con el nombre nada más, con lo que tengas y puedas, y con la camiseta. Parecía que nadie se quería dar cuenta de que lo más importante de todo era tener jugadores para ganar. Si tú no tienes un buen equipo...

Nosotros no es que lo tuviéramos malo, porque de lo contrario no hubiéramos estado luchando hasta la última jornada, ni hubiéramos llegado a la final de la Recopa, de la Copa, de la Copa de la Liga, de todas las copas, pero no me dejaron reforzar nada el equipo. Dicen que yo traje al argentino Acosta, pero yo no lo conocía. Lo había probado el Atlético de Madrid y me dijeron que si podían traer a Acosta. ¿Acosta? No lo conocía, no lo había visto jugar en ningún lado y los trámites los hicieron los directivos. Era un jugador que creaba juego, todos los muchachos que vienen del fútbol argentino tienen buena técnica, pero era lento.

La plantilla la recuerdo bien. Tenía tres porteros: Agustín, Miguel Ángel y García Remón. Un buen puñado de defensas: Camacho, Bonet, Chendo, Fraile, San José, Juan José, Salguero, Metgod..., que me lo metieron a mí con calzador. Yo no le quería. Cuando fui a verlo jugar un partido con Molowny, un contratista, un intermediario, ya lo tenían fichado. Ese día además jugó de medio centro. Fue lo primero que dije: "Pero si éste juega de medio". "Sí, pero juega de central", me contestaron. Allí, en la Liga holandesa, ese día lo hizo bastante bien. Era un tipo alto, pegaba fuerte a la pelota, era un buen jugador. Pero para jugar en el Real Madrid no bastaba. El Real Madrid es otra cosa. Aquí con el calor, se ponía colorado que nos asustábamos al verle. Pensábamos que le iba a dar algo. Ese fichaje también se me endosó a mí, pero tampoco lo conocía. Y no era malo, que conste, dos años después estuve en Holanda en una fiesta y le dieron el premio al mejor jugador de allí, y luego estuvo en Inglaterra.

Para el centro del campo tenía a Del Bosque, que se lesionó medio año, Ángel, Portugal, Gallego, Carcelén —el del Hércules—, Stielike, Acosta, García Hernández, y para la delantera a Juanito, Santillana, Pineda, Ito, Isidro, Cholo, que llegó ese año también. Perdimos la Liga en el último partido. Nos ganó el Valencia 1-0, precisamente el Valencia. Ellos se salvaron del descenso y nosotros nos quedamos sin Liga. El Athlétic de Bilbao ganó 1-5 en Las Palmas. Un punto nos faltó. Esa misma temporada perdimos la final de la Copa contra el Barça, con un gol de Marcos de cabeza, en Zaragoza, que no volvió Marcos a marcar un gol como ese en su vida. Ni antes, ni después. Lesionaron a Bonet a los cinco minutos de partido, que hizo una diagonal y le cazaron. Jugaba Maradona en el Barça.

También perdimos la final de la Recopa en Goteborg contra el Aberdeen. Lo que llovía ese día. Fueron más fuertes que nosotros físicamente. Después jugamos la final de la Copa de la Liga y tampoco ganamos. Parecía Poulidor, siempre segundo. El equipo funcionaba bastante bien, pero nos faltaba siempre eso, nos faltaba hacer la combinación. El Barcelona tenía un buen equipo.

La Quinta del Buitre salió sola y se puso sola

El segundo año seguíamos con el plan de ahorro. Me ficharon a Lozano, que vino de Bélgica, pero el pobre se lesionó dos veces y apenas pudimos contar con él, y a un delantero canario, Julio, que no cumplió con las exigencias de un equipo como el Madrid, y tuve que echar mano de la sangre fresca que había en la casa. El Real Madrid, como el River, siempre ha tenido unas divisiones inferiores muy fuertes y, si buscas, encuentras. Además hay jugadores que surgen por sí solos, sólo hay que ponerlos. Luego tienes el problema con los que quitas, que a lo mejor llevan diez años y no comprenden que les quites para poner a un chaval. Luego esos chavales estuvieron más de diez años en el club, algunos todavía siguen, como Sanchís, y han marcado una época, que como técnico suyo me siento muy orgulloso. De los primeros que eché mano fue de Sanchís y Martín Vázquez, además de Chendo, que ya estaba el año anterior con nosotros. Sanchís y Martín Vázquez debutaron casi al final de la primera vuelta en Murcia. Sanchís marcó el gol del triunfo.

Muchas veces se dice que la mejor inversión es la cantera porque no cuesta un duro y tener una buena cantera vale mucho dinero. Lo que ocurre en este caso particular es que el Real Madrid vendió a dos de esos jugadores, lo que no es normal, y sacaron un dinero por Martín Vázquez cuando se fue al Torino. En cambio a Pardeza lo vendieron mal. Pardeza era un excelente jugador. Inteligente. Me acuerdo que hubo un partido en que El Buitre se había lesionado el tobillo y no sabíamos si podía jugar o no, lo tenía inflamado, y como había cambios, le digo: "Mirá, haz lo que quieras, si quieres salir, sal". Y entonces salió y, cuando ya íbamos ganando el partido, en el segundo tiempo, digo: "Vamos a hacer un cambio". Y cambio al Buitre por Pardeza. Qué silbatina me pegaron en el Bernabéu. Nunca lo entendí. Butragueño había tirado fuera un balón porque le molestaba el tobillo, y por eso salía en su lugar un chaval de la casa, que jugaba de puta madre. Yo pienso que el Madrid nunca debía haber alejado del equipo a Pardeza. Pardeza era un jugador que podía jugar de interior, podía jugar de extremo. Era un jugador que era polifuncional, un jugador interesante para un equipo de la categoría del Madrid. Se le dejó marchar incomprensiblemente.

Esos jugadores que luego fueron bautizados como "la Quinta del Buitre" han marcado una época de triunfos en el Real Madrid, y la historia debería valorarlos en su justa medida. Yo ahí tengo una pequeña deuda con Míchel, con el que luego he tratado mucho, es mejor persona que ninguno y siempre ha tenido una educación y un trato hacía mí excelentes. Yo no le subo ese año al primer equipo. Él asciende al siguiente con Amancio. Míchel tenía categoría para entrar en el equipo. Jugaba con elegancia, la cabeza arriba. Pero había un problema, que estaba jugando Gallego, que estaba muy bien, y estaba Stielike, y no tenía un hueco para él. Lo que tampoco podía hacer era subirle y que no jugara, lo mejor era que siguiera en el Castilla y al año siguiente subió y triunfó. Yo no iba a poner un jugador arriba del otro, tenía que sacar no por capricho sino por necesidad. Se lo expliqué en su día y pareció entenderlo. Él entonces estaba que rabiaba, veía que el Di Stéfano subía a todos menos a él, y no lo comprendía. Creo que con el tiempo lo entendió y por eso, cuando le llegó el turno, respondió magníficamente. Míchel ha sido uno de los grandes jugadores del Real Madrid de toda la historia.

Ese año perdimos la Liga por el *golaverage* con el Athletic de Bilbao. Acabamos empatados a puntos. A cuatro o cinco jornadas del final, fuimos a San Mamés y perdimos 2-1 con un gol de Dani, que acababa de entrar al campo, casi al final. Lo tengo grabado ese gol en mi cabeza. Como en la primera vuelta sólo habíamos empatado en el Bernabéu, por eso nos ganaron la Liga. Y eso que nosotros ganamos después los cuatro últimos partidos, pero no nos sirvió para nada.

A Sanchís y Martín Vázquez cuando les llevé a Murcia decidí que era ya el momento de ser titulares. Sanchís era un jugador que cubría mucho campo, le veía jugar en los partidos de los jueves y me encantaba cómo se desenvolvía; y Martín Vázquez ya sabíamos que era un fenómeno, era el más jovencito, pero con quince años le habían dado el premio a mejor jugador en un torneo en Argentina. Estábamos en el vestuario y estaban los dos chavales que parecían como dos pollitos ahí, que tenían frío, y estaban ahí callados, no decían nada. Entré en el vestuario y dije a los otros nueve: "Oigan, pero estos dos que están acá son compañeros de ustedes, no son del equipo contrario, denles un poquito de pelota a los muchachos, un poquito de charla y un poquito de moral, que el único que les doy moral acá soy yo". Estos ya rebosaban moral por su cuenta, pero no les vino mal mi proclama.

Salieron al campo y lo hicieron de maravilla, lo hicieron fenómeno. Y no es fácil vestir por primera vez la camiseta del Madrid siendo un chaval y jugar como lo hicieron. Al Madrid, donde vaya se le complica el asunto del visitante, porque el Madrid es una presa bonita de ganar, cualquier equipo que sea, de Tercera división, de Segunda o de Primera. Y los muchachos respondieron.

Butragueño tuvo que esperar unas jornadas más, hasta febrero, que salió en el Ramón de Carranza de Cádiz. Salió en la segunda parte por Sanchís. Era un jugador intuitivo, imaginativo, con gran destreza, una gran movilidad de tres cuartos de cancha para arriba. Un jugador que te alimentaba gol, que podía hacer gol y podía fabricar el gol. Tenía un gran cerebro, capacidad e inteligencia. No era un jugador de gran trabajo de conjunto, porque él no tenía físico para eso; pero era resolutivo, en el sentido de que era creativo. Era una piraña en el área de penalti. Un jugador que llevaba la pelota corta y le hacían un penalti en cualquier momento. Un excelente jugador. Y después respondió muchos años al club y a la Selección.

Yo los veía y los sacaba a Primera división porque tenían coraje para sacarlos a Primera división. Los jugadores ya se lo merecían de por sí solos, porque cuando uno es semilla y es planta, planta quiere ser, quiere mantenerse, ser planta, no se va a volver a ser semilla. Quiero decir, que estos salen de abajo, se hacen plantita y después crecen, y ya crecen solos, pero hay que sacarlos. Si no los sacas... "Cuando eres semilla y eres planta, planta quieres ser", como dice la canción de Mercedes Sosa.

Martín Vázquez, desde sus primeros pasos en el club, había impresionado a los técnicos, que hablaban maravillas de su calidad. Con quince años jugaba como uno grande. Manejaba las dos piernas, necesitaba confianza para estar seguro de sí mismo. Al final quiso volar fuera y no le salió bien, pero mientras estuvo en el Madrid ofreció lo mejor que tenía. Chendo era otra cosa, era defensa, lucha, entrega, anticipación. Era fuerte, como chocaras con él, ibas al suelo. También demostró su valía durante muchos años. Ese Madrid tenía arte.

Valencia por tercera vez

Fueron dos años muy apasionantes, a pesar de ser segundos en la Liga los dos años. En el Madrid no vale ser segundo. Yo lo sabía mejor que nadie y me borraron del mapa. Me preguntaba a mí mismo, ¿qué tenía que hacer yo para seguir en un equipo? En el Valencia ya había sido segundo y me largaron, gané una Recopa y me largaron. La verdad es que pensaba que iba a seguir otro año en el Madrid. Hasta entonces no lo decía, pero después de los sinsabores del banquillo, estoy seguro que he dado yo más al fútbol que el fútbol me dio a mí. Al fútbol en el sentido privado, en el sentido de directriz. El problema mío es que siempre fui muy ambicioso para el deporte futbolístico y para el crematístico parece que he sido tonto... A mí el asunto del dinero me daba lo mismo, yo no discutía con nadie. Si me daban tanto, tanto, y adiós muy buenas. Yo lo que firmé con la mano no lo borré con el codo.

Un año parado para caer de nuevo en la tentación. Me llama el Valencia, que viajaba derechito al descenso. Muchos amigos me recomiendan que no vaya. Sería la tercera vez que entrenara al Valencia, me decían que no tenía nada que ganar. Me lo pensé y acepté. Quería mucho a la gente de Valencia. No podía olvidar los momentos pasados allí, la Liga del 71, la Recopa del 80. En esos momentos pudieron más los momentos buenos que las *putadas* que me habían hecho los directivos. En cincuenta y cinco años, el club no había bajado a Segunda y pensé que, si yo podía ayudar, debía hacerlo. Era difícil pero el equipo lo intentó.

Al final, ganamos dos partidos seguidos al Sevilla en el Sánchez Pizjuán y al Hércules en Mestalla. Eso nos dio esperanzas, pero en la penúltima jornada viajamos a Barcelona y en el Camp Nou nos metieron tres. ¡A Segunda!

Me ofrecieron seguir y acepté el reto del ascenso. Yo conocía lo que era la Segunda división, pero el equipo trabajó muy bien y fuimos campeones en esa Liga del *play off* tan rara que se inventaron. La afición respondió como si hubiéramos estado en Primera y el castigo sólo duró un año. Una suerte, porque bajar se baja rápido, pero subir cuesta mucho si no se consigue justo el primer año. El año de la vuelta fue duro. Me destituyeron en el mes de marzo, después de perder en casa con el Zaragoza. Roberto Gil se hizo cargo del equipo y yo dejaba Mestalla por tercera vez en mi vida con la sensación de que alguna mano extraña me hacía salir mal de ese equipo.

Y si hubo una tercera vez en el Valencia, también la hubo en Argentina. Me volvieron a llamar de Boca y para allá que me fui. Siempre me tiraba mi casa, aunque mi familia y todo mi hogar estuviera montado en Madrid. Me presionaban mucho. Las dos veces que había saltado el charco, había hecho campeón a River y Boca, y la gente cuando tenía problemas se acordaba de mí. Boca estaba atravesando unos años malos y con mi llegada todos se ilusionaron. Era el año 1985, conseguimos formar un equipo que no comenzó mal, pero que parecía más de lo que era. Me arreglé con lo que me dieron como era mi costumbre en todos los equipos a los que iba. Lo que sí me encontré es que el club estaba como roído por dentro, con demasiados problemas. Yo pensaba que deportivamente lo podía ayudar con lo de siempre, con los chavales de La Candela, pero no tuvieron paciencia.

Yo no podía exigir al club que se gastara en fichajes lo que no tenía. Comenzamos bien, se torcieron las cosas y el presidente comenzó a cuestionar mi trabajo. Me pidió que renunciara y no lo podía soportar. Me fui con el cariño de toda la afición de Boca, que no quería que me marchara. Nunca he conocido una hinchada tan noble, capaz de dar tanto a cambio de tan poco.

Última experiencia en el banquillo

En la temporada 1990-1991 estaba yo ya en el club como asesor. El presidente, Ramón Mendoza, me había contratado, quizá en reconocimiento por mi carrera. Además, porque *France Football* cumplía treinta años dando el Balón de Oro y me proclamaron a mí como el mejor de los treinta años. Así que estaba en el club y, de repente, las cosas iban mal. Se habían ido Schuster y Martín Vázquez. Milla había sido contratado para armar el medio campo y estaba lesionado. El caso es que un equipo que el año anterior había marcado ciento siete goles en la Liga, con Toshack de entrenador, arrancó mal.

Toshack seguía de entrenador, pero la cosa no iba igual. Un día me llamó Mendoza y me dijo: "Alfredo, necesitamos un técnico". Yo le contesté: "Si es momentáneo, encantado". Yo, todo lo que fuera ayudar al club, lo veía bien. Me sugirieron el nombre de Camacho como ayudante y les dije que fenomenal, porque yo le conocía bien, era un chico bárbaro y ya apuntaba lo que luego ha sido. Aunque era un momento raro, porque a veces es complicado dar órdenes y decir las cosas a los compañeros que has tenido, y en la plantilla había muchos que habían jugado con él.

Había que tirar para adelante con lo que había, porque no se podían comprar jugadores. Recurríamos a la cantera, y ahí estaba Alfonso, y estaban otros, e intentamos ir sacándolos, porque cuando haces el trabajo con los chicos de abajo tienes mejores posibilidades. Y si no había plata, además, ¿qué vas a hacer?

Llegó una eliminatoria de Copa de Europa contra el Spartak de Moscú. Allá empatamos 0-0 y, para la vuelta de casa, lo veíamos fácil de liquidarlos. Pero acá nos dieron la vuelta al partido y nos ganaron 1-3. Y en esa misma mañana, la mañana del partido, me vino a ver el vicepresidente Herrero, y me insinuó que, independientemente del resultado que hubiera, deberíamos dejarlo. ¿Cómo se puede entender que te den un toque la misma mañana del partido?

Se lo dije a Camacho y a Míchel, y a algún otro jugador. "Ganemos o perdamos vamos a la calle." Yo pensaba: "Si ganamos no me muevo, pero si perdemos nos tendremos que ir". Luego, a lo largo del día, me fui poniendo mal y, cuando estábamos en el banquillo, le dije a Camacho: "Manejá vos, que yo me voy". No podía soportar la idea de que te usaran y te limpiaran así, sin más escrúpulos. Ellos me llamaron y luego me tiraron. Moralmente me hundieron. Nunca me había pasado en mi vida que antes del partido ya me avisaran de lo que iba a pasar. No tenían ningún compromiso conmigo. Si me vinieron a buscar fue porque quisieron.

Al final, perdimos 3-1. Nos hizo dos goles Radchenko, el que luego vino acá, al Racing. Después nos enteramos de que, de antes ya, tenían contratado a un entrenador, que era Antic. Esa fue mi última experiencia como profesional en el fútbol. La más triste.

No es lo mismo entrenar que jugar. Si entrenás tenés que pensar por los demás. Sos como la gallina y los pollitos. La alegría no es propia, sino de los otros. Los logros no son los propios, son los logros de los otros. Vos festejás como jugador porque tenés una alegría propia. Como entrenador, te alegrás por la alegría de los demás: de los muchachos, de la afición... Pero no es la misma alegría. Y como entrenador, estás indefenso. Sin los jugadores no sos nada. Si no son buenos, no sos nada. Es muy difícil manejar treinta muchachos. Ser técnico es lo más difícil del mundo. Es como si trazás una raya: el técnico está de un lado y del otro todo lo demás: directivos, periodistas, ayudantes, jugadores, médicos, afición... Todos en contra del que está al otro lado de la raya. Y si hay que echar a uno, pues no hay duda. Siempre echan a este. Siempre es el culpable. El que diga que le gusta ser entrenador miente. Sos entrenador porque no podés ser futbolista, porque te pasó la edad, o vino una lesión y te borró.

El entrenador tiene que ser exigente con los jugadores, pero no con el presupuesto del club, porque si no hay no hay. No podés exigir que compren si no tienen plata. Entonces tenés que conocer las divisiones inferiores y sacar provecho de ellas, porque es la única manera segura que tenés de reforzar los puntos débiles. Los directivos te traen y luego no son consecuentes. Incluso los que son más amigos tuyos. El nombre del entrenador no gana los partidos. No hay ningún técnico que gane por sí mismo. El mayor éxito del técnico es crear un buen ambiente y que los que no juegan, los del banco, también quieran que gane el equipo, porque a veces algunos de los que no juegan quieren que perdás.

Es difícil. Tenés que tener la cabeza despierta, una mano derecha extraordinaria, una mano izquierda mejor aún, y sobre todo no podés mentir nunca al jugador. Uno te viene y quiere jugar. ¿Qué le vas a decir, si te gusta más otro? Sólo le podés decir: "Vaya al ocho, dígale que está jugando mal y que se quede fuera, que va usted en su lugar". Luego hay otros que hablan mucho pero que, cuando la cosa es seria, cuando el partido es de compromiso, les tiemblan las piernas. Yo he pasado mucho miedo como entrenador, porque dependés sólo de los jugadores. Por eso después de lo del Madrid no quise saber más.

Sufre la familia, sufrís vos, sufren todos y parecés un muerto de hambre, que te arrastrás para seguir trabajando.

Así que decidí decir adiós.

Epílogo

... *Que cincuenta años no es nada*

A veces me preguntan qué queda de toda una vida así, con tantos partidos, tantos viajes, tantas aventuras. Pues me queda lo que a todos: la familia y los amigos. La familia siempre está ahí y es lo primero, es por lo que hacés todo, por lo que vas y venís, es la preocupación permanente. Desde que llegó la primera hija, la vida nuestra cambió. Es una preocupación especial, es una responsabilidad más grande que ninguna otra. Todo lo demás es prescindible, pero los hijos van con uno hasta el final. Una persona de principios jamás puede dar la espalda a eso.

Yo he tenido suerte en el matrimonio. Recién cumplido el 2000, el 5 de enero, celebramos las bodas de oro con Sara, así que ya puedo decir, después de cincuenta años, seis hijos y cuatro nietos, que el asunto salió bien. La cuestión es acertar con el acompañante. Bueno, acertar o tener suerte, y yo la tuve. Sara siempre ha sido el centro, el pilar de la familia. Muy severa, muy firme, muy certera en todo. Y así la prole sale bien, con sus cosas cada uno, porque no hay dos iguales aunque sean del mismo padre y la misma madre; pero todos salieron bien porque Sara enseñó un modelo, un respeto, unos principios. Ahora todos campan por su lado, salvo el pequeño, Ignacio, que vive con nosotros. Pero hay contacto continuo, llamadas, encuentros y la familia está unida.

Hemos tenido seis, de dos en dos. No porque lo hayamos buscado así, sino un poco por casualidad. Las primeras fueron Nanette y Silvana, en el 52 y el 53, las dos en Bogotá, cuando la época del Millonarios. Luego vinieron Alfredo y Helena, en el 55 y el 58, cuando yo jugaba en el Madrid, en los años de más éxito. Y finalmente Sofía e Ignacio, en el 69 y el 71, ya cuando yo estaba entrenando, primero al Boca y luego al Valencia.

Yo, por mi trabajo, perdía muchas horas de estar con los niños, pero cuando podía estar con ellos lo aprovechaba al máximo. Siempre me gustaron, me dejaba traer y llevar, les hacía de chófer para llevarles al colegio, andaba con ellos, me iban sus juegos y sus cosas. Demasiado según Sara. Yo era el del *sí* y ella era la del *no*, pero así tenía que ser. El hombre siempre abusa. Está menos en casa y, cuando llega, reclama el derecho a mimar a los pibes. La madre es la que tiene que ponerse seria, se tiene que imponer, porque si no, el padre los malcría. Pero ¿qué vas a hacer? Si no tenés tiempo de estar con ellos, si te concentrás el viernes y no volvés hasta el domingo por la noche o el lunes, si el partido era fuera. Si encima algunas semanas, o muchas, tenés que ir a jugar también los miércoles en la Copa de Europa o en la Selección... Lo poco que estás en casa, ¿cómo les podés poner mala cara a los niños?

Conmigo hacían lo que querían. Y pienso que con todos los padres es igual. O más conmigo, que me gustan tanto. Sara dice que si hubiera sido por mí, habríamos tenido doce. Pero hay que ser responsable, no podés tener más de los que podés mantener, porque ellos pueden necesitar de ti no sabes hasta cuándo. Y a mí me fue bien con el fútbol, pero tampoco era para tirar cohetes. No se ganaba como ahora.

Ninguno de los chicos salió futbolista. A mí me hubiera gustado, pero al final no es importante. Lo importante es que estén bien. Alfredo jugaba bien y de chaval estuvo en el Torneo Social del Madrid, un campeonato de equipos de niños, equipos que llevan los nombres de los jugadores de la plantilla. Yo no iba a verlo, no quería presionar, aunque sé que jugaba bien. Pero tuvo desde pronto un problema en la vista y eso le perjudicó. Tampoco tenía mucho carácter, era medio introvertido, y eso tampoco ayudaba. Yo le decía: "Mirá, lo que yo quiero es que traigás un diploma, de fontanero, de carpintero, de lo que sea..." Y él estudió y salió adelante. Luego vino Ignacio y la historia es la misma. Jugó en el Torneo Social, pero se encarriló por otro lado.

Pero la clave está en el respeto entre las personas y en el respeto a los principios. Sara y yo hicimos como nos enseñaron: una familia de orden, con una razón para todas las cosas, como habían sido siempre las familias. Como me educaron a mí y la educaron a ella. Luego el secreto para durar está en aguantarse. Hay que ceder aquí y que el otro ceda allá, porque si no es una guerrilla. Yo había conocido a Sara, ya lo he contado, cuando éramos muy jóvenes aún. Nos presentaron, empezamos a salir poco a poco y la cosa fue cada vez más seria. Yo no era un picaflor, como había muchos en la época. Era cuando se cantaba aquello de:

El picaflor
Chupa la flor
A mí me gusta
Chupar tu boca
Venga p'acá
Mi dulce amor...

Era una canción muy de moda de la época, sobre todo en Colombia. Entonces el hombre andaba siempre muy necesitado, al revés que ahora, que parece que las necesitadas son las muchachas. Era otra vida. Si le veías un tobillo a una chica, ya creías que habías visto una gran cosa. Y con la novia ibas a dar una vuelta, o al cine, o al teatro o a merendar, y ella tenía que estar a las nueve y media en casa, y que no se pasara un minuto porque no la dejaban salir más con el chico que la había llevado un minuto tarde. Esto hoy le suena a otro planeta a los muchachos y a las muchachas, pero entonces era así en Argentina, en Colombia y en España, que yo lo vi cuando vine, y en todas partes. Eso ha cambiado.

Claro que siempre ha habido gente nocturna y milonguera. Y ya por entonces, para el futbolista, la vida era otra si quería. Tenía siempre facilidad, tenía como un enjambre cerca y algunos perdían la cabeza. Pero yo no era de ese estilo, ni nunca me gustó. Nunca me gustó el baile, ni la milonga y, aunque no lo reprochaba en otros, yo no lo hacía. El jugador además debe cuidarse. Si no estás fuerte, el domingo lo notás y eso no está bien porque te fallás a vos mismo y les fallás a los compañeros.

La cosa es que fuera del fútbol dediqué la vida a la familia, como hizo mi padre, como hacemos todos y como es obligación. Todo se hace para que la familia esté bien, para que tenga lo necesario. Lo primero es alimentarlos y cuidarlos mientras crecen, y darles unos estudios, porque es lo mejor que les puedes dejar, para su formación, para que se manejen, para que sean personas y sepan convivir y ganarse la vida. Y luego, si puedes dejarles algo más, pues mejor. Pero yo en ese sentido estoy satisfecho, porque nunca han pretendido vivir del cuento ni de papá ninguno de ellos. Todos han estudiado, se las han buscado y han hecho su vida bien. Saben que aquí estamos nosotros para lo que necesiten, pero no fanfarronean ni quieren que se les mantenga.

Hay cuatro nietos, de las dos chicas mayores, Daniel, Adrián, Silvana y Jorge, y van por el mismo camino. Ya son grandes, entre los quince años y los veinticinco, y también son chicos hechos en el respeto, la educación. Son formales y eso ahora tiene más mérito, porque cada vez hay más gente que se educa de otra manera, y eso a mí no me gusta. Sin ánimo de meterme con nadie, creo que hay unos principios que son buenos y que se abandonan.

Mi hermano Tulio murió hace unos 8 años. Ahora en Argentina está mi hermana Norma y Susana, la mujer de Tulio con los que hablo ahora más seguido. ¡Cómo ha cambiado eso! Ahora agarrás el celular y hablás en un momento con Buenos Aires, y antes eso era una aventura. Yo hablo muy seguido con Norma, que siempre fue como mi gran ancla con Buenos Aires, con toda la familia de allá, la que me ha ido contando todo. Parece que siempre las mujeres son las que conservan mejor el poso de la familia, las que mantienen los lazos.

Con Tulio también tengo contacto. Él no tuvo la suerte que yo tuve. Jugaba bien, muy bien, pero a los diecisiete años se lesionó de la rodilla y no pudo remontar ya nunca como jugador. Pero igual salió adelante. Puso una pequeña hilandería, donde hacía ovillos de seda y nylon, y los distribuía por toda Argentina. Tuvo sus propios camiones, dos camiones de carga. Tiene un hijo que se llama Alfredo también, como nuestro padre. Así que el chico estudió, sacó de provecho y supo situarse y eso es lo importante.

Y Norma, que es la pequeña, sigue siendo la referencia para todos, la que habla, se interesa, conecta y cuenta. Es el peón del equipo. Ha apoyado siempre a todos y nunca ha dicho nada. Se casó con Mario, un abogado metido en la construcción, y han andado siempre bien. Sigue viviendo en la vieja casa de la familia en el barrio de Flores, y es la que conserva todos los recuerdos de la familia. Para mí es fenomenal, porque ese contacto siempre me ha compensado un poco del desarraigo. Porque aunque yo he hecho mi vida en España, y mi familia en España, y todos mis hijos y mis nietos son de España, pero la raíz siempre te queda. Y eso que yo salí de Buenos Aires hace ya más de cincuenta años, cuando me fui al Millonarios. Luego no he vuelto más que para cortos periodos pero, gracias a Norma, siempre he sentido estar más cerca. Siempre he sabido las pequeñas cosas de la familia, de los amigos, del mundillo de allá. Este primo que se casó, aquella vecina que tuvo una nieta, el chico de un amigo que se recibió de médico, los fallecimientos... Norma es la referencia de la familia. Su marido, Mario, es de River y es un tipo también fenomenal, de esa gente que no te falla en la vida. Tienen dos hijos, Norma y Mario, como ellos, y también van fenómeno.

Queda la familia y quedan los amigos. Yo me levanto los lunes, agarro el *Abc* y empiezo a ver los resultados de los equipos de los amigos. Así que agarro y miro lo que ha hecho el Don Benito, porque lo entrena Antonio Ruiz, y luego miro el Guadalajara, porque el presidente es mi amigo Laso, que jugó en el Plus Ultra en los años de Casado y Ramos..., y así todo. Claro que también soy del Madrid y del River, sobre todo. Pero esos ya sé lo que han hecho porque los veo. Tengo la parabólica, me siento a la mesa del comedor de la casa, con Sara al lado, y vemos todos los partidos, los del Madrid, los del River y los que vengan. A veces me dan las tantas de la noche viendo fútbol argentino, que lo pasan tarde.

A Sara siempre le gustó el fútbol, y fue del River y del Real Madrid. Iba al campo con las mujeres de otros jugadores, y ahora también hacen sus reuniones de veteranas, y hacen corte y confección con nosotros. Se reúnen a cenar y se ponen a hablar de nosotros y ahí puede salir cualquier cosa.

Luego, todos los lunes, me reúno con la peña de amigos: Herminio, Rafa Pastor, Julio García, Adelardo, Verde, El Chato Manuel Fernández, Pachín, Zoco, Marquitos —si está en Madrid—, Augusto Comas, Pío, Poyán, Ufarte, Valeriano, Javier Gil de Biedma, Delfín Álvarez, Lucho Gatica si está en España... Lo mismo somos ocho que dieciocho, según los que estén, pero la peña no falla nunca. La charla siempre es fútbol en un ochenta por ciento. Todos venimos de ahí, todos nos conocimos en eso. Los que no son ex jugadores es que son buenos aficionados. Son mi peña, pero no son los únicos con los que echo ratos. Están también Rafael Viñes, Pepe Fuertes, Santiago Muguiro, El Quisquilla, José Luis

Serrano, mi compadre, que le decimos *El Abuelo*, José Luis Aristi, Laurentino, que es familia de San Lorenzo y Miguel Ansorena.

Para mí es una felicidad seguir en Madrid y seguir en contacto con toda esta gente, que me hacen la vida feliz. Me hacen que me sienta querido y admirado y les estoy agradecido. Me enorgullezco de tener tantos amigos. Aunque me han puesto otra fama, me he llevado siempre bien con todo el mundo y he preferido ayudar a la gente. Y nunca me han gustado las discusiones. Prefiero dar la razón a uno aunque no la tenga. Por ejemplo, un tipo me viene y me dice: "Yo te vi jugar en Valladolid ante sesenta mil espectadores". Y yo le digo que sí, aunque el campo del Valladolid nunca haya tenido sesenta mil espectadores. ¿Para qué querés discutir?

He buscado más la amistad que el encono. Mi gran suerte ha sido caerle bien a la gente, y ahora recojo con los veteranos todo ese cariño que en España me tienen. Porque además están los veteranos. Presido la Asociación de Veteranos del Madrid, que constituimos hace pocos años. El club nos ha puesto un local en las mismas oficinas del Bernabéu y ahí nos reunimos, charlamos, nos organizamos. Pero no es una para tomar vino, ¡eh! es un club para organizar partidos, jugarlos y sacar alguna plata para los que están necesitados. La vida es un tiovivo, y algunos que estuvieron bien ahora no están bien. O está la viuda, que no le quedó mucho. La mejor manera de ayudarles es hacer partidos con los veteranos, que vamos por ahí, nos dan un dinero y luego hay unas asignaciones para los que lo necesitan. Hacemos vida de verdadero club: juegan los socios y son socios todos los que han estado alguna vez en el Madrid, aunque sea en los escalafones inferiores. Claro que, a los partidos, lo que la gente quiere es que vayan los más famosos, y la verdad es que todos se portan, todos arriman y procuran acudir a los partidos, porque saben que ahí va la posible salvación de un mal momento de un veterano al que la mano le vino mal.

Yo no juego, claro. No puedo ya. La espalda me fastidió, y después de varias operaciones tuve que conformarme con mirar. Pero voy siempre y me gusta, porque la gente lo agradece, te halagan, hay expectación y yo sé que también con esto hacemos mucho por el Real Madrid. Lo que hacemos es puro madridismo.

Acabo de regresar de Orihuela, donde los organizadores tuvieron que avisar para que ya no fuera más gente, que no había más entradas. Jugaron el Buitre y Míchel, y ¡qué manera de jugar! El que fue maderamen sigue siendo maderamen, pero los que juegan bien siguen jugando bien. El Buitre se echó atrás, movió, distribuyó y es una delicia verle. Y Míchel. Y Gallego. Los que fueron, siguen siendo. Y la gente se enloquece con el Madrid. ¡Lo que es el Madrid en España! Lo ves cuando vas por ahí, como vamos nosotros, a los partidos, o a las peñas, porque los veteranos también vamos a las fiestas de las peñas, en cualquier lado, a hacer club. Y ves cómo se emociona la gente. A mí se me acercan muchos que, por edad, no me han podido ver ni en fotografías, y todavía el encanto del Madrid es el mismo.

Al Bernabéu bajo a los partidos pero, aunque tengo sitio en el palco como asesor de la Presidencia, prefiero ir con los veteranos. En el palco hay mucho intruso. A mí me tocaba al lado de un directivo que siempre estaba opinando de fútbol, que si este, que si el otro, que más adelante, que más atrás. ¿Y qué vas a hacer? Si te callás, otorgás, si discutís, no está bien. Un día le dije a Lorenzo: "Presi, me voy para atrás, porque este me está radiando el partido y a mí lo que me gusta es ver fútbol, no escuchar fútbol". Así que me fui atrás, y luego me fui más lejos: a otro lado del campo, al palco de los veteranos. Prefiero ir con ellos, que son mi grupo. Pero el club me da un sitio y un sueldo por asesorar, y aunque a veces siento que mucho caso no me hacen, sí tengo que agradecer que ahí hay un reconocimiento por lo que hice aquí.

Negocios no tengo. Pusimos muchos años atrás una explotación de pollos Santamaría, Isidro y yo. Era una buena cosa, porque la carne de pollo es rica, y el pollo era muy escaso entonces. Pero salió la posibilidad de las granjas intensivas y nosotros pusimos aquello, acá cerca de Madrid, en Coslada. Yo creo que tiré por ahí por lo que me gusta el pollo. Sobre todo las alas y los pescuezos. Cuanda Sara pone pollo le digo que me reserve eso, porque hay sitios en que lo tiran, y a mí me parece una barbaridad. Pero no podíamos seguir el negocio, no podíamos estar encima y lo acabamos dejando. Cada uno por un lado era un problema. Tengo algún piso y alguna nave de alquiler y además tengo el sueldo del Madrid y siempre hay algún trabajo.

Ahora estoy haciendo un programa de televisión para América, una emisión que hace Antena 3 para allá, con fútbol español, con las noticias, las jugadas, los detalles. Lo hace una chica, Loli Hernández, que es muy competente y hace un buen programa. Me gusta hacerlo, me obliga a estar atento al fútbol. Me enseña, porque seleccionan bien las imágenes. Todos los viernes dedico la mañana a prepararlo y la tarde a la grabación. Uno no puede estar parado.

Por lo demás, en mi vida también tiene un sitio la música. Sos como un arbolito que crece como lo plantó tu padre y, como a mi viejo le gustó la ópera, yo siempre he mantenido devoción por eso. No olvido la reverencia con que él tenía los autógrafos de Caruso, de Beniamino Gigli, de Toscanini, el director de orquesta. ¡Le puso Norma a mi hermana por la ópera! Pero lo siento, a mí me gusta más el tango. Él siempre decía, y me parece que ya lo he contado, que Gardel debería haber cantado ópera. Pero a mí me gusta el tango y soy de los que dicen que Gardel cada día canta mejor. Cuanto más los escuchás, más te gusta. Me gusta toda la música criolla en general, las orquestas de Alfredo De Angelli, de Horacio Salgaru, de D'Arienzo, de Di Biaggi, los cantantes Ángel Vargas, Alberto del Castillo, Podestá, Marino... Esos me han hecho disfrutar.

Antes de venir a España, ya había visto yo a Angelillo, a Miguel de Molina y había ido al teatro a escuchar zarzuela. Los Fleta viajaban mucho a Buenos Aires y yo conocí Madrid por *La verbena de la Paloma*. Luego, cuando llegué acá, me encantó el zapateado, y había unos cantaores bárbaros: Juanito Valderrama, Manolo Caracol, y bailaoras como Cristina Arroyo. Por Isidro, que era el marido de Carmen Flores, nos hicimos muy amigos de Carmen Sevilla y de Lola Flores y su marido, El Pescadilla. Nos reuníamos por Navidades y hacíamos unas grandes fiestas, y era un gusto verles cantar y bailar de verdad.

También me gusta el teatro. Siempre lo preferí al cine. Desde que hice las películas tuve la sensación de que en el cine hay mucha mentira. Yo rodé tres. Primero, *Con los mismos colores*, en Buenos Aires, durante la huelga. Era de unos jugadores, de su club y de la Selección, con una trama de amor. No tuvo mucho éxito. Y acá en España hice otras dos: *La Saeta Rubia* y *La batalla del domingo*.

En una figuraba que yo redimía a unos golfillos de la calle, que se dedicaban a robar, y les metía un poco en vereda montando un equipo de fútbol. La otra es como una medio biografía mía, con muchos goles. Pero bueno, yo veía que tanto ensayar y repetir, le quita algo de verdad. Por eso me gusta más el teatro. Pero actores de cine sí me gustan. Admiro a Paco Rabal. Aunque mi galán siempre fue Cary Grant. ¡Qué tipo elegante! Y conocí a Rita Hayworth en Los Ángeles. Dio el puntapié inicial a un partido amistoso que jugamos allá.

Me considero apolítico. La política la he seguido de lejos y de cerca. Vivís en este mundo y tenés que saber. Allá estaban los radicales y los conservadores, luego el golpe de Estado y Perón. Luego vine acá, y yo no era ni de acá ni de allá. Estaba el gobierno de Franco, y como sólo había una cosa, aquí ni política ni nada. Eso no había, ni se hablaba de eso.

Después vino el centro, los socialistas y otra vez el centro. Tengo amistades en un bando y en otro, pero conmigo no van a ganar ninguno ninguna votación. Las personas de nombre como yo no deben influir. Mis creencias son particulares. La política no me ha dado nada material. Lo único, la alegría de mis amigos que ganan.

Lo que siento confesar es que no me gusta leer libros. Leo los periódicos para enterarme de las cosas, pero la novela no me *piace*. Me parece que es el cuento de una persona y cada uno tiene que vivir lo suyo. Yo no trago la doctrina. Tengo mis creencias y no me convence nadie de lo contrario. Sólo hay dos cosas en la vida que no soporto: los intelectuales y que los periódicos digan "la pasividad de la defensa". ¿Qué pasividad de la defensa? De repente agarra un periodista y dice: "Gol de Alfredo ante la pasividad de la defensa". ¿Qué pasividad? Yo nunca vi un defensa que diga: "Pase, Alfredo, pase y meta gol".

Y con todo esto, usted dirá: ¿Y por qué escribe un libro? Pues por reconocimiento a los que me sostuvieron y me ayudaron en la vida. A mis padres, a mis hermanos, mi señora, hijos y familiares. A Peucelle y Cesarini, que me descubrieron, y a todos los profesionales que me han ayudado a triunfar. Yo no era un boxeador. Era un jugador de equipo. Y ellos me han ayudado a escribir este libro. Lo mío siempre ha sido tarea de muchos.

Apéndices

Apéndice 1: *Anastasio.*
Apéndice 2: *Hemeroteca selecta.*
Apéndice 3: *Cronología de una época.*
Apéndice 4: *Cronología de Alfredo di Stéfano.*
Apéndice 5: *Cronología sobre fútbol.*

Apéndice 1

Anastasio

ANASTASIO

Para Alfredo di Stéfano, el mejor jugador de fútbol de todos los tiempos, que llegó a jugar mejor que yo mismo. Claro que aquella era otra época. Con mi cariño y admiración.

Un amigo colombiano,
Allá en el cincuenta y dos,
Era el primer ser humano
A quien yo oí hablar de vos.

Decía que eras formidable,
Fantástico chutador,
De un dribling incontrolable,
El máximo goleador.

Más veloz que una saeta,
De técnica colosal,
Más duro que la puñeta,
Un jugador sin igual.

Un as lanzando castigos,
Terror de los guardavallas,
Con barrera de enemigos,
Y la pelota... a las mallas.

Cuando por fin llegó el mago,
Y jugó con Millonarios,
Yo le dije a don Santiago:
¡Vaya tipo extraordinario!

A este chico hay que traerlo,
(Yo inicié conversaciones),
Vale la pena tenerlo,
Y ofrecí... ¡cinco millones!

GRACIAS, VIEJA

Y después de dura lucha
Que se ganó en buena lid,
El Bilbao fichó a Sertucha,
Y Alfredo vino a Madrid.

Y a partir de aquel momento
Pudo verse en Chamartín
Un jugador de portento
Desde el principio hasta el fin.
Era más veloz que Gento,
Más duro que Monjardín.

Jugar de aquella manera
Aquí jamás se había visto,
Ni a Carlsson, ni a Pedernera,
Ni a Kubala ni a Evaristo.

Y desde entonces a esto,
Seis años sin descansar,
En cada partido, el resto,
Y el Madrid siempre a ganar.

Salvo raras ocasiones
Como el día del Bilbao,
En vez de triple corona
Nos dieron un bacalao,
Y otra tarde en Barcelona,
Pero estas son excepciones
De las que no hay ni que hablar,
Se perdió... con dos cojones,
Siempre no vais a ganar...

Y acá tenemos a Alfredo
En su trescientos partido,
Con su carita de miedo,
Con su "hoyito", ¡qué jodido!

ANASTASIO

Ya no bebe "tempranito",
Ya no fuma tagarnina,
Y como le cae el pelito,
Ya no puede usar gomina.

Pero cuando tus granitos
Te dejen de molestar,
¡Verás cuántos tempranitos,
Que nos vamos a mandar!

Y esos que hablan de garra,
Y de cómo hay que jugar,
A los que han pisado el verde,
Y ya no pueden ni andar,
Los que se acuerdan de Zarra,
Y enseñan a rematar,
Les podéis vos contestar
Que a la vuelta de la farra
¡Se pueden ir a cagar!

Los que con malas argucias
Escriben en La Gaceta,
Vos decidles: Carasusias,
Andate ya a la puñeta.
Porque andáis cagaos de miedo
Por lo bien que juega Alfredo.
LA SAETA.

Aunque no quieran nombrarte
En sus ridículos diarios
Tu nombre está hasta en pasquines.
No debes acongojarte:
Ellos son pobres violines,
Vos sos un Stradivarius.

Gracias, vieja

Si ese gremio no te apoya,
Y te dan su no rotundo,
Vos llamarles gilipollas,
Que sos el mejor del mundo.

Hoy te hacemos Presidente
Del Tempanito F. C.
Un equipo con buen diente
De amigos de buena fe,
Y para que sufra esa gente,
Mañana José Vicente,
Lo escribirá en ABC.

Llegamos al final, viejo.
Ser muy largo, me da miedo,
Que por gusto no lo dejo.
Ahí va un fuerte abrazo, Alfredo.

Anastasio
Madrid, 18 de mayo de 1959

Apéndice 2

Hemeroteca selecta

*Gracias, vieja**

Los reyes suelen ofrecerse para su placer castillos y cuadros de los grandes maestros de pintura. Discretamente, amorosamente, Alfredo di Stéfano se ha ofrecido un balón. Hizo venir a un escultor amigo y le dijo: "Vas a coger tu cincel, tu bloque de mármol blanco... y tu arte. Y me vas a hacer un balón, un hermoso balón bien redondo, con sus costuras, con sus cascos, un balón de verdad. Y me lo pondrás sobre un pedestal y en ese pedestal grabarás estas palabras: *¡Gracias, vieja!*"

Y Alfredo lo muestra orgullosamente a sus visitantes. Alfredo, en cuclillas, acarició la piedra lisa sonriente: "Gracias, vieja, por todo el placer que me has procurado, por lo que me he divertido y por los goles que he marcado; por los viajes que me has ofrecido, por la personalidad humana que me has sabido crear, por la fortuna y la gloria que me has traído..."

Estas no son, claro, las palabras que Alfredo pronunció; Alfredo no es poeta, no es actor. Yo quiero interpretar con ellas el sentimiento de este hombre, su amor, su fidelidad y su gratitud...

---

* Jean Philippe Rethacker, *France Football*.

*Superdotado**

Casi siempre al contratar a un futbolista extranjero, más o menos famoso, se entendía que su esfuerzo, inserto en las dotes de la fenomenalidad, tenía que dar para el club que le pagaba un sorprendente relieve espectacular. Ahora, con Di Stéfano es un caso distinto, y salvando todas las distancias —y los mecanismos— que se quieran, habría que buscar el parigual del argentino en aquel otro jugador excepcional, sueco él, Carlsson, que llegó a tiempo de galvanizar la línea delantera del bando rojiblanco madrileño.

Como el nórdico, el platense no es el hombre fenómeno, ni la Saeta, ni la bomba atómica, sino algo mucho más importante para el fútbol y para su equipo: es el motor inteligente, el jugador que procura estar en todas partes y dar *alimentación* a sus compañeros de línea, proporcionándoles esas ocasiones que parecen fáciles, pero que llegan tan sólo porque un hombre extraordinario las inicia, las modela y las transforma en sencillas ante los pies de otros rematadores. Así el fenómeno lo es mucho más, porque en un juego de asociación, él opera de maravilloso aglutinante de todos, desdeñando las simples oportunidades de lucimiento individual. Por si ello no fuera bastante, Di Stéfano, en la plenitud de las facultades físicas, multiplica sus esfuerzos cuando ellos

---

* *Marca*, 16 de febrero de 1954.

pueden servir para algo y desdeña la carrera y el salto cuando, con su portentosa experiencia, está convencido de que serán estériles los movimientos extraordinarios que, por espectaculares que parezcan, están llamados a fracasar.

La carrera, el blocaje, la internada, el pase son acciones casi perfectas en Di Stéfano, que, erguido, sin una sola concesión a la violencia, ni siquiera a la venganza, es un futbolista perfecto, el jugador alarde y la máquina creadora del fútbol, que distribuye infinitas posibilidades entre los compañeros, los cuales, sin embargo, no alcanzan a interpretar con la maestría del que las inventó. ¡Claro que si en vez de ellos, al argentino acompañaran otros diez superdotados, los partidos resultarían muy desequilibrados!

*Querido Alfredo**

Hay cosas que se graban en la memoria con tanta intensidad como la leyenda cincelada —*Gracias, vieja*— en el mármol Carrara que simula una pelota de fútbol y que te sigue acompañando en el viejo Madrid. Ese balón, que el sol y la lluvia, el viento y hasta la nieve mantienen inmaculadamente blanco, simboliza todo lo que fuiste, lo que quisiste ser y lo que serás para siempre en la memoria de quienes conocieron tu talento, tu vitalidad, tu coraje, tu determinación y tu sacrificio dentro de una cancha.

Pero déjame que te cuente un recuerdo que tiene casi medio siglo de vida. Vos eras todavía El Alemán. Con el pelo cortado al rape, producto de tu servicio militar, le mentías a tu apellido tano, a tu cuna boquense y a tu barrio de pibe, Barracas, donde todavía resonaban los ecos del fuelle de Eduardo Arolas.

Eras un teutón hecho y derecho. Tu velocidad supersónica, tu carrera sostenida llevando la pelota y devorando metros de gramilla, estaban dibujando en el horizonte el apodo que se haría famoso en el mundo entero: "la Saeta rubia".

Tu viejo, que de joven había jugado en el River del *amateurismo*, con esa mirada penetrante y ese perfil de águila

---
* *El Gráfico*, 9 de julio de 1996.

que tenía, me anunció el futuro mordiendo cada palabra: "¡Mi hijo será el mejor jugador del mundo!"

No le creí. Todos los padres piensan lo mismo de sus hijos. Algunos aciertan. Muchos se equivocan. Además ¿qué eras vos en aquel momento a mediados de 1947? Un pibe veloz, penetrante, con muchas ganas de meter goles, algo atropellado a veces. Eso sí: difícil de marcar y casi imposible de parar cuando apretaba el acelerador y se mandaba.

¡Qué lince, tu viejo! Tenía razón. Y mientras veía cómo ibas creciendo, cómo te transformabas en un futbolista total, en un formidable *todocampista* que quitaba pelotas junto a su arquero, salía armando el juego de su equipo, cruzaba todo el terreno como una exhalación y aparecía frente al arco contrario para clavar la estocada decisiva y levantar el alarido sublime del gol, comprendí que hay destinos señalados. El tuyo era ese. Luchar día tras día para ser el mejor de todos. Lo había soñado tu viejo en 1947. Fue realidad indiscutible en 1956, cuando ganaste el Balón de Oro de *France Football*.

Habías deslumbrado en el River del 47 al 49, maduraste y ganaste panorama en Millonarios de Bogotá desde el 49 al 52, llenaste de fútbol un rectángulo de 100x70 en el Real Madrid del 53 al 62.

En cada encuentro que tuvimos en estos últimos treinta años, me asombró tu fantástica memoria para recordar partidos, resultados, formación de equipos, goles, figuras, momentos, toda clase de detalles. Un día encontré la explicación racional para esa facultad casi milagrosa: cada momento de tu vida deportiva fue un intenso, un fervoroso, un sublime acto de amor.

Un día de 1966, pasando frente al estadio Santiago Bernabéu, me dijiste: "Aquí venía a laborar todos los días. Por eso yo le llamaba la fábrica..."

Sin embargo, no me decías toda la verdad. El fútbol nunca fue para vos una pesada carga, un esfuerzo insoportable. Representó siempre una agradable motivación, una fuente permanente de satisfacciones. Es claro que tu ambición te impulsaba una y otra vez a la victoria. Pero en medio del partido más chivo, tenías aire y presencia de ánimo para lucir tu sentido del humor. Como aquella tarde en Bilbao, cuando los vascos los tenían apretados y los defensores del Madrid la reventaban, mandándola seguido al palco oficial. Vos te acercaste a uno para pedirle: "A Bernabéu no, Marquitos; a nosotros...". Santiago Bernabéu, el presidente, estaba en la platea mirando el partido.

"Di Stéfano no suda campos de juego: los baña con su sangre", escribió una vez Pepe Peña en *Sport*, el suplemento mensual de *El Gráfico* que aparecía en los años sesenta. Era la síntesis perfecta de lo que significabas para tu equipo y para el espectáculo. Sin embargo, en tu ofrenda generosa y sanguínea de cada partido, no transmitías sufrimiento, no reflejabas angustia. Todo lo contrario. "Esto es un juego", repetías. Y lo abordabas con invariable alegría.

Este último jueves 4 de julio, cumpliste setenta años junto a tu familia, que siempre te respaldó, rodeado de cariño y justo reconocimiento. Aquí, en tu ahora lejana pero siempre presente Buenos Aires, brindamos por todo lo que fuiste y lo que seguís representando: un grande que, como lo quería Martín Fierro, fue "toro en su rodeo y torazo en rodeo ajeno".

En nombre de la gente de *El Gráfico* y en el mío propio, te mando un gran abrazo.

*Dos en uno**

¿Qué se puede decir de Alfredo di Stéfano que no haya tenido una adjetivación mayor en el fútbol? Sólo agregar que le falta un monumento que estaría de más, porque un grande del mundo de la pelota no necesita ninguna alegoría de mármol, mientras esta siga rodando y la memoria rescate la historia. Tanto pudo con ella, y la amó, que un día le hizo, ya hace tiempo, en su mejor momento como jugador, allá en el jardín de su casa de Madrid, un entrañable reconocimiento: *¡Gracias, vieja!*
    Más de una vez, dicen todavía algunos madrileños, el balón inerte, estatua, les sonrió complacido. Es que el *Di*, se sabe, forma parte del folclore futbolístico de la Villa y Corte.
    Los que tuvieron la *chance* de verlo jugar aquí y allá saben que hubo dos delanteros en uno. El *centroforward* clásico, de tremenda velocidad y certero definidor, que mostró el River en 1947 junto a Moreno, Labruna y Loustau. Y después de la etapa colombiana con Báez y Pedernera de laderos y Néstor Rossi de apoyo, cuando llegó al Real Madrid, donde tuvo como compañeros a Puskas, Kopa, Gento, Rial y hasta Didi. No sólo España vio al mejor de todos, sino también Europa, que aún lo sigue reconociendo como un auténtico grande de su

---

* Juan de Biase, *Clarín*, 6 de septiembre de 1999.

historia. Otro Di Stéfano. Sin duda. De goleador estricto se convirtió en jugador de toda la cancha. Fue uno de los pocos polifuncionales, si es que los hubo. Toda la cancha y el fútbol parecían de él. Nada menos, ni nada más.

*Alfredo di Stéfano**

Alfredo di Stéfano, fenómeno entre los fenómenos, fue la primera causa operante de los triunfos del pentacampeón de Europa. Durante años, en los estadios españoles y en los de todo el viejo continente, surgía la demostración inapelable. Aquello era como un axioma. Di Stéfano convirtió en peligrosamente mortal una delantera que, sin él, tal vez hubiera llegado a ser buena, pero nunca extraordinaria. Utilizando una imagen muy gráfica, podríamos decir que la llegada de Alfredo di Stéfano supuso el cambio violento del centro de gravedad del equipo. Durante una temporada muy larga imantó al público, al contrario, a sus compañeros. Y una ola de estupor recorría los graderíos cuando se le veía defender en su puerta un ataque adversario y, en el segundo siguiente, tras controlar la pelota como un mago, pasar a la ofensiva de una manera ordenada, llevando tras de sí a todo el equipo.

Aquella manera de jugar transformó todos los sistemas imaginables. Cundió la especie del delantero móvil con función atrás y adelante. Luego, todos los clubes de nuestra división de honor se vieron en la necesidad de sacar a relucir tácticas de extrema prudencia defensiva, de vigilancia en serie del jugador genial.

---
*Matías Prats-Cañete, *Abc*, 1998.

Di Stéfano fue todo esto y algo más. Fue el profesional cien por cien, libre de vanidad y engreimiento de su trabajo, entusiasta siempre como un recién llegado, juez exigente de sí mismo, modelo en su vida privada, intolerante con lo que no significara en cada partido, en cada entrenamiento, entrega absoluta. El público se detuvo en esto. En contemplar admirado la causa primera del nuevo Real Madrid que se le ofrecía. No conviene quedarse en la superficie de las cosas. La llegada de Di Stéfano no fue una pura cuestión de suerte. Fue la consecuencia primera de una revolucionaria política de club, perfectamente meditada, que irrumpía con nuevas armas y decisiones en el ámbito futbolístico español.

*Nos quitamos el sombrero**

Llevo esta temporada tres partidos visto a Alfredo di Stéfano: contra el equipo alemán Rott Weiss en un amistoso, en Campeonato ante el Athletic de Bilbao y frente al Español ayer en Sarriá.

No tengo inconveniente en descubrirme ante un gran jugador, ante un futbolista extraordinario. Todo lo que el año pasado se le suponía al *crack* argentino se ha hecho en este realidad. Plena y bella. Esta temporada Di Stéfano está ya más adaptado al fútbol que se hace en nuestros campos, conoce los trucos que por aquí se usan, sabe que nuestro juego es más seco, más fuerte, menos técnico del que hacía por sus pagos. También conoce mejor a sus compañeros de equipo. Y como es inteligente, ha acoplado a todo ello sus magníficas condiciones, su insuperable inteligencia de jugador que *ve* la jugada, que la crea de una forma automática en su cerebro para desarrollarla instantáneamente en un puro y sutil instinto.

Ayer dio una gran demostración en Sarriá. Demostró que el delantero centro, si es listo y sabe jugar, no debe ser forzosamente un hombre que forcejea con una defensa, casi siempre en inferioridad de condiciones físicas, un muñeco poco menos que anclado en el área. El campo es grande y

---
* Carlos Pardo, *Vida Deportiva de Barcelona*, 15 de noviembre de 1954.

saber jugar al espacio es algo muy importante para un jugador que se sabe con el fuelle y la inteligencia necesaria para recorrerlo durante noventa minutos. Así, Di Stéfano se va hacia atrás a buscar el balón para recogerlo libre, sin apreturas y marcajes, luego, con la bola en los pies, lanzado en su estupenda carrera, en la que la pelota parece pegada a sus pies sin írsele más de un metro, ¡ya veremos quién es el guapo que se la quita!

Esta es su gran arma. Velocidad con la pelota, controlándola perfectamente, algo que tan pocos jugadores saben hacer, y además, cosa muy importante, sin tener que mirarla, con la cabeza alta para observar dónde se abre la fisura en la defensa enemiga para lanzarse por allí.

A Di Stéfano sólo hay una forma de intentar anularle, colocar a su lado de salida un rápido policía —que dada su posición de repliegue no puede ser un defensa central, sino un volante o incluso interior sacrificado a tal misión— que trate de disputarle el balón cuando lo recibe o va en su busca, que no le deje arrancar libre con la pelota en los pies, que no le deje ni un metro, ni a sol ni a sombra. Si no es así, no hay quien le pare, porque una vez lanzado en carrera, la Saeta va acelerándose progresivamente y atraviesa las últimas barreras enemigas como un cuchillo la mantequilla para llegar a la diana del gol, o del casi gol.

*Bajo la influencia de Alfredo di Stéfano**

El Real Madrid, que ostenta la Copa de Europa, acaba de batir al Niza por 3-2, ganando el paso a la semifinal por un total de 6-2. Y el *manager* del Manchester United anda diciendo: "Creo que les venceremos". ¿Qué pienso yo? No sé qué pensar después de haber contemplado el juego, soberbiamente controlado, suave como la seda, de los campeones españoles. Estoy sentado bajo el sol del Mediterráneo; me siento un poco ido, aunque sólo bebí una naranjada; estoy bajo una influencia, la de Alfredo di Stéfano. Es un hombre de treinta años, algo calvo, nacido en la Argentina, y centro delantero del Real Madrid.

Es el rey de todos los centros delanteros retrasados que yo he podido ver —Hidegkuti, Revie, los otros...—. Dice el *manager* del Manchester: "Lo tiene todo". Y lo ha probado en la elaboración y consecución de tres goles ante el Niza. Di Stéfano, el trabajador, destruyó la defensa del Niza con un pase de cuarenta yardas que dio al ala derecha, Joseíto, el camino fácil del gol. Di Stéfano, el artista del ballet, logró un gol fantástico bajo el travesaño. Di Stéfano, el ladrón de goles, hizo que Colonna se lanzase en *plongeon* hacia la derecha y envió su chute a la izquierda.

Ha dicho míster Busby: "Creo que puedo encontrar la respuesta a Di Stéfano". Personalmente creo que esa res-

---
* George Follows, *Daily Herald*, abril 1957.

puesta será Eddie Colman. Y pienso que este muchacho de veintidós años, soldado y con caderas a lo Monroe, va a pasar por las dos pruebas más duras de su carrera, en Madrid el 11 de abril y en Old Trafford el 25. No puedo coincidir con Busby en que el Manchester pueda vencer en el resultado global de los dos partidos, pero quizás esté demasiado bajo esta influencia... bajo la influencia de Alfredo di Stéfano.

*Glosa de una final. El Madrid, la Copa y Di**

Un nombre ha venido sonando más que otros a lo largo de la emisión: "Di Stéfano... Di Stéfano... Di Stéfano..." Sube, baja, defiende, ataca, tira. Sí, este es Di Stéfano. Deportista español honorario. Por eso comprendemos perfectamente a Mariñas cuando, en la emoción del momento, nos dice: "Once muchachos españoles acaban de ganar para España..."

Di Stéfano, *Di* para los madridistas, es el perfecto ejemplo del jugador consciente de su deber. Que lucha como el que más y crea escuela. No esa escuela de malos modos, como con saña han pretendido hacer creer sobre Di Stéfano, pararayos de las tormentas desencadenadas contra el Madrid.

Yo quisiera verte así mucho tiempo, con esa nariz descarada y esa "pinta de sobradora de compadrito criollo" al andar. Oír esa voz de acento suave al cruzarnos: "¿Qué hasés, viejo?" Y, sobre todo, Di Stéfano, amigo, con esa camiseta blanca que hoy llevas orgulloso por los campos del mundo, defendiendo con uñas y dientes, como lo haces, el prestigio del fútbol español al que, se quiera o no se quiera, perteneces por completo.

---

* José Borrero, *Ya*, junio 1956.

*La Saeta**

Alfredo di Stéfano picaba con compresor. Y se venía viboreando, eléctrico, estremeciendo al estadio. Se filtraba por cualquier rendija y, si no la había, la creaba. Lo han de recordar en corridas suyas desde el medio de la cancha y la jauría atrás. Un pase largo, cortado y la Saeta que penetraba a setenta minutos por hora. Cierto: le ganaba al reloj. Cuando se fue era fantástico. Ahora en España es "el superdotado". Si esa ausencia y otras muchas nos han perjudicado futbolísticamente, ya que el éxodo a Colombia nos significó una poda muy a fondo y hubo que esperar años para que los nuevos brotes se convirtieran en ramas, verdad es también que lejos de aquí, Di Stéfano nos prestigia. Tanto que, una vez pasada, leí un comentario que decía: "Para valorar el fútbol argentino hay que considerar las constantes sangrías que le hace el fútbol europeo". Y es verdad, absoluta verdad, sin pasión patriótica.

No sabemos a cuánto hubiera llegado la Saeta de haberse quedado en nuestro medio. Es posible que su juego hubiera sufrido aquí la misma transformación que experimentó lejos de casa. Porque ya no es aquella cosa electrizante, de las carreras veloces e imposibles. Su fútbol se ha hecho más sólido, más firme. En tres palabras, ahora Di Stéfano es más jugador.

---

* Borocotó, *El Gráfico*, septiembre de 1954.

*El balón de oro**

En el extremo derecho Stanley Matthews —primer futbolista de Europa-1956, que hace reír a todo el mundo mientras él permanece impasible— hay algo de Charles Chaplin, algo del mixtificador; en Alfredo di Stéfano, primer futbolista de Europa-1957, celebramos al gran señor, al caballero que alía la bravura a lo invencible. Dondequiera que se presente, el adversario se inclina y la unanimidad popular consagra su nombre, como jamás se haya conseguido en un deporte de equipo.

A sus treinta años cumplidos continúa ocupando ese puesto de lealtad y de verdad que es el de delantero centro. Ni el tiempo, ni los grandes defensas centrales, ni los progresos incesantes de la organización defensiva han podido dominarlo. En el sitio donde más se ve a un jugador, en el puesto más envidiado, más expuesto, más avanzado, más vigilado y más poblado sobre el eje de los goles, sigue siendo el combatiente leal, a cara descubierta, de una bravura sin ostentación.

Sea utilizando con arte su pie favorito, en equilibrio constante con el izquierdo; sea cabeceando al modo de Cuissard; sea driblando con una ligereza que destruye la pesadez; sea dando a un compañero un pase imposible de

---

* Gabriel Hanot, *France Football*, diciembre 1957.

interceptar y llegando tras él en la dirección ideal; sea desencadenando un brusco ataque o enderezando una lenta contraofensiva, Di Stéfano nos ayuda, en cada coyuntura, a diferenciar el *genio* del *talento*.

Stanley Matthews es el humor.

Di Stéfano es la epopeya.

APÉNDICE 3

CRONOLOGÍA DE UNA ÉPOCA

1926
Mayo — Huelga general de mineros en el Reino Unido.
Junio — Muere en Barcelona el arquitecto Antoni Gaudí.
Agosto — La americana Gertrude Ederle, es la primera mujer en cruzar a nado el canal de La Mancha.

1927
Julio — Aumenta la tensión entre socialistas y nazis en Viena.
Septiembre — Muere la bailarina Isadora Duncan en un accidente.
Octubre — Se proyecta en Nueva York el primer largometraje sonoro de la historia del cine, *El cantor de jazz*.

1928
Mayo — En el Reino Unido se rebaja a veintiún años la edad de voto para las mujeres.
Agosto — Estreno de *La ópera de cuatro cuartos*, de Bertoldt Brecht con música de Kurt Weill.
Septiembre — Alexander Fleming descubre la penicilina.

1929
Enero — Aparecen las primeras historietas de las aventuras de Tintín.
Abril — Buñuel rueda *Un perro andaluz*.
Octubre — Desplome de la Bolsa en Wall Street.

1930
Febrero — Oleada de disturbios en España tras la caída de Primo de Rivera.
Descubrimiento de Plutón, el planeta más alejado del Sol.
Abril — La británica Amy Johnson vuela desde Gran Bretaña hasta Australia en diecinueve días.

1931
Abril   Se proclama la República en España.
Junio   Muere el pintor y escritor modernista Santiago Rusiñol.
Noviembre   Se estrena en Hollywood *Frankenstein*, interpretada por Boris Karloff.

1932
Febrero   Se aprueba la ley del Divorcio en España.
Agosto   Fracaso de la sublevación de Sanjurjo contra la República.
Noviembre   Einstein llega a la conclusión de que la Tierra tiene 10.000 millones de años.

1933
Enero   Adolf Hitler es designado canciller de Alemania.
Marzo   García Lorca estrena en Madrid *Bodas de sangre*.
Julio   La tenista americana Helen Wills Moody gana la final de Wimbledon por sexta vez.

1934
Junio   Miguel Hernández publica *Perito en lunas*.
Octubre   Sublevación de mineros en Asturias.
                  Fallece el premio Nobel Santiago Ramón y Cajal a los ochenta y dos años.

1935
Enero   En España hay 600.000 trabajadores desempleados.
Julio   *Ariel*, de André Maurois, primera novela en edición de bolsillo de la editorial británica Penguin.
Noviembre   Se estrena *Una noche en la ópera*, con los hermanos Marx.

CRONOLOGÍA DE UNA ÉPOCA

1936
Enero   Fallece el escritor Ramón María del Valle Inclán.
Julio   Estalla la guerra civil en España.
Agosto   Jesse Owens bate el récord mundial de salto de longitud en los Juegos Olímpicos de Berlín.

1937
Enero   Éxito de la joven bailarina Margot Fonteyn en su debut con *Giselle*.
Abril   Bombardeo alemán de la villa de Guernica.
Julio   La aviadora americana Amelia Earhart desaparece en el Pacífico durante su vuelo alrededor del mundo.

1938
Abril   Descubrimiento del teflón, una nueva sustancia antiadherente.
Junio   Nace *Superman*, el nuevo héroe del cómic.
Octubre   Las Brigadas Internacionales salen de España.

1939
Febrero   Muere en Colliure (Francia) el poeta Antonio Machado.
Marzo   Termina la guerra civil española.
Septiembre   Los británicos se preparan ante el inminente estallido de la guerra con Alemania.

1940
Junio   Francia capitula ante Alemania.
Abril   Muere el pintor Paul Klee a los 62 años.
Octubre   Lluís Companys, presidente de la Generalitat, es fusilado en Montjuïc.

1941

Enero	Muere el escritor irlandés James Joyce.
Mayo	Estreno de la película *Ciudadano Kane*, de Orson Welles.
Noviembre	Los alemanes encuentran en el crudo invierno ruso a un enemigo insospechado.

1942

Marzo	Muere en la cárcel el poeta Miguel Hernández.
Julio	Los alemanes construyen un campo de exterminio en Treblinka (Polonia).
Diciembre	Se crean en España los Noticiarios Documentales (NO-DO).

1943

Enero	Aplastante derrota de los alemanes en Stalingrado.
Junio	Muere el actor Leslie Howard en un accidente de aviación.
Noviembre	El pintor Jackson Pollock expone por primera vez en Nueva York.

1944

Febrero	Muere el pintor expresionista Edward Munch.
Junio	Desembarco del ejército aliado en Normandía.
Diciembre	Rodolfo Llopis, secretario general del PSOE en el exilio.

1945

Agosto	EE UU lanza la bomba atómica sobre Japón. Ortega y Gasset regresa a España.
Noviembre	Alexander Fleming, premio Nobel de Medicina.

1946
Mayo — EE UU y el Reino Unido proponen la división de Palestina en un Estado judío y otro árabe.
Julio — Se estrena *Encadenados* de Alfred Hitchcock.
Noviembre — Muere en el exilio Manuel de Falla.

1947
Agosto — India logra su independencia.
Noviembre — Comienza la *caza de brujas* en Hollywood.
Primer Festival de Música y Teatro de Edimburgo.

1948
Enero — Gandhi es asesinado por un fanático hindú.
Junio — El poeta inglés T. S. Eliot, premio Nobel de Literatura.
Aparece el primer disco de larga duración (LP).

1949
Febrero — Primera representación en Nueva York de *Muerte de un viajante*, de Arthur Miller.
Mayo — Inauguración de la central térmica de Alcalá de Guadaira (Sevilla).
Octubre — Mao Zedong proclama la nueva República Popular China.

1950
Abril — Muere el bailarín Vaslav Nijinski.
Mayo — Creación de la fábrica de coches Seat.
Junio — Corea del Norte invade Corea del Sur.

1951

Mayo Carrero Blanco entra a formar parte del Gobierno.
Julio Publicación de *El guardián entre el centeno*, de Salinger.
Noviembre Muere George Bernard Shaw.

1952

Julio Fallece Eva Perón.
Mayo En España termina el racionamiento de alimentos.
Noviembre Estreno de *¡Viva Zapata!*, de Elia Kazan.

1953

Marzo Muere Joseph Stalin.
Abril Francis Crick y James Watson descubren la estructura del ADN.
Septiembre El argentino Alfredo di Stefano, jugador del Real Madrid.

1954

Mayo Derogada en Estados Unidos la ley que prohibía a los negros asistir a las escuelas de los blancos.
Noviembre Muere el pintor francés Henri Matisse.
Científicos americanos relacionan el cáncer con el consumo de tabaco.

1955

Febrero Kruschev, nuevo dirigente de la URSS.
Abril Muere Albert Einstein.
Junio Se estrena *La tentación vive arriba*, protagonizada por Marilyn Monroe.

1956
Abril	Independencia de Marruecos.
Noviembre	Brigitte Bardot escandaliza a los americanos con su interpretación en *Y Dios creó a la mujer*.
Diciembre	Juan Ramón Jiménez, premio Nobel de Literatura.

1957
Enero	Muere el actor Humphrey Bogart.
Marzo	Se constituye el Mercado Común Europeo.
Octubre	Graves inundaciones en Valencia.

1958
Octubre	Juan XXIII sucede a Pío XII.
Septiembre	Estreno en Broadway de *West Side Story*, de Leonard Berstein.
Diciembre	De Gaulle es elegido presidente de la República Francesa.

1959
Enero	Triunfa la revolución en Cuba.
Julio	Muere la cantante negra de *jazz* Billie Holliday.
Diciembre	Severo Ochoa obtiene el premio Nobel de Medicina.

1960
Enero	Muere el escritor francés Albert Camus.
Marzo	Violenta represión policial en Sharperville
Septiembre	Descubrimiento en Stonehenge (Inglaterra) de esqueletos de 3.800 años de antigüedad.

1961
Enero	John Fitzgerald Kennedy, presidente de EE UU. Los estudiantes de la Universidad de Barcelona en huelga contra el régimen de Franco.
Mayo	Muere el actor Gary Cooper.

1962

Octubre Se crea la organización pro derechos humanos Amnistía Internacional.
James Bond, interpretado por Sean Connery, nuevo héroe de la pantalla.

Diciembre Vargas Llosa, premio Biblioteca Breve por *La ciudad y los perros*.

1963

Agosto Las playas españolas, repletas de turistas extranjeros.

Noviembre Muere el poeta Luis Cernuda.
Kennedy es asesinado en Dallas.

1964

Febrero Cassius Clay consigue el título mundial de los pesos pesados.

Junio Nelson Mandela, abogado surafricano opuesto a la política del *apartheid*, es enviado a prisión.

Diciembre Kenia logra su independencia y Jomo Kenyatta se convierte en su primer presidente.

1965

Marzo Estados Unidos envía infantes de marina a Vietnam.

Agosto García Calvo, Aranguren y Tierno Galván son expulsados de la Universidad de Madrid.

Diciembre Conceden el Premio Nobel de la Paz a Unicef.

1966

Abril Breznev sucede al derrocado Kruschev.

Julio Manuel Santana, vencedor en Wimbledon.

Noviembre Muere el actor español José Isbert.

1967
Junio	Guerra de los Seis Días entre Israel y los estados árabes vecinos.
Julio	Publicación de *Cien años de soledad*, de Gabriel García Márquez.
Octubre	Muere Ernesto *Che* Guevara a manos del ejército boliviano.

1968
Abril	Martin Luther King es asesinado en Memphis.
Mayo	Los estudiantes se rebelan en París.
Agosto	Los rusos invaden Checoslovaquia.

1969
Marzo	El Partido Laborista llega al poder en Israel con Golda Meir.
Julio	El hombre llega por primera vez a la Luna.
Octubre	Terrible hambruna en Biafra como consecuencia de la guerra civil en Nigeria.

1970
Enero	Huelga de mineros en Asturias.
Septiembre	Muere Jimi Hendrix por una sobredosis de droga.
Octubre	El socialista Salvador Allende es elegido presidente de Chile.

1971
Junio	El Gobierno español cierra la revista *Triunfo*.
Agosto	Se ponen de moda los *minishorts*.
Octubre	Pablo Neruda, premio Nobel de Literatura.

1972
Marzo	Éxito de la película *El padrino*, de Francis Ford Coppola, interpretada por Marlon Brando.

Agosto	Estados Unidos se retira, vencido, de Vietnam.
Noviembre	Encuentran en Kenia un cráneo humano de 2,6 millones de años de antigüedad.

1973

Abril	Un muerto y varios heridos durante los disturbios estudiantiles en la Universidad de Barcelona.
Septiembre	Golpe de Estado militar en Chile.
Diciembre	ETA asesina a Carrero Blanco en Madrid.

1974

Abril	La Academia concede siete Oscar a la película *El Golpe*, interpretada por Paul Newman y Robert Redford.
Mayo	El Barcelona, campeón de Liga.
Agosto	Dimite el presidente de Estados Unidos, Richard Nixon, por el escándalo Watergate.

1975

Octubre	El disidente soviético Andrei Sajarov, premio Nobel de la Paz.
Noviembre	Es asesinado el director de cine Pier Paolo Pasolini.
	El príncipe Juan Carlos se convierte en rey de España.

1976

Mayo	Aparece en España el diario *El País*.
Junio	La policía surafricana abre fuego en Soweto contra una manifestación de 10.000 escolares.
Diciembre	Santiago Carrillo es detenido en Madrid.

1977
Enero	Asesinados cinco abogados laboralistas en Madrid.
Mayo	La película *La guerra de las galaxias* llena los cines de Estados Unidos.
Septiembre	Muere el líder negro surafricano Steve Biko tras recibir una paliza en una cárcel de Pretoria.

1978
Mayo	Secuestrado en Italia el ex primer ministro Aldo Moro.
Julio	Nace en el Reino Unido el primer bebé probeta.
Diciembre	Se estrena la película *Superman*, interpretada por Christopher Reeve.

1979
Mayo	Margaret Thatcher gana las elecciones en el Reino Unido.
Junio	Muere en Madrid el poeta Blas de Otero y, en Estados Unidos, el actor John Wayne.
Julio	El Frente Sandinista de Liberación Nacional pone fin al gobierno de Anastasio Somoza.

1980
Abril	Mueren el filósofo Jean-Paul Sartre y el director de cine Alfred Hitchcock.
Noviembre	El actor Ronald Reagan gana las elecciones norteamericanas.
Diciembre	Un perturbado mata a John Lennon en Nueva York.

1981
Febrero	Intento de golpe de Estado en España.
Julio	El príncipe de Gales se casa con Diana Spencer.
Diciembre	Elías Canetti, premio Nobel de Literatura.

1982
Octubre   El PSOE gana las elecciones generales.
Noviembre   Se inaugura en Washington un monumento a los caídos en Vietnam.
Diciembre   García Márquez, premio Nobel de Literatura.

1983
Febrero   El gobierno socialista despenaliza el aborto bajo tres circunstancias.
Agosto   Muere el pintor español Joan Miró.
Octubre   Estados Unidos viola el Derecho Internacional al invadir la isla de Granada.

1984
Abril   Se confirma el hallazgo del virus causante del sida.
Octubre   Indira Gandhi es asesinada por un miembro sij de su guardia personal.
Diciembre   El obispo surafricano Desmond Tutu, premio Nobel de la Paz.

1985
Octubre   Muere el actor Rock Hudson a consecuencia del sida.
Septiembre   Encuentran los restos del *Titanic*.
Noviembre   Mijail Gorbachov y Ronald Reagan se reúnen en privado durante más de seis horas.

1986
Abril   Desastre nuclear en Chernobyl.
Junio   El PSOE gana por segunda vez las elecciones con mayoría absoluta.
             Muere el escritor Jorge Luis Borges.

1987
Junio — Bomba de ETA en el Hipercor de Barcelona: mueren quince personas.
Julio — El grupo irlandés U2 triunfa en Madrid.
Noviembre — Vientos huracanados asolan el Reino Unido.

1988
Enero — Sublevación palestina en Gaza.
Mayo — *Perico* Delgado gana el Tour de Francia.
Diciembre — Un *jumbo* norteamericano explota sobre la población escocesa de Lockerbie.

1989
Junio — Los tanques chinos reprimen brutalmente una manifestación estudiantil en la plaza de Tiananmen.
Noviembre — Cae el muro que dividió Berlín en dos mitades durante veintiocho años.
Muere en Madrid Dolores Ibarruri *Pasionaria*.

1990
Febrero — Tras veintisiete años en prisión, el gobierno surafricano libera a Nelson Mandela.
Mayo — La carne de las *vacas locas* británicas vedada en dieciocho países.
Diciembre — Octavio Paz, premio Nobel de Literatura.

1991
Marzo — La hambruna causa estragos en Sudán.
Octubre — El ejército yugoslavo, controlado por los serbios, bombardea Dubrovnik.
Noviembre — Muere el cantante Freddie Mercury a causa del sida.

1992
Agosto   Se difunden por televisión imágenes de los campamentos serbios de prisioneros.
Julio   Se celebran los Juegos Olímpicos en Barcelona.
Diciembre   Los príncipes de Gales se separan.

1993
Abril   Fallece el padre del Rey, don Juan de Borbón.
Septiembre   El primer ministro israelí, Isaac Rabin y el dirigente de la OLP, Yasir Arafat, firman un acuerdo con el fin de lograr una paz duradera.
Diciembre   El Banco de España destituye a Mario Conde de su cargo en el Banesto.

1994
Febrero   Matanza de civiles en Sarajevo.
Abril   Mandela, presidente de Suráfrica.
              Se suicida Kurt Cobain, el cantante del grupo norteamericano Nirvana.

1995
Enero   Terremoto de 7,2 grados en la escala de Richter en Kobe (Japón).
Noviembre   Muere el director de cine Louis Malle.
              La dictadura militar de Nigeria ejecuta al escritor Saro-Wiwa.

1996
Marzo   Científicos escoceses logran la clonación de una oveja.
              Un perturbado mental asesina a dieciséis niños y a su profesora en una escuela de la localidad escocesa de Dunblane.
Septiembre   Los fundamentalistas islámicos se apoderan de la capital de Afganistán.

1997
Mayo	El laborista Tony Blair gana las elecciones en el Reino Unido.
Agosto	Diana de Gales muere en un accidente de coche.
Octubre	Se inaugura en Bilbao el Museo Guggenheim.

1998
Abril	Esperanzas de paz en Irlanda tras la firma de un acuerdo histórico entre unionistas y nacionalistas.
Mayo	Muere el cantante Frank Sinatra.
Julio	Francia gana el Mundial de Fútbol.

1999
Junio	Las tropas de paz de la K-FOR entran en Kosovo.
Julio	Muere el rey de Marruecos, Hassan II.
Diciembre	Preocupación en el mundo por el "efecto 2000".

2000
Marzo	El PP gana las elecciones generales y consigue la mayoría absoluta.

APÉNDICE 3

Cronología de Alfredo Di Stéfano

1926
El 4 de julio nace en Buenos Aires, en el barrio de La Boca, Alfredo Estéfano di Stéfano, hijo primogénito de Alfredo di Stéfano (que había sido jugador de River Plate entre 1910 y 1912, hasta que una lesión de rodilla le obligó a dejar el fútbol) y de Eulalia Laulhé.

1928
Nace Tulio, segundo hijo del matrimonio.

1931
Nace Norma, que completa la familia.

1933
El joven Alfredo di Stéfano ingresa en su primer equipo, "Once y Venceremos". Le apodan *Minellita* por su parecido con Minella, medio centro del River Plate.

1937
La familia se muda del barrio de La Boca al barrio de Flores, donde Di Stéfano se enrola en un nuevo equipo, el Imán.

1940
La familia adquiere propiedades en el campo y traslada su residencia a Los Cardales, en la provincia de Buenos Aires, aunque mantiene la casa en la capital. Alfredo di Stéfano deja los estudios para trabajar con su padre en las tareas del campo, al tiempo que juega en equipos de la zona.

1944
Acude a una prueba a River y es aceptado. Sólo pasan la prueba dos de los 32 jóvenes que citaron ese día. Ese año juega en cuarta, tercera, reserva y amistosos con el primer equipo.

1945

Di Stéfano juega en la Tercera de River. Tiene la ocasión de debutar en Primera por una lesión de Muñoz, el extremo derecha de *La Máquina* (como se conocía a la delantera de River) el 13 de abril. Pero la víspera muere Teodoro Roosevelt, el presidente de Estados Unidos, y el campeonato argentino suspende una fecha en señal de luto. Al domingo siguiente, Muñoz está recuperado y Di Stéfano se queda sin debutar. La ocasión le llega por fin el 15 de julio, ante Huracán. Ocupa el puesto de extremo derecha en la delantera de River, que ese día forma así: Soriano; Vaghi, Eduardo Rodríguez; Yácono, Rossi, Ramos; Di Stéfano, Gallo, Pedernera, Labruna y Loustau. Tras este partido, que River pierde por 2-1, vuelve a la Tercera. River ganará el campeonato esta temporada.

1946

Di Stéfano es cedido por River a Huracán, donde juega en el primer equipo como titular. Acumula veinticinco partidos y diez goles.

1947

Regresa a River, cuyo ataque este año es Reyes, Moreno, Di Stéfano, Labruna y Loustau. Juega los treinta partidos del campeonato y marca veintisiete goles, lo que le hace máximo goleador de Argentina. River es campeón con este equipo base: Grisetti; Vaghi, Ferreira; Yácono, Néstor Rossi, Ramos; Reyes, Moreno, Di Stéfano, Labruna y Loustau. Un periodista, Roberto Neuberger, le colocó el apodo de "La Saeta Rubia", que hizo fortuna. La hinchada de River saludaba sus arrancadas con este cántico: "Socorro, socorro, se viene La Saeta con su propulsión a chorro." Ese mismo año integra la Selección argentina que acude al campeonato Suramericano de Guayaquil. Argentina gana el título y Di Stéfano marca seis goles en seis partidos. Queda a un gol del máximo goleador del campeonato, el uruguayo Falero. Argentina jugó con Cozzi; Colman, Sobrero; Yácono, Perucca, Pescia; Boyé, Tucho Méndez, Di Stéfano, Moreno y Loustau.

1948
Una huelga paraliza el campeonato argentino. Di Stéfano rueda una película, cuyo título es *Con los mismos colores* y prepara su marcha a Colombia, como muchos otros jugadores argentinos. Atrás dejará una carrera en el campeonato argentino con 66 partidos y 49 goles.

1949
Juega en el Millonarios de Bogotá junto a otros ex compañeros de River y gana el campeonato de Colombia. El equipo base está formado por Cozzi; Pini, Zuloaga; Ramírez, Rossi, Soria; Reyes, Báez, Di Stéfano, Pedernera y Mourín. También juegan Stemberg, Banegas, Aguilera, Castillo y González. El equipo es conocido como El Ballet Azul.

1950
Se casa, el 5 de enero, con Sara Freire, su novia de Buenos Aires, una argentina de origen gallego. El matrimonio se instala en Bogotá. El Millonarios es segundo en el campeonato, tras el Once de Caldas.

1951
Nace en Bogotá Nanette, primera hija del matrimonio. Millonarios vuelve a ser campeón de Colombia.

1952
Nace, también en Bogotá, Silvana, segunda hija del matrimonio. Millonarios gana su tercer título en cuatro años.

1953

Di Stéfano decide abandonar Colombia y regresar a Buenos Aires, decidido a dejar el fútbol. Para entonces ha adquirido un miedo casi invencible al avión. Deja atrás una carrera en Colombia con 294 partidos y 267 goles. Pero una vez en Buenos Aires, recibe una oferta del Barcelona que le hace desistir de su idea de dejar el fútbol. Viaja a España donde, tras un pleito entre el Barça y el Madrid (el Barça había comprado sus derechos al River y el Madrid al Millonarios), termina por fichar por el Madrid, con el que debuta oficialmente en la tercera jornada de Liga, en Santander, el 27 de septiembre.

1954

El Madrid sale campeón de Liga por primera vez desde 1933. Di Stéfano ha jugado 28 partidos y marcado 27 goles. Es máximo goleador del campeonato. El Madrid juega habitualmente con Pazos; Navarro, Oliva, Lesmes; Muñoz, Zárraga; Joseíto, Olsen, Di Stéfano, Molowny y Gento.

1955

Nace en Madrid Alfredo, el primer varón del matrimonio. El Madrid vuelve a salir campeón de Liga. Di Stéfano juega treinta partidos y marca veinticinco goles. El equipo está formado por Alonso; Navarro, Marquitos, Lesmes; Muñoz, Atienza II; Joseíto, Pérez Payá, Di Stéfano, Rial y Gento.

1956

El Madrid gana la primera edición de la Copa de Europa, con victoria por 4-3 en la final, en París, contra el Stade Reims. Di Stéfano marca un gol en la final en la que el Madrid juega con: Alonso; Atienza, Marquitos, Lesmes; Muñoz, Zárraga; Joseíto, Marsal, Di Stéfano, Rial y Gento. En octubre se nacionaliza español.

1957

En este año el Real Madrid gana Liga y Copa de Europa. Di Stéfano marca en la Liga 31 goles en treinta partidos y es máximo goleador del campeonato. En la Copa de Europa, el Madrid bate a la Fiorentina en Madrid por 2-0. Marca un gol en la final, de penalti. Juegan; Alonso; Torres, Marquitos, Lesmes; Muñoz, Zárraga; Kopa, Mateos, Di Stéfano, Rial y Gento. El 30 de enero de este año debuta con la Selección española en Madrid contra Holanda. Marcó tres goles. Para un resultado final de 5-1. *France Football* le otorga a Di Stéfano el Balón de Oro como mejor jugador europeo del año.

1958

Nace en Madrid Elena, que eleva el número de hijos a cuatro. El Madrid vuelve a ganar la Liga y la Copa de Europa. En Liga, Di Stéfano juega treinta partidos y marca diecinueve goles. En la Copa de Europa, el Madrid gana en la final al Milán 3-2, en Bruselas, tras una prórroga. Un gol de Di Stéfano. Juegan: Alonso; Atienza, Santamaría, Lesmes; Santisteban, Zárraga; Kopa, Joseíto, Di Stéfano, Rial y Gento.

1959

El Madrid es segundo en la Liga y gana su cuarta Copa de Europa consecutiva. En la Liga Di Stéfano es máximo goleador, con veintitrés goles en veintiocho partidos. De nuevo marca un gol en la final, en la que el Madrid bate por 2-0 al Stade Reims en Stuttgart. Juegan: Domínguez; Marquitos, Santamaría, Zárraga; Santisteban, Ruiz; Kopa, Mateos, Di Stéfano, Rial y Gento. Di Stéfano vuelve a ganar el Balón de Oro de *France Football*.

1960

El Madrid es segundo en la Liga con doce goles de Di Stéfano en veintitrés partidos. Gana su quinta Copa de Europa consecutiva. La final es ante el Eintracht de Francfort, en Glasgow. Gana el Madrid por 7-3, con tres goles de Di Stéfano. Juegan Domínguez; Marquitos, Santamaría, Pachín; Vidal, Zárraga; Canario, Del Sol, Di Stéfano, Puskas y Gento. Se instituye la Copa Intercontinental entre los campeones de América y Europa. La gana el Madrid ante el Peñarol de Montevideo, con 0-0 en el partido de ida, en Uruguay, y 5-1 en el de vuelta, en Madrid, con un gol de Di Stéfano. En estos dos partidos juegan los mismos de la final de la Copa de Europa más Manolín Bueno (por Gento en Montevideo) y Chus Herrera (por Canario en Madrid).

1961
El Madrid gana la Liga. Di Stéfano marca veintiún goles en veintitrés partidos. El equipo base es: Vicente; Marquitos, Santamaría, Casado; Vidal, Pachín; Canario, Del Sol, Di Stéfano, Puskas y Gento.

1962
El Madrid gana la Liga con diez goles de Di Stéfano en veintitrés partidos y la Copa de España, en la que bate al Sevilla por 2-0 en la final. El equipo base de la temporada es: Araquistáin; Miera, Santamaría, Casado; Isidro (Félix Ruiz), Pachín; Tejada, Del Sol, Di Stéfano, Puskas y Gento, aunque en la final de Copa jugó Marquitos y no Casado. Es finalista de la Copa de Europa y cae derrotado en Amsterdam por 5-3. Di Stéfano acude al Mundial de Chile con la Selección española, pero una dolencia en la espalda le impide jugar. Ya no volverá a ser llamado a la Selección española, en la que completó 31 partidos con 23 goles.

1963
El Madrid gana la Liga con doce goles de Di Stéfano en trece partidos. El equipo es: Vicente; Isidro, Santamaría, Casado (Pachín); Muller, Zoco; Amancio, Félix Ruiz, Di Stéfano, Puskas y

Gento. Es seleccionado como capitán de la Selección Mundial que se enfrenta a Inglaterra en Wembley el 23 de octubre, partido que celebraba el centenario de la creación del fútbol. Jugaron Yachin; Djalma Santos, Popluhar, Schnellinger; Pluskal, Masopust; Kopa, Law, Di Stéfano, Eusebio y Gento. También jugaron Soskic, Eyzaguirre, Baxter, Seeler y Puskas.

1964
El Madrid gana la Liga con once goles de Di Stéfano en veinticuatro partidos. Es finalista de Copa de Europa pero pierde ante el Inter por 3-1 en Viena. El Madrid sale con: Vicente; Isidro, Santamaría, Pachín; Muller, Zoco; Amancio, Felo, Di Stéfano, Puskas y Gento. Es el equipo titular de la Liga, aunque Félix Ruiz y Evaristo jugaron muchos partidos en el lugar de Felo. Este es el último encuentro de Di Stéfano en el Madrid, que deja atrás un registro de 49 goles marcados en la Copa de Europa, aún no igualado. En total, Di Stéfano jugó en el Madrid 518 partidos oficiales con 418 goles. En verano ficha por el Español de Barcelona.

1965
El Español es undécimo con siete goles de Di Stéfano en veinticuatro partidos.

1966
El Español es duodécimo con cuatro goles de Di Stéfano en veintitrés partidos. Decide dejar el fútbol.

1967
Ficha como entrenador del Elche para la temporada 1967-1968. Hay conflictos en el club y cesa a mitad de temporada.

1968
A final de año ficha por el Boca Juniors.

1969
Sigue creciendo la familia. Nace Sofía en Madrid mientras su padre, entrenador del Boca Juniors, está en Buenos Aires. Di Stéfano consigue con Boca Juniors el campeonato argentino con una derrota, tres empates y todos los demás partidos ganados. El equipo tipo era: Rubén Sánchez, Rogel, Meléndez, Rogel, Marzolini; Medina, Madurga, Savoy; Ponce, Rojitas y Peña.

1970
Di Stéfano regresa a España y ficha como entrenador por el Valencia.

1971
Nace en Madrid Ignacio, sexto y último hijo de la familia. Di Stéfano saca campeón de Liga al Valencia, que no lo era desde 1947. El equipo tipo era: Abelardo; Tatono, Sol, Aníbal, Antón; Paquito, Claramunt; Sergio o Poli, Forment, Pellicer y Claramunt II o Valdez. El Valencia alcanza la final de Copa, que pierde ante el Barcelona.

1972
Sigue entrenando al Valencia, que es segundo en la Liga y finalista en la Copa, cuya final pierde ante el Atlético.

1973
Sigue en el Valencia, que finaliza sexto en la Liga.

1974
Última temporada en su primera época en el Valencia. El equipo termina décimo.

1975
Ficha por el Rayo Vallecano, en la Segunda división española. No termina la temporada.

1976
Ficha por el Castellón, de nuevo en Segunda División.

1977
El Castellón termina el campeonato en decimocuarta posición.

1978
No entrena.

1979
Vuelve a entrenar al Valencia.

1980
El Valencia termina sexto el campeonato de Liga y se proclama campeón de la Recopa al batir en la final en Bruselas al Arsenal. El Valencia jugó la final con: Pereira; Carrete, Botubot, Arias, Tendillo; Solsona, Saura, Bonhof, Subirats (Castellanos); Kempes y Pablo.

1981
Ficha por el River Plate y consigue el título del campeonato argentino, con diez victorias, ocho empates y dos derrotas. El equipo tipo fue: Fillol; Saporiti, Passarella, Olarticoechea, Tarantini; Merlo, Gallego, Bulleri; Ramón Díaz, Kempes y Comisso. Se convierte en el primer entrenador que consigue el título con Boca Juniors y River Plate.

1982
Empieza el año en River Plate, pero lo deja en mayo para regresar a España, tras terminar décimo en el campeonato metropolitano. Regresa a España y ficha por el Real Madrid.

1983
El Madrid es segundo en todas las competiciones en que participa: Liga, Copa, Recopa, Supercopa y Copa de la Liga.

1984
Sigue en el Madrid a cuyo primer equipo asciende a cuatro de los cinco miembros de La Quinta del Buitre: Sanchís, Martín Vázquez, Butragueño y Pardeza. El Madrid es de nuevo segundo en la Liga.

1985
No entrena.

1986
Se incorpora a final de la temporada 1985-1986 al Valencia, que está en dificultades, y no consigue evitar su descenso a Segunda División, categoría en la que no había militado el club desde 1931.

1987
Sigue en el Valencia al que saca campeón de Segunda División y asciende en consecuencia. El equipo tipo fue: Sempere; Quique, Arias, Voro, Revert; Bossio, Giner, Fernando, Subirats; Alcañiz y Fenoll.

1988
Completa la temporada en Primera División con el Valencia, que finaliza en decimocuarta posición. Di Stéfano deja el club.

1989
France Football le distingue como el mejor jugador europeo de los últimos treinta años. El Madrid lo incorpora como asesor de la Presidencia, función que aún mantiene.

1990
El Madrid destituye a su entrenador, Toshack, y le pide a Di Stéfano que se haga cargo provisionalmente del equipo, con José Antonio Camacho como ayudante. Con él como entre-

nador, el Madrid gana la Supercopa ante el Barcelona, con un celebradísimo gol de Aragón. El Madrid jugó con Buyo; Chendo, Hierro, Sanchís, Solana; Michel, Maqueda, Aragón, Villarroya; Butragueño (Aldana) y Hugo Sánchez (Losada).

1991
Di Stéfano abandona el equipo y es sustituido por Antic. Ya no entrenará más.

Apéndice 5

Cronología sobre fútbol

1926
Por primera vez es radiado en directo un partido de fútbol. Se trata de la final de la Copa de Inglaterra, disputada entre el Bolton Wanderers y el Manchester City. La transmisión sólo pudo ser seguida desde determinados locales públicos.

1927
En España se debate con pasión la creación del Campeonato de Liga, para jugar la competición por el sistema de todos contra todos, a dos vueltas. Hay un fuerte debate entre minimalistas, que consideran que esta competición sólo deben disputarla los equipos que hasta el momento hubieran ganado alguna vez la Copa, y los maximalistas, que pretendían abrirla a otros equipos.

1928
Hay acuerdo y se crea el Campeonato de Liga en España, según el modelo puesto en marcha en Inglaterra desde 1888 y que ya se había extendido a otros países. Se disputan los Juegos Olímpicos de Amsterdam, a los que el fútbol acude ante la desconfianza de la organización, que entiende que este deporte empieza a estar seriamente invadido por el profesionalismo, perseguido entonces por el movimiento olímpico. El torneo se desarrolla entre críticas y polémicas y finalmente lo gana Uruguay, que bate en la final a Argentina, por 2-1. (Final de desempate. La primera había terminado 1-1.) En Inglaterra, Herbert Chapman, *manager* del Arsenal, crea la WM y adopta la iniciativa de dotar a sus jugadores de números en los dorsales. Las cuatro federaciones británicas se separan de la FIFA.

1929
En España se inicia el Campeonato de Liga, cuya primera edición gana el Barcelona. Por otra parte, la Selección espa-

ñola se convierte en el primer equipo continental capaz de batir a la selección profesional de Inglaterra. Los inventores del fútbol cayeron por 4-3 en Madrid, el 15 de mayo. En el mundo, Jules Rimet, presidente de la FIFA, consigue poner en marcha la creación de una Copa del Mundo de fútbol, dado que este deporte no es bien visto en los Juegos Olímpicos. En el congreso de la FIFA, en Barcelona, se decide que el primer Mundial se dispute en Uruguay, en reconocimiento a sus victorias en los torneos olímpicos de 1924 y 1928.

1930
Se disputa en Uruguay la primera Copa del Mundo, que gana Uruguay, batiendo de nuevo en la final a Argentina, por 4-2. El fútbol del Río de la Plata va adquiriendo así gran resonancia mundial. Al campeonato sólo acudieron cuatro equipos europeos: Francia, Bélgica, Rumania y Yugoslavia. El Español traspasa a Ricardo Zamora al Real Madrid por 200.000 pesetas, cantidad que escandaliza en la época.

1931
La proclamación de la II República Española supone que el Real Madrid pierda el título "real" y la corona de su escudo. Recupera su nombre original, Madrid C. F., que mantendrá hasta 1940.

1932
El fútbol no acude a los Juegos Olímpicos de Los Ángeles a causa del debate sobre el profesionalismo.

1933
La final de la Copa de Inglaterra adopta la iniciativa de Chapman y los jugadores salen numerados: del 1 al 11 los del Everton y del 12 al 22 los del Manchester City.

1934
Se disputa la segunda Copa del Mundo, en Italia. Gana Italia en pleno apogeo del fascismo. Bate en la final a Checoslovaquia por 2-1. Uruguay no acude a este Mundial, despechada por la baja participación europea en el que había organizado cuatro años antes.

1935
Stanley Rous reordena la redacción del Reglamento del Fútbol, que desde entonces apenas ha sufrido alteraciones. La sencillez de la redacción alcanzada por Rous, que permitirá que sea comprendido por todas las culturas y en todas las latitudes, se considera esencial en el gran desarrollo posterior del fútbol.

1936
El fútbol participa en los JJ. OO. de Berlín con selecciones formadas por *amateurs* más o menos puros. Gana Italia. Annibale Frossi, un jugador con gafas, marca siete goles para el equipo campeón a lo largo del torneo. En España, termina su gloriosa carrera de la mejor manera posible el legendario Ricardo Zamora: ganando la Copa. En los últimos instantes del partido realizó una legendaria parada que salvó la victoria de su último equipo, el Madrid, por 2-1 sobre el Barcelona.

1937
Es transmitida por televisión la final de la Copa de Inglaterra. (Sunderland 3, Preston North End 1). Se calcula que sólo pudieron verla 10.000 personas.

1938
El tercer Mundial se disputa en Francia. De nuevo lo gana Italia, que bate en la final a Hungría por 4-2. Con motivo del LXXV aniversario del fútbol se disputa un encuentro

Inglaterra-Resto de Europa. En partido internacional contra Irlanda, el inglés Willie Hall marca tres goles en tres minutos.

1939
Se reanudan los campeonatos de fútbol en España tras la Guerra Civil. Pero el inicio de la II Guerra Mundial obligará a suspender las grandes competiciones internacionales hasta 1948 (JJ.OO.) y 1950 (Copa del Mundo).

1940
Nace en Três Coraçoes, en el estado brasileño de Minas Gerais, Edson Arantes do Nascimento, que alcanzará gloria en el fútbol con el sobrenombre de *Pelé*.

1941
La Selección española reanuda sus encuentros internacionales, suspendidos desde 1936. Empata en Lisboa con Portugal. Gana a Portugal en Bilbao y a Suiza en Valencia.

1942
Por primera vez juegan juntos en el equipo del River Plate Muñoz, Moreno, Pedernera, Labruna y Loustau. Esta delantera mítica será conocida como "La Máquina". Los nazis fusilan al equipo del Dinamo de Kiev en represalia por haberles ganado un partido amistoso. Este episodio inspirará años más tarde la película *Evasión o Victoria*.

1943
Santiago Bernabéu accede a la presidencia del Real Madrid. Se produce en España el primer ensayo de partido con luz artificial, en un partido entre el Atlético Aviación y el Valencia, en el ya desaparecido estadio Metropolitano.

1944
El 27 de octubre se bendicen los terrenos y comienzan las obras del nuevo estadio de Chamartín. Bernabéu da el primer golpe de pico simbólico.

1945
Debuta en el Madrid en partido oficial el primer jugador extranjero de la posguerra, el mexicano Borbolla.

1946
Comienza en España el juego de las Quinielas. Aparece *France Football*, que con los años creará el Balón de Oro. Regresan al seno de la FIFA las cuatro federaciones británicas.

1947
Llegan a España los números en las camisetas. Los estrena el Madrid por iniciativa de su secretario técnico, Hernández Coronado, y el día del estreno pierde por 5-0 ante su eterno rival, el Atlético de Madrid. Nace en Amsterdam Johan Cruyff. Se inaugura en Madrid el Nuevo Chamartín, más tarde llamado estadio Santiago Bernabéu.

1948
Se reanudan los JJ. OO., suspendidos durante la Guerra Mundial. La ciudad escogida es Londres y el campeonato de fútbol lo gana Suecia. El fútbol argentino y uruguayo se paralizan por una huelga masiva, que constituye el movimiento reivindicativo de los futbolistas más importante hasta la época. Muchos jugadores de ambos países se van a Colombia, que instaura una Liga al margen de la autoridad de la FIFA. Adolf Dassler crea en Alemania la firma Adidas.

1949
Se estrella en accidente aéreo el Torino, tenido por el mejor equipo de la época. Su avión se estrelló contra la Basílica de

Superga, muy cerca de Turín, cuando regresaba de jugar un partido amistoso en Lisboa. No hubo supervivientes. Comienzan en Río de Janeiro las obras de Maracaná, el estadio más grande del mundo.

1950
Se reanuda la Copa del Mundo. Esta cuarta edición se celebra en Brasil y la final la gana por 2-1 Uruguay sobre el propio equipo local. Es una de las grandes sorpresas de la historia del fútbol, que se conoce como El Maracanazo. España tiene su mejor actuación hasta la fecha en la Copa del Mundo, clasificándose en cuarta posición. Este es el primer mundial en que se utilizan los números en las camisetas.

1951
Debutan en el Real Madrid sus dos primeros fichajes argentinos, antecedentes del de Di Stéfano: Imbelloni (del San Lorenzo) y Olsen (del Racing).

1952
Juegos Olímpicos en Helsinki. El campeonato de fútbol lo gana Hungría, que ha confeccionado una gran selección en torno a Puskas, que terminará su carrera en el Real Madrid, con Di Stéfano. Después de dos años de duelo por su derrota ante Uruguay vuelve a jugar la selección de Brasil, que abandona el color blanco con ribetes azules, utilizado hasta el fatídico día, y adopta la amarilla con ribetes verdes.

1953
Hungría gana por 3-6 en Wembley a Inglaterra. Es la primera derrota de la historia que sufre la selección inglesa en su campo. Es también la derrota de la WM ante el 4-2-4, novedad puesta en práctica por la selección húngara. *The Time* titula en portada "The Match of the Century" ("El partido del siglo"). La final de la Copa de Inglaterra de ese año

(Blackpool 4, Bolton 3) pasará a la historia como "La Final de Matthews" por la exhibición de este jugador.

1954
Copa del Mundo en Suiza. La final la alcanzan Hungría y la RFA (Alemania Occidental) y, en una monumental sorpresa, Alemania gana por 3-2. El mítico Jules Rimet deja, después de treinta y tres años, la presidencia de la FIFA, que pasa a ocupar el belga Rodolphe Seedrayers. Comienza en España *Carrusel Deportivo*, programa de radio que conecta en directo con todos los campos para dar los goles al instante. Se crea la UEFA.

1955
En París, en la sede del periódico francés *L'Equipe*, se alcanza el acuerdo para la creación de la Copa de Europa de campeones de Liga, cuyas cinco primeras ediciones ganará el Real Madrid de Di Stéfano. El inglés Arthur Drewry sucede a Seedrayers al frente de la FIFA.

1956
El Real Madrid, liderado por Alfredo di Stéfano, gana la primera Copa de Europa. JJ. OO. de Melbourne: la competición de fútbol la gana la URSS. Como todos los demás países de su esfera, no reconocía el profesionalismo en su fútbol. Sus jugadores tenían la consideración de deportistas *amateurs*, porque sus sueldos les eran proporcionados por supuestos servicios como funcionarios del Estado.

1957
Comienza a disputarse la Copa de Ferias, antecedente de la Copa de la UEFA. La primera edición la ganará al año siguiente el Barcelona. Debuta Pelé en la selección brasileña contra Argentina. Tenía dieciséis años y ocho meses.

1958
Copa del Mundo de Suecia. La gana Brasil, que se impone en la final al equipo local, Suecia, por 5-2. En Brasil aparece un jovencísimo Pelé (diecisiete años), que deslumbra.
Comienzan las primeras eliminatorias de la Copa de Europa de Selecciones Nacionales (Eurocopa), iniciativa lanzada por Henry Delauney, secretario general de la UEFA, que murió poco antes de ver culminada su obra. Ocho jugadores del Manchester United mueren en el aeropuerto de Munich en accidente aéreo. Entre los supervivientes están Bobby Charlton y el *manager* Matt Busby.

1959
Se decide en América crear la Copa Libertadores, a semejanza de la Copa de Europa. Se decide igualmente que los campeones de ambos continentes se enfrenten en la Copa Intercontinental.

1960
El Peñarol gana la primera Copa Libertadores. El Real Madrid de Di Stéfano le bate en la Copa Intercontinental. La primera edición de la Eurocopa la gana la Selección de la URSS. Nace en una de las villas miseria que rodean Buenos Aires Diego Armando Maradona.

1961
Arranca una nueva competición europea, la Copa de Europa de Campeones de Copa, Recopa. La primera edición la gana la Fiorentina. En la FIFA, Stanley Rous sucede a su compatriota Drewry. El Inter de Milán paga un traspaso de 25 millones por Luis Suárez, del Barcelona, cantidad que escandaliza en la época. Se estrella en accidente aéreo el equipo chileno Gren Cross, de Temuco. No hay supervivientes.

1962
Mundial de Chile. Lo gana Brasil (3-1 en la final ante Checoslovaquia). El Ipswich Town gana la Liga inglesa tras una meteórica carrera, que le llevó de Tercera a Segunda y de Segunda al título en primera en dos años. Lo entrenaba Alf Ramsey, que se acreditó así para ser seleccionador inglés cara al Mundial de 1966, a disputar precisamente en Inglaterra.

1963
Se celebra el Centenario del Fútbol con un partido en Wembley: Inglaterra-Resto del Mundo. Di Stéfano capitanea la selección mundial. Nace la Bundesliga, liga estatal en la República Federal de Alemania, donde hasta entonces sólo se jugaban ligas regionales.

1964
Segunda edición de la Eurocopa, que gana España, batiendo en la final a la URSS por 2-1, con el mítico gol de Marcelino. El partido se disputó en Madrid el 21 de junio. Un movimiento de pánico en el Estadio Nacional de Lima provoca 318 muertos entre el público en el partido Perú-Argentina. Hungría gana el campeonato olímpico de fútbol.

1965
Se ensaya el fútbol sin *off-side*. Fue entre dos equipos escoceses, el Heart of Midlothian y el Kilmarnock. El partido termina 8-2 y confirma que el fútbol se desvirtúa, convirtiéndose en una sucesión de balonazos de un área a otra. Se retira, a la edad de cincuenta años y cuatro meses, Stanley Matthew, con la camiseta del Stoke City. Se le dedica un homenaje mundial.

1966
Inglaterra gana el Mundial que se organiza en su isla. Gana la final en la prórroga a Alemania por 4-2, con un gol fantas-

ma de George Hurst. Las filmaciones demostrarían más tarde que el gol (el primero de la prórroga) no entró. Yugoslavia se convierte en el primer país comunista que admite el fútbol profesional.

1967
International Board decide la creación de las tarjetas para amonestaciones y expulsiones (amarilla y roja), para evitar en el futuro situaciones como la creada con ocasión de la expulsión del argentino Rattin o la reiterada dureza del inglés Stiles en el Mundial de Inglaterra. Las tarjetas serán estrenadas en el siguiente Mundial, en México. Nace la North American Soccer League, NASL, campeonato de fútbol profesional de los Estados Unidos, que servirá de retiro dorado a grandes estrellas mundiales. Francisco Franco alcanza un pleno en las quinielas en la jornada 37. Gana 900.333,10 pesetas. Por primera vez gana la Copa de Europa un equipo no latino: el Glasgow Rangers, y su triunfo lanza la expresión "fútbol-fuerza".

1968
Gana la Eurocopa Italia, tras desempate con Yugoslavia. En España, el masivo lanzamiento de botellas en el Bernabéu con ocasión de la final de Copa (Barcelona 1, Madrid 0) da lugar a la prohibición para el futuro de la venta de envases de vidrio en los estadios. La final será recordada como "la final de las botellas". Hungría gana el campeonato olímpico de fútbol.

1969
Pelé marca su gol número 1.000, de penalti, en el partido Santos-Vasco de Gama. Honduras y El Salvador entran en guerra, llamada "La Guerra del Fútbol", desencadenada por los incidentes ocurridos en los partidos disputados entre sus respectivas selecciones en la fase de clasificación para el

Mundial México-70. La Federación Inglesa admite el fútbol femenino.

1970
Brasil gana el Mundial de México, batiendo 4-1 a Italia en la final. Se otorga a Brasil en propiedad la copa Jules Rimet, que era el trofeo que se venía entregando en cada edición al campeón del mundo. A partir de ese año, se disputa una copa de distinto formato. Pelé hizo un gran campeonato.

1971
Pelé juega su partido número 1.000: Santos contra Transvaal de Surinam. Llega el fútbol total: el Ajax gana su primera Copa de Europa, ante el Panathinaikos.

1972
La RFA gana la Eurocopa frente a la URSS. Checoslovaquia gana el campeonato olímpico de fútbol.

1973
España vuelve a autorizar la importación de extranjeros, que estaba prohibida desde el fracaso del Mundial de Chile (1962). En la primera remesa llegan Cruyff (al Barça) y Netzer (al Madrid).

1974
LA RFA gana la Copa del Mundo, al batir en la final a Holanda por 2-1. Es el primer Mundial con controles *antidoping*. El haitiano Jean Joseph da positivo y es expulsado de la competición. En el curso del campeonato tuvieron que enfrentarse las dos Alemanias. Ganó la RDA con gol de Sparwaser, lo que no impidió que al final el título fuese para los occidentales. El brasileño João Havelange asume la presidencia de la FIFA.

1975
Pelé deja el Santos y ficha por el Cosmos de Nueva York, donde se juntará con Beckenbauer, Carlos Alberto y Chinaglia, entre otros.

1976
Checoslovaquia gana la Eurocopa ante la prestigiosísima selección de la RFA. La victoria llega en la tanda de lanzamientos desde el punto de penalti y con el llamado "penalti de Panenka". El torneo olímpico de fútbol lo gana la RDA (Alemania Oriental). Por primera y única vez en su carrera, Pelé es suplente. Zagallo le tuvo en el banquillo durante buena parte del Brasil-Bulgaria, jugado en Morumbí. Entró con el número 13.

1977
Pelé deja el fútbol. Su último partido fue un homenaje en el que se enfrentaron sus dos equipos: Santos y Cosmos. Jugó un tiempo con cada equipo y marcó un gol, el número 1.281 en una carrera de 1.375 partidos.

1978
Argentina gana la Copa del Mundo, al batir en la final a Holanda, 4-1, tras prórroga. Llega el primer jugador negro a la selección inglesa: el lateral Viv Anderson.

1979
Argentina gana el mundial juvenil en Japón. Es la consagración de Maradona.

1980
Alemania gana la Eurocopa, batiendo en la final a Bélgica (2-1). Checoslovaquia gana el torneo olímpico de fútbol. Por primera vez, es autorizado un futbolista soviético a jugar fuera de su país: se trata de Andrei Zintchenko, traspasado

del Zenit de Leningrado al Rapid de Viena. Italia sufre un tremendo escándalo de arreglo de partidos. El Milán es descendido a Segunda y varios jugadores ingresaron en prisión, entre ellos Paolo Rossi, que dos años después será estrella en el Mundial. La Copa Intercontinental comienza a disputarse a partido único en Japón, bajo el patrocinio de Toyota.

1981

Se disputa, por primera y única vez, el Mundialito, que enfrenta a todas las selecciones que han sido campeonas del mundo hasta la fecha. Lo gana Uruguay. El fútbol español es conmocionado durante varios días por el secuestro del delantero Quini, del Barcelona y de la Selección. El hecho fue obra de delincuentes comunes. El Barça paga el rescate solicitado y la policía termina deteniendo días más tarde a los secuestradores.

1982

Italia gana la Copa del Mundo, disputada en España. Vence en la final a Alemania por 3-1.

1983

España gana a Malta por 12-1 en partido de la fase de clasificación para la Eurocopa del año siguiente. Es la mayor goleada producida nunca en esta competición.

1984

Francia gana la Eurocopa que se organiza en su país. Bate en la final a España por 2-0. Francia también gana el torneo olímpico de fútbol, batiendo en la final a Brasil. En esta competición ya se admiten profesionales, aunque menores de veintitrés años.

1985
Hooligans del Liverpool provocan una matanza de 39 hinchas de la Juventus en el estadio Heysel de Bruselas, en los prolegómenos de la final de la Copa de Europa.

1986
Argentina gana la Copa del Mundo, en México, al batir a Alemania en la final por 3-1. Maradona hace prodigios en este Mundial. En Inglaterra, Kenny Dalglish logra el doblete como entrenador-jugador del Liverpool, con el que gana Liga y Copa.

1987
Se estrella en el mar un avión en el que viajaba el Alianza de Lima. No hay supervivientes.

1988
Holanda gana la Eurocopa, al batir en la final a la URSS. La URSS gana el campeonato olímpico de fútbol al batir a Brasil.

1989
Una avalancha acaba con la vida de 95 espectadores en el campo de Hillsborough, en Sheffield. El suceso provoca que se reconsidere el papel de las vallas, que a partir de entonces han ido desapareciendo.

1990
Alemania, recién reunificada, gana la Copa del Mundo de Italia, al batir en la final a Argentina por 1-0.

1991
Estados Unidos bate a Noruega y gana el primer mundial de fútbol femenino.

1992
España gana el campeonato olímpico de fútbol, al batir en la final a Polonia por 3-2 en Barcelona. La Eurocopa la gana Dinamarca, que es invitada a última hora por la exclusión de Yugoslavia, envuelta en guerra civil. El Milán paga al Torino 2.600 millones y la cantidad provoca un debate parlamentario.

1993
Cae al mar el avión que transporta a la Selección de Zambia. No hay supervivientes. En Francia se descubre un soborno del Olympique de Marsella, campeón de Europa, que es descendido a Segunda. Su propietario, Bernard Tapie, ingresa en prisión.

1994
Brasil gana la Copa del Mundo ante Italia. La final acaba 0-0 tras prórroga y por primera vez un Mundial es decidido por penaltis.

1995
Noruega gana el segundo mundial femenino, ante Alemania. El Tribunal Europeo falla a favor de un modesto jugador belga, Jean-Marc Bosman, en el pleito planteado por éste para cambiar de club. El fallo supone la libre circulación de futbolistas en el ámbito comunitario.

1996
Alemania gana la Eurocopa al batir en la final a Checoslovaquia. La victoria llega en la prórroga con el Gol de Oro de Bierhoff (el gol en la prórroga da por finalizado el partido con victoria para el que lo marca), fórmula adoptada a raíz del desenlace del Mundial-94, resuelto a penalties. Nigeria gana el campeonato de fútbol olímpico, ante Argentina. Es la primera victoria mundial de una selección africana.

1997
La marca comercial Nike firma con la Selección de Brasil un importante contrato de publicidad que supone en la práctica la cesión de una importante cuota de soberanía de la Federación brasileña sobre su equipo nacional. El importe es de 26.000 millones de pesetas por diez años.

1998
Francia gana la Copa del Mundo al batir a Brasil por 3-1 en la final de París. El suizo Joseph Blatter asume la presidencia de la FIFA en lugar de João Havelange.

1999
El Inter paga al Lazio 7.500 millones de pesetas por Vieri, estableciendo un nuevo récord de traspasos en el fútbol mundial.

2000
Alfredo di Stéfano publica el libro de sus memorias bajo el título *Gracias, vieja*.

Este libro
se terminó de imprimir
en el mes de abril de 2000,
en los talleres Huertas S. A., Fuenlabrada (Madrid).